全国旅游专业规划教材

普通高等教育"十一五"国家级规划教材

中外民族民俗

（第4版）

ZHONGWAI MINZU MINSU

姜若愚　张国杰　主编
柯亚红　王霞　副主编

北京·旅游教育出版社

出版说明

民族民俗文化是一个国家发展旅游业的重要资源之一,它是一个民族在长期的历史过程中形成的一种文化积淀。我国是一个多民族国家,各民族有着绚丽多彩的民俗文化。同样,世界各民族也有着自己独特的、丰富多彩的民俗文化。对于旅游专业的学生来说,掌握了专业基础课的基本理论和基础知识还远远不够,只有了解了中国及中国各主要客源国、世界主要民族及由其衍生出来的民俗文化的发展演变及主要特点,才能进一步提高旅游品位,培养文化情趣和民族自豪感,增强对民族民俗旅游资源的认识能力和开发、挖掘能力。这本《中外民族民俗》就是为达到上述目的而编写的。

本书作为旅游专业教材,有其学科的系统性和知识的全面性。它通过对民族的概念、民俗的概念、民族民俗与旅游的关系、中国民族概况、中国部分民族的民俗、世界民族概况、世界部分民族的民俗等知识的分类介绍,为读者提供了较为丰富系统的中外民族民俗文化的基本知识。

全书分为绪论、中国民族民俗概述、中国部分民族的民俗、世界民族概述以及世界部分民族的民俗共五部分内容。重点介绍了中国和世界上部分民族的概况和民俗文化。

中国部分主要介绍了我国民族的形成和发展,重点介绍了22个民族的民风民俗。

世界部分按洲别分国,以我国的主要旅游客源国和向我国开放的主要旅游目的地国为主要选取标准,介绍了世界部分国家的民族概况和民俗。对于非洲、(中)南美洲等大多数仍未向我国开放旅游市场的国家,则择要介绍了部分国家的民族民俗。

本教材每章章前有课前导读,便于读者更好地理解各章内容;章后有本章小结,是对一章内容的精辟总结,言简意赅,利于学生理清思路;章后还附有思考与练习,通过提供习题,使学生在巩固章重点内容的基础上做进一步的思考。

与已出版的同类教材相比,《中外民族民俗》不是将民俗与民族割裂开来孤立地讲民俗的,而是将民俗融入到民族中,用一定篇幅介绍了中国及世界部分民族的发展演变、地区分布与人口、宗教文化、语言文字等知识,引导学生不要用孤立的眼光看民俗,而应将其纳入到民族这一大环境中,了解民俗后面深厚的民族背景,便于学生用发展的眼光、联系的眼光了解中国及世界各主要民族丰富绚烂的民俗文化,因而有鲜明的民族性和丰富的知识性。

教材的出版是一个不断完善的过程,作为国内唯一的一家旅游教育专业出版社,希望得到广大师生一如既往的关心和支持。对教材使用中的问题,更希望得到广大师生的积极反馈,我们定会不断以专业的精神提高我社教材的专业品质,回报广大师生与读者对我们的厚爱。

旅游教育出版社

目 录

绪 论 …………………………………………………………………… (1)
  本章导读 ………………………………………………………………… (1)
  第一节 民 族 …………………………………………………………… (1)
    一、民族的内涵 ……………………………………………………… (1)
    二、民族的形成与发展 ……………………………………………… (2)
    三、民族构成 ………………………………………………………… (6)
  第二节 民 俗 …………………………………………………………… (9)
    一、民俗的定义 ……………………………………………………… (9)
    二、民俗的特点 ……………………………………………………… (9)
    三、民俗的形成 ……………………………………………………… (13)
    四、民俗的分类 ……………………………………………………… (15)
    五、民俗的功能 ……………………………………………………… (15)
    六、民族民俗与旅游 ………………………………………………… (17)
  本章小结 ………………………………………………………………… (20)
  思考与练习 ……………………………………………………………… (20)

第一章 中国民族民俗概述 ……………………………………………… (22)
  本章导读 ………………………………………………………………… (22)
  第一节 中国民族发展现状 …………………………………………… (22)
    一、中国的民族识别 ………………………………………………… (22)
    二、中国的民族分布 ………………………………………………… (23)
    三、民族语言与文字 ………………………………………………… (26)
  第二节 中国民族的民俗与特点 ……………………………………… (29)
    一、衣、食、住、行习俗及特点 ……………………………………… (30)
    二、婚姻、丧葬习俗及特点 ………………………………………… (36)
    三、节日、禁忌习俗及特点 ………………………………………… (42)
  本章小结 ………………………………………………………………… (47)
  思考与练习 ……………………………………………………………… (47)

第二章 中国部分民族的民俗 ……………………………………………… (48)
本章导读 ………………………………………………………………… (48)
第一节 汉 族 …………………………………………………………… (48)
　　一、概况 ……………………………………………………………… (48)
　　二、民俗风情 ………………………………………………………… (49)
第二节 壮 族 …………………………………………………………… (54)
　　一、概况 ……………………………………………………………… (54)
　　二、民俗风情 ………………………………………………………… (54)
第三节 满 族 …………………………………………………………… (56)
　　一、概况 ……………………………………………………………… (56)
　　二、民俗风情 ………………………………………………………… (57)
第四节 回 族 …………………………………………………………… (59)
　　一、概况 ……………………………………………………………… (59)
　　二、民俗风情 ………………………………………………………… (60)
第五节 苗 族 …………………………………………………………… (62)
　　一、概况 ……………………………………………………………… (62)
　　二、民俗风情 ………………………………………………………… (63)
第六节 维吾尔族 ………………………………………………………… (64)
　　一、概况 ……………………………………………………………… (64)
　　二、民俗风情 ………………………………………………………… (64)
第七节 彝 族 …………………………………………………………… (66)
　　一、概况 ……………………………………………………………… (66)
　　二、民俗风情 ………………………………………………………… (66)
第八节 土家族 …………………………………………………………… (70)
　　一、概况 ……………………………………………………………… (70)
　　二、民俗风情 ………………………………………………………… (70)
第九节 蒙古族 …………………………………………………………… (73)
　　一、概况 ……………………………………………………………… (73)
　　二、民俗风情 ………………………………………………………… (73)
第十节 藏 族 …………………………………………………………… (76)
　　一、概况 ……………………………………………………………… (76)
　　二、民俗风情 ………………………………………………………… (76)
第十一节 侗 族 ………………………………………………………… (79)
　　一、概况 ……………………………………………………………… (79)
　　二、民俗风情 ………………………………………………………… (79)

目 录

- 第十二节　瑶族 ……………………………………………… (82)
  - 一、概况 ……………………………………………… (82)
  - 二、民俗风情 ………………………………………… (82)
- 第十三节　朝鲜族 ……………………………………………… (84)
  - 一、概况 ……………………………………………… (84)
  - 二、民俗风情 ………………………………………… (85)
- 第十四节　白族 ………………………………………………… (86)
  - 一、概况 ……………………………………………… (86)
  - 二、民俗风情 ………………………………………… (86)
- 第十五节　哈萨克族 …………………………………………… (89)
  - 一、概况 ……………………………………………… (89)
  - 二、民俗风情 ………………………………………… (89)
- 第十六节　黎族 ………………………………………………… (92)
  - 一、概况 ……………………………………………… (92)
  - 二、民俗风情 ………………………………………… (92)
- 第十七节　傣族 ………………………………………………… (94)
  - 一、概况 ……………………………………………… (94)
  - 二、民俗风情 ………………………………………… (94)
- 第十八节　畲族 ………………………………………………… (98)
  - 一、概况 ……………………………………………… (98)
  - 二、民俗风情 ………………………………………… (98)
- 第十九节　纳西族 ……………………………………………… (100)
  - 一、概况 ……………………………………………… (100)
  - 二、民俗风情 ………………………………………… (101)
- 第二十节　达斡尔族 …………………………………………… (103)
  - 一、概况 ……………………………………………… (103)
  - 二、民俗风情 ………………………………………… (104)
- 第二十一节　鄂伦春族 ………………………………………… (106)
  - 一、概况 ……………………………………………… (106)
  - 二、民俗风情 ………………………………………… (106)
- 第二十二节　高山族 …………………………………………… (109)
  - 一、概况 ……………………………………………… (109)
  - 二、民俗风情 ………………………………………… (109)
- 本章小结 ………………………………………………………… (111)
- 思考与练习 ……………………………………………………… (111)

第三章 世界民族概述 …… (113)

本章导读 …… (113)

第一节 亚洲民族概述 …… (113)
一、地理、国家和人口 …… (113)
二、亚洲民族的形成与发展 …… (114)
三、人种和民族 …… (116)
四、语言和宗教 …… (117)

第二节 欧洲民族概述 …… (120)
一、地理、国家和人口 …… (120)
二、欧洲民族的形成与发展 …… (121)
三、人种和民族 …… (122)
四、文字语言 …… (125)
五、宗教 …… (127)

第三节 非洲民族概述 …… (129)
一、地理、国家和人口 …… (129)
二、非洲民族的形成与发展 …… (129)
三、人种和民族 …… (130)
四、语言 …… (132)
五、宗教 …… (133)

第四节 美洲民族概述 …… (134)
一、地理、国家和人口 …… (134)
二、美洲民族的形成与发展 …… (135)
三、民族和种族 …… (136)
四、语言 …… (138)
五、宗教和民族问题 …… (139)

第五节 大洋洲民族概述 …… (140)
一、地理、国家和人口 …… (140)
二、大洋洲民族的形成与发展 …… (141)
三、种族和民族 …… (143)
四、语言和宗教 …… (144)

本章小结 …… (145)
思考与练习 …… (145)

第四章 世界部分民族的民俗 …… (146)

本章导读 …… (146)

第一节 亚洲民族的民俗 …… (146)

一、日本 …………………………………………………………… (146)

二、韩国 …………………………………………………………… (149)

三、越南 …………………………………………………………… (150)

四、泰国 …………………………………………………………… (153)

五、新加坡 ………………………………………………………… (155)

六、马来西亚 ……………………………………………………… (156)

七、菲律宾 ………………………………………………………… (157)

八、印度尼西亚 …………………………………………………… (159)

九、印度 …………………………………………………………… (160)

十、巴基斯坦 ……………………………………………………… (162)

十一、尼泊尔 ……………………………………………………… (164)

十二、马尔代夫 …………………………………………………… (165)

十三、沙特阿拉伯 ………………………………………………… (166)

十四、土耳其 ……………………………………………………… (167)

第二节　非洲民族的民俗 …………………………………………… (168)

一、埃及 …………………………………………………………… (168)

二、摩洛哥 ………………………………………………………… (170)

三、坦桑尼亚 ……………………………………………………… (171)

四、喀麦隆 ………………………………………………………… (172)

五、刚国民主共和国 ……………………………………………… (173)

六、南非 …………………………………………………………… (174)

第三节　欧洲民族的民俗 …………………………………………… (175)

一、法国 …………………………………………………………… (175)

二、荷兰 …………………………………………………………… (177)

三、英国 …………………………………………………………… (178)

四、希腊 …………………………………………………………… (180)

五、意大利 ………………………………………………………… (181)

六、德国 …………………………………………………………… (183)

七、瑞士 …………………………………………………………… (184)

八、丹麦 …………………………………………………………… (185)

九、俄罗斯 ………………………………………………………… (186)

第四节　美洲民族的民俗 …………………………………………… (188)

一、加拿大 ………………………………………………………… (188)

二、美国 …………………………………………………………… (190)

三、阿根廷 ………………………………………………………… (192)

四、巴西 …………………………………………………………（193）

　　五、智利 …………………………………………………………（195）

　　六、古巴 …………………………………………………………（196）

　　七、牙买加 ………………………………………………………（197）

　　八、墨西哥 ………………………………………………………（198）

　　九、秘鲁 …………………………………………………………（200）

第五节　大洋洲主要民族的民俗 ………………………………（201）

　　一、澳大利亚 ……………………………………………………（201）

　　二、新西兰 ………………………………………………………（203）

　　三、斐济 …………………………………………………………（204）

本章小结 ……………………………………………………………（205）

思考与练习 …………………………………………………………（205）

附　录 ………………………………………………………………（207）

　附录一　中国少数民族情况简表 ………………………………（207）

　附录二　中国民族自治地方简表 ………………………………（211）

　附录三　中国各民族语言系属简表 ……………………………（217）

主要参考文献 ………………………………………………………（218）

第4版后记 …………………………………………………………（219）

绪 论

本章导读

本章从民族和民俗两个基本概念出发,概括地阐述了民族民俗的基本原理,包括:民族和民俗的定义、特点、形成、发展、构成、分类和功能等,使学生对本教材的内容有一个总体的了解。同时,分析了民族民俗与旅游的互动关系,有利于旅游专业学生更好地掌握学习内容。

第一节 民 族

一、民族的内涵

(一)民族的定义

关于民族的定义,国外没有统一的认识,国内学术界的理解也不尽一致,根据马克思主义的观点,我们认为民族是指人们在一定的历史发展阶段形成的有共同语言、共同地域、共同经济生活以及表现于共同的民族文化特点上的共同心理素质的稳定的共同体。民族又有广义和狭义之分,广义的民族有三层含义:一是指人们在历史上形成的、处于不同历史阶段的各种共同体(如原始民族、古代民族、近代民族、现代民族);二是指多民族国家内所有民族的总称(如中华民族、印度民族等);三是一个地域内所有民族的统称(如欧洲民族、非洲民族、美洲民族、阿拉伯民族等)。狭义的民族专指在资本主义上升时期形成的具有共同语言、共同地域、共同经济生活及表现于共同文化特点上的共同心理素质的稳定共同体(如意大利人、美利坚人、德意志人等)。

(二)民族的特点

民族特点指一个民族的民族特征和表现在政治、经济、文化艺术、生活方式、宗教信仰以及社会生活等方面的与其他民族的不同点。一般认为,民族有四大特点:一是有共同使用的语言;二是有共同生活的地域,指一个民族生存、生活的自然环境;三是有共同的经济生活,指民族内部的经济联系,每个民族都会在长期的生产、交换活动中形成自己的经济特点和经济关系,如蒙古族的游牧经济,彝族的纺织经济等,这种经济上的联系把同一个民族的人们牢固地联结为一个共同体;四是有共同的心理素质,指一个民族的共同爱好、历史传统、风俗习惯、民族尊严等,主要表现在共同的民族文化和民族习俗方面,这些民族习俗一旦形成,就有很大的稳定性,这种心理素质的稳定性,使之成为区别不同民族的最显著的特点。总之,民族的这四个特征互相联系,互相依存。共同地域和共同的经济生活是民族形成的首要前提条件,为共同语言和共同心理素质的形成,提供了地理空间和物质基础;而共同语言和共同心理素质的形成,又促进了共同地域和共同经济生活的发展。

二、民族的形成与发展

(一)民族的形成与发展

民族是一个历史范畴,是人类社会发展到一定阶段的产物。民族不是从来就有的,也不会永远存在,它必将经历一个产生、发展和消亡的过程。

民族的形成问题,也就是民族起源的问题,它是指民族在人类历史上产生的时间及其产生过程。民族形成的模式是多样的。一般说来,世界多数民族是在原始社会解体时由氏族、部落、部落联盟发展而形成。人类最早的社会集团是原始人群,随着生产力的发展和生产的需要,才结成稳定的集体——氏族。当时,最现实、最方便的纽带是血缘关系,几个亲属氏族又结合成部落。在原始社会后期,随着生产力的发展,剩余产品日益增多,掠夺财富和奴隶的战争不断扩大,为了加强实力,亲属部落或邻近部落结成地域联盟,对立的阶级与国家逐步形成。在这一长期的过程中,特别是二次社会大分工,破坏了氏族部落内部的血缘关系,在更大规模上以地缘关系结合成规模更大的共同体,于是民族产生了。因此,氏族→胞族→部落→部落联盟→民族,这是民族形成的一般规律。

民族经过奴隶社会、封建社会、资本主义社会和社会主义社会等几种社会形态的变革,也从古代民族发展成为现代民族。在这一过程中,民族不是一成不变的,由于民族压迫造成的强制同化,或者多种因素形成的自然同化,使得一些民族消失了;同时,在进入阶级社会后,民族共同体经过战争、迁徙、移民等,不断经历分化、融合、重新组合,导致一些新的民族形成,如美洲多数民族。现在,世界各民族仍然在不断发展的过程中,随着科技的发展和民族交往的密切,民族共同性必然越来越多,差别性越来越少。

(二)中国民族的形成与发展

1.中华民族及其形成条件

中国是一个统一的多民族国家,古往今来,居住在中国领土上的各民族的总称为中华民族。"中华"愿意与"中国"相通,又与"华夏"相联系。《唐律疏义》中有这样的表述:"中华者,中国也。亲被王教,自属中国,衣冠威仪,习俗孝悌,居身礼义,故谓之中华。"意思是,凡行政区划及文化、制度自属中国的,都称为中华。"中华"在历史上曾经专指汉族,这是由于中华与华夏有关。华夏文化发达,遂以中华自称。到了近代,"民族"一词传入中国,产生了"中华民族"这一词汇。随后,"中华民族"一词就用来指中华大地上的中国各民族。

世界上存在着不少由多民族组成的国家,它的成员彼此可以承认是同一国家的国民,但却未必在民族上认同有一个共同的总称。如古罗马帝国、奥斯曼帝国和苏联,它们都是幅员辽阔、民族众多的国家,但它的国民从来不把自己称为罗马民族、奥斯曼民族或苏维埃民族,可见,中华民族这个被中国人和世界各国民众认同的总称,并不是一个简单的名称问题,而是一个民族形成和发展问题。中华民族是在中国社会发展的主、客观条件的作用下形成的。

首先,优越的自然环境是中华民族形成和发展的客观因素。

中国地形的独特构成,使中国领土自然地形成了一个相对独立的空间。中国的北面是人烟稀少的沙漠、戈壁滩,西面和南边有帕米尔高原、喜马拉雅山、横断山脉等崇山峻岭,东面是大海,在它们中间的一片广阔的土地上,人们繁衍生息,交流、往来,却很少与周边各地进行交往。独特的地形特征,相对封闭的生活区域,有利于中华民族的形成。

其次,中国社会经济文化的发展是中华民族形成和发展的社会因素。

尽管在中国的历史上存在着民族冲突和民族压迫,但中国的传统文化一向强调整体、综合、和谐,而且尊重事物的多样性。一直有着"天下大同"、"协和万邦"、"和而不同"这些理念,在人们的思想观念上留下了很深的烙印。

中国的各族人民之间经历了千百年的经济文化交流。形成了你中有我、我中有你、难分难解的特殊关系。长城的关口不只是战场,更多的是"茶马互市"之类的集市贸易场所。中原王朝和各族间常见的"和亲",如王昭君、文成公主之类,不只是婚姻关系,也是重要的经济文化交流活动。

中国民族关系的这种特点,使中国版图上的各族人民依靠长时期的经济文化交流达到自然融合,成为稳定的共同体,产生了民族认同感,使中华民族这个总称能被中国各族人民以至海外中华儿女们认同。

再次,民族大融合是中华民族形成和发展的历史因素。

秦的统一、汉唐盛世,都是民族大融合的结果,"汉族"、"唐人"的名称由此产生。没有全国规模的民族大融合,不会出现兴盛的汉朝,也不会有汉族的形成。汉、唐以后,元朝和清朝都以少数民族为中国的统治者。元朝统治者在国内实行严厉的民族歧视和民族压迫,不重视民族团结问题,所以,他们的统治只持续了一百多年。但它也有重要的建树,西藏就是在元朝正式列入中国版图的。清朝在中华民族形成的历史上有着巨大的功绩。正是它,奠定了中国的疆域。清朝的最高统治者由满族构成,尽管满族享有种种特权,对其他民族曾进行过残酷的镇压,但总体来说,清朝统治者十分重视民族团结问题。某种程度上,中国的历史是民族大融合的历史,民族大融合的历史是中华民族形成的历史。

最后,自觉意识的形成是中华民族形成和发展的思想因素。

中华民族作为一个自觉的稳定共同体,是进入近代,特别是中日甲午战争以后的事情。外国列强对中国的疯狂侵略,激起中国各族人民同仇敌忾的反抗。甲午战争爆发的1894年,孙中山在《兴中会章程》中第一个喊出"振兴中华"这个响亮口号,打动了无数中华儿女的心。正式使用"中华民族"这个名称,最早大概是梁启超1902年在《新民丛报》上发表的《论中国学术思想变迁之大势》。他写道:"上古时代,我中华民族之有海权思想者厥惟齐。"以后,他在1905年初所写的《历史上中国民族之观察》中,七次使用"中华民族"这个名称。"中华民族"这个名称被广泛地使用,是在辛亥革命建立民国以后。日本侵略中国后的1935年,诞生了《义勇军进行曲》,发出了"中华民族到了最危险的时候"的悲愤呼声。这首歌唱遍了海内外有中华儿女存在的各个角落,抒发了人们的共同感情。

因此,中华民族所以能成为一个被海内外中华儿女公认的稳定的民族共同体,不是任何个人的意志所能左右的,是地域、文化、历史等方面的共同作用的结果,是在时空转换中长期演化的结果。

2. 中国民族的历史演进

中国民族的形成和发展经历了一个长达数千年的历史过程。在这个历史过程中,以中原族体为中心,向边疆族体扩散,逐步形成了中国多民族共同发展的历史画卷。

距今五六千年的新石器时代,已出现了北方(畜牧经济)、中原(麦黍经济)和南方(稻谷经济)3种不同的经济文化地区。黄河中下游平原以及关中平原这些地区地势平坦,土质松软,气候温和,比较容易开发耕作,成为原始农业发展较早的地区,中原地区最早成为中华民族先民汇聚的中心。周武王称为"华",大禹之裔夏后氏称为"夏",之后,夏、商、周诸族后裔统称"诸华"、"诸夏","华""夏"通用,联称"华夏",成为中原最早凝聚的中心。夏、商、周三族在黄河流域相继崛起之后,楚、越两族在长江流域也相继崛起。长江流域的各氏族、部落的社会发展进程相对于黄河流域来说比较缓慢,所以在相当的一个时期内被称为"蛮"。居住在江汉地区的人们崇尚武功,在战争中迅速强大起来,形成楚民族;分布在江浙、闽、广以及云贵高原的百越集团,以吴、越两国的建立为标志,逐渐形成了越民族。与此同时或稍后一段时期,氐、羌、戎诸族开发西北和西部地区,狄、匈奴等族开发北部草原地区,肃慎、东胡等族开发东北地区。

夏商周时期是中国民族形成的一个重要时期。黄河流域的居民不断吸收周围羌、夷、戎、狄、苗、蛮等族成分,逐渐形成华夏族。同时,东方的九夷,东北的肃慎,西方和北方的羌、氐、狄等族也与华夏族的联系日益紧密。随着这些民族经济文化的发展及其与中原地区联系的加强,为形成统一的多民族国家奠定了基础。

秦汉时期是中国多民族初步形成的时期。秦始皇结束了战国时代地方割据、诸侯纷争的局面,建立了中央集权的国家,他推行郡县制,规定书同文、车同轨,统一货币和度量衡,使华夏民族在地域基础、语言文化、经济生活和政治上成为一个稳定的民族共同体。七雄兼并实质上是华夏民族的统一过程,民族融合促进了华夏民族共同体的稳定与壮大。

汉朝时期,华夏族进一步吸收了其他民族成分,形成了汉族。汉族因在中华民族中人口最多,所以他们建立的中央王朝也最多,这些王朝都得到周边少数民族的支持。汉族一人口众多而又稳定的民族共同体对国家的统一发挥了主要作用。汉初,北方强大的匈奴与汉朝发生战争。汉王室与匈奴和亲,缓和了民族矛盾,避免了国内战争,有利于各族人民休养生息。公元前52年,呼韩邪单于朝汉称臣,匈奴基本上统一于汉朝。不久,西域36国也接受了汉朝统治。汉朝在西北设立河西四郡,以保护和安置羌族。在南越故地设南海等九郡,以辖百越西方支系诸族。西南夷各族也纷纷附汉,汉在今云、贵、川一带置八郡。汉朝在东北设置护乌桓校尉,乌桓人纷纷迁至上谷、渔阳、右北平、辽东等郡塞居住。东汉末年,大量少数民族迁入今陕西一带,形成了"关中之人,戎狄居半"的分布状况。

魏晋南北朝时期,中国民族进一步形成。这期间,除西晋曾统一全国半个世纪外,国家经常处于汉族和少数民族所建各政权鼎立并峙的割据状态,并且发生了民族大迁徙和民族大融合、大同化。当时,北方和西南等地出现了旧史所称的"五胡十六国"。五胡指入居中原的匈奴、鲜卑、羯、氐和羌。十六国为成(汉)、前赵、后赵、前秦、后秦、西秦、前燕、后燕、南燕、北燕、前凉、后凉、南凉、北凉、西凉和夏。这些国家大部分是匈奴、鲜卑、羯、氐、羌等少数民族所建的政权,只有前凉、西凉、北燕等是汉族政权。十六国后期,鲜卑族统一了北方,建立了北魏。北魏、东魏、西魏、北齐、北周和南方的宋、齐、梁、陈相继对峙,形成了历史上的南北朝时期。魏晋南北朝时期是中国民族大融合和进一步形成的重要时期。北方的匈奴、鲜卑、羯和部分氐、羌融入汉族。北方周边的室韦、契丹、柔然、高车、突厥、吐谷浑和西域各族,同北朝保持着密切的政治关系和经济、文化交流。南方的南、北蛮和僚、俚等族主要从属于南朝。

隋唐宋辽金时期,中国各民族都有了很大的发展。汉族由于自身的发展和融合了许多其他民族,更加壮大。

隋唐的国家统一,特别是强大的唐朝的发展,对中国各民族的发展起了重要作用。唐与吐蕃和亲,加强了汉藏经济文化联系;在北方设置燕然都护府,统辖大漠南北各族;在东北设置松漠、渤海、黑水、室韦、安东都督府,统辖契丹、室韦等族;在西域设置安西、北庭都护府,统辖西域各族;在中南和西南地区置有岭南道,统辖俚、僚、西原蛮、五溪蛮等族。

五代宋辽金时期,先是五代十国处于割据状态。五代中的后唐、后晋以及十国中的北汉,为少数民族沙陀(突厥之别部)所建。此外,还有契丹族建立的契丹国,白族建立的大理国。宋朝结束了五代十国的割据状况后统一了全国,继而出现了宋与辽(契丹所建)、金(女真所建)长期南北对峙的局面。这期间,还有党项人在西北建立的西夏,回鹘人建立的河西回鹘、西域高昌回鹘、喀拉汗朝,在今新疆和田一带有于阗李氏王朝,在西南有吐蕃和大理等少数民族政权。在北方,契丹、女真、党项等族人民和汉族人民一起,开发了中国北部的广大地区;在南方,宋朝授予岭南当地少数民族首领世袭的知州、知县等官职。这些土官在经济上是领主,在政治上是本民族中的封建统治者。

元明清时期,中国多民族进一步发展。在这期间,各少数民族族称已基本确立,民族共同体业已形成。从元朝开始,中国长期保持国家统一达700年之久,分裂或割据是短期的或局部的。国家的统一对各民族的发展、民族之间的联系提供了非常有利的条件。元朝的建立使蒙古族崛起,清朝的建立使满族形成,东北地区的达斡尔、锡伯、鄂温克、赫哲、鄂伦春等族也相继形成。在西北新疆地区,回鹘的一部分发展为维吾尔族,一部分成为裕固族的主体,哈萨克、柯尔克孜、塔吉克已形成现代民族;进入新疆的俄罗斯、乌孜别克、塔塔尔族的移民同新疆当地居民融合,形成了中国的国内民族。回族经过元、明两代的发展,到明代基本形成。东乡、保安、土、裕固、撒拉等族也在这时期形成。吐蕃发展为藏族。在中南和岭南地区的古代民族,逐步发展为苗、瑶、壮、仫佬、彝、白、傣、畲、黎等民族。

中国民族的发展源于中华大地,形成了多元一体的格局,有着坚强、持久的民族凝聚力和团结、爱国的民族精神及丰富多彩的民俗文化。

三、民族构成

民族构成是指不同民族的人口数量在总人口中所占的比重,通常以百分数表示。中国乃至世界各国的民族构成通常极不平衡,大民族和少数民族人口数量相差十分悬殊,各少数民族之间的数量差距也很大,使不平衡性成为民族构成的一个显著特点。

(一)中国民族构成

我国以2010年11月1日零时为标准时点进行了第六次全国人口普查,普查的结果是:全国总人口(包括台湾地区)为1370536875人。大陆31个省、自治区、直辖市和现役军人的人口中,汉族人口为1225932641人,占91.51%;各少数民族人口为113792211人,占8.49%[①]。同2000年第五次全国人口普查相比,汉族人口增加66537177人,增长5.74%;各少数民族人口增加7362627人,增长6.92%。由此可见,少数民族人口增长速度超过汉族人口增长的速度。由于汉族人口占全国人口的绝大多数,其他民族的人口所占的比例很小。所以在中国习惯上把汉族

---

① 数据来自"中国人口信息网"的"2010年第六次全国人口普查主要数据公报(2011/04/29)"。

以外的各民族统称为少数民族。

全国五次人口普查结果表明,中国少数民族:1953年7月1日为3532万人,1964年7月1日为4000万人,1982年7月1日为6724万人,1990年7月1日为9120万人,2000年11月1日为10643万人。根据2000年全国第五次人口普查结果,中国各民族人口总数由高到低的排序依次为:汉族、壮族、满族、回族、苗族、维吾尔族、土家族、彝族、蒙古族、藏族、布依族、侗族、瑶族、朝鲜族、白族、哈尼族、哈萨克族、黎族、傣族、畲族、傈僳族、仡佬族、东乡族、拉祜族、水族、佤族、纳西族、羌族、土族、仫佬族、锡伯族、柯尔克孜族、达斡尔族、景颇族、毛南族、撒拉族、布朗族、塔吉克族、阿昌族、普米族、鄂温克族、怒族、京族、基诺族、德昂族、保安族、俄罗斯族、裕固族、乌孜别克族、门巴族、鄂伦春族、独龙族、塔塔尔族、赫哲族、高山族、珞巴族。当时,全国人口总数为1242612226人,其中,汉族人口为1139773008人,占全国人口总数的比重为91.60%;人数最多的少数民族为壮族,民族人口为16187163人,占全国总人口的比重为1.3%;人数最少的少数民族为珞巴族,民族人口为2965人[1],占全国总人口的比重为0.00023%。

从各民族人口增长率看,20世纪90年代,全国总人口增长率为9.92%,55个少数民族人口增长率为15.37%,比全国高5.45个百分点,各少数民族之间的人口增长幅度呈现出较大差异。55个少数民族中,有31个民族人口增长高于少数民族人口增长平均幅度。其中,有5个民族的人口高速增长,分别是:高山族、羌族、毛南族、保安族和土家族,增长幅度分别达到55.06%、54.35%、48.08%、41.27%和40.23%。有9个民族的人口增长低于全国平均幅度,分别是锡伯族、达斡尔族、满族、怒族、赫哲族、壮族、朝鲜族、塔塔尔族和乌兹别克族。其中塔塔尔族(-3.44)和乌兹别克族(-16.21)呈现负增长趋势。

(二)世界民族构成

截止到2011年10月31日,全世界共有70亿居民,分属2000多个民族。这些民族的社会、经济、文化分别处于各个不同的发展阶段上。其中,有人口一亿以上的民族,也有不足千人的民族。中国汉族是世界上人口最多的民族,菲律宾棉兰老岛的塔萨代族是人数最少的民族,人口仅24人。据1978年统计,全世界一亿以上人口的民族有7个,即汉人、印度斯坦人、美利坚人、孟加拉人、俄罗斯人、巴西人、日本人;一千万以上人口的民族有60个,包括比哈尔人、旁遮普人、爪哇人、朝鲜人、泰米尔人、埃及人、豪萨人、德意志人、意大利人、英格兰人、法兰西人、墨西哥人、哥伦比亚人以及中国的壮族、满族、回族、维吾尔族等;一百万以上人口的民族有200多个。目前,全世界人口超过百万的大民族已经达到300多个。以上这些民族人口的总数超过了全球人口的96%,而在其余不到4%的人口中,却包括着

---

[1] 数据来自 http://www.stats.gov.cn

1800多个民族。在世界5大洲,民族人口的分布极不平衡,亚洲约占全球人口的58%,非洲占10.5%,美洲占14%,欧洲占17%,大洋洲占0.5%。亚洲的民族总数在1000个以上,大约占世界民族总数的一半,是民族最多的一个洲。欧洲的民族大约有170个,基本单一民族的国家约有20个。从最近一个时期以来世界民族统计资料来看,随着全球人口的持续增长,民族的总体数目呈现下降的趋势。在民族、文化融合愈益加快的形势下,小民族的数目逐渐减少;若干个小民族聚合为一些大民族,而大民族的数目则在日渐增多。

亚洲有人口36.84亿(2000年),约占全球人口60.67亿的60.7%。全世界近三千个大小民族中,有一半以上分布在亚洲。人口在百万以上的民族,在亚洲共有112个;人口上千万的民族有32个;人口上亿的民族共有4个:汉族人、印度斯坦人、孟加拉人和日本人。在亚洲,除日本、朝鲜、孟加拉国和大多数阿拉伯国家外,绝大多数国家都是多民族结构,即有主体民族和少数民族之分。还有的是一个民族分布在若干国家,即跨界民族,如孟加拉人(印、巴)、旁遮普人(印、巴)、库尔德人(伊朗、伊拉克、叙利亚、土耳其)以及东南亚的华人等。

非洲有人口8亿(2000年),共有大小民族700多个,人口上百万的民族有112个,人口达4万的民族有10个。非洲国家几乎都是多民族结构。非洲民族的特点,一是在撒哈拉以南地区,几乎所有的民族均由众多的部落成分组成;二是跨界民族为数众多,这主要是19世纪以来欧洲殖民主义者随意划定国界的结果。

欧洲有人口7.28亿(2000年),共有160多个民族,其中人口上千万的有13个。欧洲国家中约有半数属于民族成分比较单纯的国家,如冰岛、丹麦、爱尔兰、葡萄牙和希腊等。其他为多民族国家,如西班牙、比利时、俄罗斯、英国、瑞士等。近几十年来,由于移民的原因,欧洲的民族和种族构成有了一定变化。

美洲有人口8.24亿(2000年),有大小民族400多个,其中人口上百万的有29个,人口上千万的共有9个。美洲绝大多数民族都是混血民族,此外,还有一些未被同化与混合的移民集团和当地土著民族印第安人和因纽特人(爱斯基摩人)等。

大洋洲有人口3100万(2000年)[①],共有大小民族100多个。其中,人口上百万的民族只有2个,即英裔澳大利亚人和新西兰人。大洋洲的民族主要由外来移民和土著居民组成。

总之,世界各民族大都是聚族而居,每个民族都有自己的分布地域和传统的民族文化。第二次世界大战后,由于国际政治形势的变化,科技、经济的发展和各族人民之间的频繁交往,世界各民族的文化更加丰富多彩。

---

① 有关各大洲的人口统计数据来自由中华人民共和国国家人口和计划生育委员会主办的"中国人口"网"人口纵横"栏目。

第二节 民　俗

一、民俗的定义

民俗，即民间风俗，指一个国家或民族中广大民众所创造、享用和传承的生活文化。从民俗与人类的关系上看，民俗是人类的伴生物，它起源于人类社会群体生活的需要不断形成、扩展和演变，为民众的日常生活服务。民俗一旦形成就成为规范人们行为、语言和心理的一种基本力量。从民俗与文化的关系看分，属于民间文化。

民俗一词作为专门学科术语，是对英文"folklore"的意译。这个词是英国学者汤姆斯1846年创用的，他将萨克逊语的"folk"（民众、民间）和"lore"（风俗、知识、学问）合成为一个新词，既指民间风俗现象，又指研究这门现象的学问。民间是指民众中间。它的主要组成部分是直接创造物质财富和精神财富的广大中、下层民众，对应于官方。风俗指人民群众在社会生活中世代传承、相沿成习的生活模式，它是一个社会群体在语言、行为和心理上的集体习惯。

二、民俗的特点

（一）民族性

民族性是民俗的重要属性之一，是民俗的首要特征。民俗的形成首先是以一定的民族为依托的。早在古代原始氏族、部落时期就有了各自所特有的习俗，图腾崇拜及其所代表的人们的心理、意识和行为方式等都有不同的内容。后来乃至现代意义的民族，也各有其不同的民族物质文化生活内容。在这种物质文化生活的自然发展过程中，不同的民族形成了不同的民俗事象，并在各民族中世代传承；而同一类民俗事象在不同的民族中又具有不同的特点。这些不同之处就是民俗的民族性属性的具体表现，也就是民俗的民族性特征。正是由于有了这些民族性属性与特征，民俗才有了它丰富多彩的外在表现，也才有了它不可阻挡的魅力。

游牧民族的射猎、山地民族的采集、水乡的稻作农业与旱田的谷物种植等，在很早的时候就分别形成了不同的民族生活和民族习俗。同样是结婚的仪式，我国中原地区的古典婚礼，东南亚半岛和我国西南地区的一些少数民族的"抢婚"仪式与"试婚"习俗等各有不同，而这种以乡里为主的婚俗又与欧美等地的宗教教堂婚礼有极大的差别。民俗总是受到民族经济生活、民族社会结构和民族心理、信仰、艺术、语言等文化传统的多方面制约，形成了各民族的民俗特点。进行民俗调查和研究必须重视民俗的民族性，这对于各民族历史、文化的比较研究，探索各民族文化发展的独特的和共同的道路，都有极为重要的意义。同样，学习和理解民俗，进而应用和发展民俗的现代社会功能，也应该首先了解其所属的民族及其表现出来的民族性。

(二) 集体性

民俗的集体性,是指民俗在产生流传过程中所体现出的基本特征,也是民俗的本质特征。人的根本属性是他的社会性,民俗文化的产生,离不开人类的群体活动。当人类社会以母系或父系社会为基本单位时,相应的各类民俗文化就孕育产生了。之后,随着社会的发展,部落和村镇出现,民族形成,人类社会出现了种种人群集合体,民俗文化便由这一群体不断创造、完善、传承和保护下来,形成人类社会多姿多彩的民俗文化和人文景观。由此可见,民俗是一种群体智慧的结晶。

民俗的集体性源远流长。远古时代,民俗的集体性就是它的全民性。原始自然崇拜、图腾崇拜是全民共同参与创造和传承的。这种传统通过某种变异,一直延续至今。今天民间传承的许多民俗事象,我们都无法找到它原来的倡导者和创造者,它完全靠一代又一代集体的心理、语言和行为传承下来,服饰、饮食、居住、家庭、村落、岁时节日和人生仪礼民俗以及丰富多彩的精神民俗,莫不如此。

集体性也是民俗在流传上的显著特征。民俗一旦形成,就会成为集体的行为习惯,并在广泛的时空范围内流动。这种流动不是机械的复制,而是在自然流动和传承过程中,不断加入新的因素。我们经常看到,民俗在流动过程的每一个环节上,都经过集体的不断补充、加工、充实和完善。也就是说,民俗在刚刚形成时,结构和内容往往比较简单,而在以后的漫长的历史发展过程中,则变得越来越复杂,越来越丰满,这正是集体再加工的结果。比如汉民族的春节习俗,当年节确定后,民间信仰习俗渐渐浸染到年节习俗中,庆祝丰收与祭祀神灵祭祀祖先相结合,驱邪逐疫等巫术活动也成了年节习俗的重要组成部分。除此之外,具有喜庆气氛的娱乐活动也加入进来,使春节变成名副其实的民间文化节日。丰富多彩的春节民俗文化的形成是集体智慧的创造,是在春节习俗传承过程中逐步形成的。

(三) 地域性

与民族的地域分布相适应,民俗在空间上受到一定地域的生产、生活条件和地缘关系的制约,不同程度地染上地方色彩,具有一定的地域性特征。也就是我们通常所说的"十里不同规,百里不同俗"。这种地域性特征的形成与各地区的自然资源、生产发展及社会风尚传统的独特性有关。当我们从全世界的宏观角度来观察各地区的民俗时,可以看到不同地区的民俗事象大体上形成各种类型的同心圆;千千万万个民俗同心圆的分布又彼此交叉联系,形成了若干有区别的民俗地域。大的地域中分布着小的地域及更小的地域单元。这种地域性特征标志着民俗事象依附于地方乡土的黏着性。

世界食俗中,中餐不同于西餐,构成一个大的饮食风俗圈;而中国饮食习俗又有粤、闽、皖、鲁、川、湘、浙、苏八大菜系的说法(也有认为八大菜系分别是京、沪、豫、鲁、闽、粤、川、湘等),构成一个个小的食俗圈。同一菜系内又有更小的区域性食俗,如豫菜中,豫西与豫南风味就有较大差异;而更具地方特点的城镇风味食品,如北京烤鸭、天津狗不理包子、河南道口烧鸡等,成为更小的食俗圈。其地域性表现十分突出。

当然,当代世界的发展和人类交流的不断深入,尤其是当代交通和通信业的发展,正强烈地冲击着民俗的地域性特征,使得一种为大家乐于接受的民俗迅速传播,而一些地区的某些民俗则被一些新的与现代文明结合的民俗所取代。以麦当劳、肯德基为代表的西方快餐风靡全球,而中餐馆也同样开遍了全世界。但是民俗的地域差别是不可能完全消除的,在许多民俗失去地域性的同时,又有一些世界共有的习俗在适应不同地区的情况时打上了民俗地域性的烙印;尽管大家都过元旦,但过法却各不相同。情人节在世界越来越流行,但这一充满温馨、浪漫的节日,还是在不同地区有着含蓄与奔放等不同的地域特点。圣诞节在中国城市越来越普遍,但其宗教内容却越来越淡化,就一般人而言,只保留了圣诞树等祝福、吉祥的内容,在许多城市还增加了狂欢等新的内容,形成了有中国自己特点的圣诞节。正如英语在全世界越来越普及了,但是英式英语与美式英语的差别却越来越明显,而其他国家学习了英语的人要想听懂印度的英语也需要另下一番工夫。

(四)规范性

民俗规范性的形成是一个历史过程。一个时代有一个时代的民俗规范,同样一个地区和民族也有自身的民俗规范。民俗规范性的形成,无疑受到人们经验和观念的支配。将经验和观念变为规范的过程,就是民俗文化中经常见到的对某一民俗的约定俗成。比如在原始社会,生产资料归氏族所有,氏族成员共同劳动,共同消费。在这种生活环境中,自然形成人们的原始共产主义观念,表现在日常生活中,就是生产中的"共耕制"和分配中的"共享制"。民间信仰更是如此。人类早期的自然崇拜、图腾崇拜、巫术占卜等,在氏族和部落社会几乎是每个成员的事。图腾制的一些规范,包括观念和行为规定是十分严格的。从某种意义上讲,图腾制就是氏族社会的社会结构,人们的行为通过信仰观念受到约束。在崇拜图腾的氏族中,大家的共同观念,是图腾物与自己的氏族生存和生活的种种联系(包括血缘联系),由这一观念引申出许多行为禁则,如:图腾物是神圣不可侵犯的,不可有行为上的亵渎,万一不小心触犯和伤害了图腾物,要举行一系列赎罪仪式;男子长到一定年龄要举行成年仪式,通过考验仪礼,被接纳为氏族的正式成员;氏族内部严禁通婚;图腾是氏族的保护神,也是氏族的族徽和标志等。这一系列禁忌成为氏族社会每个成员的自觉行为规范。当人类进入阶级社会以后,由于私有制的产生,引起了民俗规范的一系列变化,特别是国家产生之后,民俗的规范性变得复杂起来。首先是政治对民俗的规范起干预作用,统治阶级吸收民间风俗中对自己有利的部分,加以规范,变为官方仪礼,在上层统治阶级中施行。有的还通过行政动员的方式向民间推广。这种将民间道德上升为仪礼,将民间的习惯(包括习惯法)上升为法律的做法并不鲜见。其次,社会不断向前发展,民俗文化也随着社会的发展不断完善,于是又形成了许多新的民俗规范。总之,社会生活的方方面面,没有规范就不能统一意志;没有规范社会成员就不能自由行动。家族要有家教、家规、家法;村落要有村规、村约;婚姻、丧葬要有一定的程序和规范;饮食结构和进餐方式也都有大体规范。这说明,人们为了协调生活,随时都在调整自己的观念和行为,用规范化的民俗构成大家行为的准则。民俗规范永远是民众心理与价值观念整合的结果。

(五)发展性

民俗是社会发展和历史发展的产物。世界任何一种民俗的形成都要有一个社会过程,在世代传承的历史过程中,民俗必然地会打上不同社会历史时期的烙印。某些在一定历史阶段存在、如今已被淘汰的风俗,与现存民俗有着千丝万缕的联系;某些现存民俗在其发展的各个历史时期会呈现出不同的特征。日本现代的和服与中国汉唐服装有一定的历史渊源,更与日本江户时期流行的和服有着密切关系。而越南的传统民族服装——长袍则与中国明朝的裙袍有许多相似之处和渊源关系。中国现在的旗袍虽然经过了极大的时装化改造,但总还是脱胎于清代旗人的袍服。中国人过春节的习俗沿袭几千年,形成了一整套的节日习俗,但是这些习俗并不是今天或者是某个时期规定的,而是不断丰富,也不断变革的;现在连民俗和历史学家们也很难完全说清楚某一风俗的确切来源,但却仍然可以从中发现许多历史的遗存。其实,民俗本身就是指那些经过世代相传之后,仍然存在,并在发生着影响的事象。因此,民俗的发展要与现实相适应。不适应现实的民俗,将被社会和历史淘汰。

民俗的发展是建立在民俗代代相传的基础上的,因此,民俗是传承的民俗。我国许多民间传统节庆活动,如春节、清明节、端午节、中秋节等,包括过节的各种繁杂程序和操办方式都一直传承下来,历经各个时代的风风雨雨,到目前仍有不同程度的继承和沿用。基督教、伊斯兰教、佛教等宗教的各种仪式,许多民族、宗族的祭祖仪式,一些地区的丧葬仪式等也都是世代传承的。正是在这种世代传承过程中,民俗才成为民间约定俗成的事象。

民俗是在变化中发展的。同一民俗事象在不同时期、不同地区会展现出不同的风貌,在内容和形式上都会发生不同程度的变化。民俗作为世代相传的事象,不是代代依旧,一成不变的。传承性与变异性是民俗发展过程中的两个矛盾统一体,只有传承基础上的变异和变异过程中的传承,才形成今日的各种各样的民俗事象,民俗才能发展。民俗的变异性特征大多是因历史时代和条件不同、地方生活不同、民族传统不同,在流传中自然发生的。同时这种变异性特征又是可以认识和利用的。根据不同的民俗事象的变异规律,可以有意识地删繁就简,推陈出新,移风易俗。要继承优良传统,使美好风俗发扬光大,对存在弊端的民俗逐步优化和完善。

但是人为改变民俗,必须从民俗中有意引导出来,必须符合社会前进方向和民心所向,不能把民俗的变异性理解为随意以个人意志强行改变,这样只能适得其反,甚至带来严重的不良后果。中国解放之初破四旧走向极端,许多淳朴有益的民风民俗乃至绚丽精妙的民间文化,如今只有到历史上深受中国文化影响的周边国家(如越南等)才能看到;而世风日下的感慨不知还要持续多少年,民俗道德规范等社会文化基础的重建决非一朝一夕的工夫。

三、民俗的形成

民俗不是凭空产生的,它来源于社会生活。民俗是随着人类社会的产生而产生,随着人类社会的发展而发展的。民俗的形成有两层含义:一是旧民俗的变化、发展;二是新民俗的产生。新的民俗的产生,在各个历史阶段,只要客观上和主观上提供了它产生的土壤,随时都可以产生和形成。一个民族的民俗形成的原因是多方面的,概括起来有经济的、政治的、宗教的、地域的、语言的等方面,这些因素都有可能决定和影响民俗的产生和发展。

(一)经济的原因

民俗产生于与之相适应的经济基础之上。民俗作为一种社会文化事象,属于上层建筑范畴,它的产生总是受到经济基础,即社会生产力发展的要求和制约,超越经济基础的民俗是不存在的。不同的社会和经济基础下会形成不同的民俗文化,这就使各民族的民俗表现出明显的层次性。如,古老神话传说的产生,就是与当时社会生产力的低下,人们对自然界和社会生活中的种种变化(如生育、疾病、死亡)不可理解有关。由于科学技术水平极低,原始人认为自然界存在着一种不可捉摸的巫术力量,人们难以征服和战胜它,于是,"万物有灵"的宗教思想应运而生。这些民俗事象的产生,都是与原始社会极其不发达的经济基础相关的。

(二)政治的原因

当人类社会进入阶级社会之后,民俗又不可避免地受到阶级的和政治的影响。剥削阶级为了达到政治目的,一方面利用落后民俗愚弄人民;另一方面用强制的手段,改变原有的民俗,以适合自己的需要,这是常见的现象。所以政治对民俗的影响有时是直接的,有时又是间接的。统治阶级提倡什么,反对什么,往往左右着民间的民俗活动。封建的政治影响,表现在民俗中,主要体现为各种民俗事象的伦理和迷信色彩,这种迷信体现在婚姻、丧葬、起房架屋、人生仪礼以及生产、生活的各个方面。比如在中国各民族婚俗中,由于受封建思想和各民族传统思想的影响,民俗事象呈现出十分复杂的情况。其中汉族婚姻制度,受封建思想的影响更加严重。"父母之命,媒妁之言","三从四德"等严重束缚着人们的思想。时至今日,在中国的许多地方,结婚彩礼仍然流行,而且数目惊人,花样翻新。

(三)宗教的原因

有人认为,民俗就是由原来的宗教仪式演变而来。在现实生活中,有许多民俗事象的传承,是和宗教信仰有关的。宗教分民俗宗教和现代宗教。这两种宗教都曾对民俗产生深远的影响。宗教属于意识形态,原始的宗教信仰同神话一样,是人类在生产水平低下,与自然斗争软弱无力的产物。民俗宗教在其产生和发展中,经历了自然崇拜、图腾崇拜、祖先崇拜这样一个过程,这个过程中所遗留下来的某些观念和仪式,成为某一民族生存和发展的民俗事象,在民族的社会生活中固定和沿袭下来。比如鄂温克族是狩猎民族,在鄂温克人的观念中,一切野兽,都属于山神所有。在狩猎中之所以能猎得野兽,并不是猎技的高明,而是由于山神的恩赐,所以他们崇拜山神。据有的民俗学家研究,对火的崇拜,源于对太阳的崇拜,因为火是太阳派往人间的使者。这种对太阳等自然现象的崇拜几乎遍布世界各地的原始民族之中。秘鲁古代的印加人把太阳作为神灵,每当晨曦初露时朝拜旭日,祈求太阳神的赐予,黄昏时举行送太阳的仪式,每年的6月24日举行太阳祭等。

(四)地域的原因

民俗对自然环境具有很强的适应性和选择性。俗话说"百里不同风,千里不同俗",就是指由于各民族所处的山川地理环境不同,会形成不同的风俗和习惯。因此,民俗的形成与自然的地理因素有着十分密切的关系。有什么样的自然环境,就会形成什么样的民俗。居住地域、生活方式和生产方式的不同,往往形成某一地区的人们所传承的民俗也不相同。这种不同,有时相差很远。中国北方的牧业民族和南方的农业民族,无论是居住、服饰、饮食、婚姻、丧葬、工艺、交通等民俗,都是各不相同的。以居住而言,北方的游牧民族,由于客观的生产方式所决定,放牧生活必须"逐水草而居",所以他们至今还居住在容易搬迁的"蒙古包"和各式各样的帐篷里。而南方的农业民族,也许住的是通风舒适的"吊脚木楼"。北方民族的一系列狩猎民俗,和南方稻作民族的耕作民俗也形成鲜明的对比。因此,地域因素的差异是形成不同民俗的重要原因。

(五)语言的原因

语言是人类交流思想感情的工具,对民俗的形成也有特别重要的意义。比如日常生活中的咒语,属于民俗事象的范畴,咒语不是毫无意义的语言,它具有一定的巫术目的,是一种命令性质的语言,人们坚信,多次重复咒语,可产生魔法效应,于是,多年延续的民俗产生了。生活中的带有禁忌性的语言、敬语和委婉语言,也可看做是一种特殊的民俗事象。民族语言和同一民族使用的不同方言、土语,更是具有浓郁民族特色和地方特色的民俗现象。平时我们所说的乡音,就是由于语言的不同形成的。思乡不仅仅是语言的作用,更重要的是在语言的背后所隐藏着的大量的民俗事象。因此,语言不但是民俗事象之一,也是民俗借以传承的工具。

四、民俗的分类

民俗是一个包罗万象的宝库,它的内容在不断地变化或扩展着。但是,民俗亦有它自身独特的类型和构架。按民俗的内容划分,我们将民俗划分为经济民俗、社会民俗、信仰民俗、游艺民俗,这是通常民俗学的分类方法。

经济民俗,指人们在创造和消费物质财富过程中所形成的民俗。主要包括生产民俗、商贸民俗、饮食民俗、服饰民俗、居住民俗、交通民俗等。

社会民俗,指人们在特定条件下所结成的社会关系的惯制,它所关涉的是从个人到家庭、家族、乡里、民族、国家乃至国际社会在结合、交往过程中使用并传承的集体行为方式。主要包括家庭乡里民俗、人际交往民俗、人生礼仪民俗、岁时节日民俗等。

信仰民俗,指在物质文化与制度文化基础上形成的有关意识形态方面的民俗。主要包括民间信仰、民间巫术、民间禁忌等。由宗教信仰派生出来的信仰民俗已经融入日常生活的迷信与俗信,民俗研究则有兼顾的使命,加上宗教旅游有着广阔的客源市场,故本书把道教和世界三大宗教内容列入。

游艺民俗,指民间传统的文化娱乐活动。主要包括口头语言民俗、民间歌舞民俗、游戏竞技民俗等。

社会生活是一个整体,为广大民众生活服务的民俗也有其整体性与系统性。在经济民俗、信仰民俗、社会民俗、游艺民俗四类民俗之间,存在着相互关联、相互制约与促进的有机联系,它们相互影响,并随着时代的发展而不断变化。

五、民俗的功能

民俗的功能是指它在社会发展中所发挥的作用。现代社会中,民俗以其特有的魅力,在社会生活的方方面面发挥着强大的社会功能,在社会发展中具有不可替代的作用。

(一)维系与规范社会发展

民俗作为世代传承的事象,是某一地域或某一民族共有的,在其传承过程中会自觉和不自觉地统一着共同体的行为和思想,使一定地域内的共同体保持稳定,使所有成员保持向心力与凝聚力,并以其约定俗成的力量约束和规范着共同体的每个成员的行为方式。民俗在现代社会中更多地表现为一种潜在的、深层的、持久的非强制性作用,这种作用是一种无形的力量,让人们更愿意自觉地去遵守,或者潜移默化地去遵从,使共同体以不同于其他地区或民族的方式规范地发展。

人类社会生活需要的满足往往有多种方式可供选择。而民俗的作用之一就在于根据特定条件将某种方式予以肯定和强化,使之成为一种群体的标准模式,从而使社会生活有规则地进行。这种民俗规则虽不具有法律意义上的强迫性,但却像一只看不见的手,无形中支配着人们的所有行为。民俗对人的控制,是一种"软控",但却是一种最有力的深层控制。从衣食住行到婚丧嫁娶,从社会交际到精神信仰,人们都在不自觉地遵从着民俗的指令。

民俗不仅统一着社会成员的行为方式,更重要的是维系着群体或民族的文化心理。每个民族或社会群体都生活在特定的自然条件和社会环境中,有自己独特的历史发展道路,因而形成了特定的集体心理。民俗是人们认同自己所属集团的标志。例如世界各地的华侨华人,虽然身处异国他乡,但他们通过讲汉语、吃中餐、过中国传统节日等方式,与自己的民族保持认同。

(二)调节社会生活

社会生活因民俗而丰富有趣。人的一生都离不开民俗,一个人从诞生礼到死去,一生中时刻经历着不同的民俗事象,出生后要不断地学习本民族的语言,在游戏中模仿着成人的生活,在交际礼节中逐渐了解人际关系,按特定的婚姻习俗成家立业,直至在特定的丧葬民俗中离开这个世界。在忙忙碌碌的一生中,人要面临各种各样的困境、压力,尤其是现代社会生活节奏不断加快,给人们带来更多的身体和精神的压力,人们特别需要开展一些活动来调节自己的生活。这样,与人一生相伴的民俗当中自然就有用以实现这种调节的各种活动。民俗的社会生活调节功能就是指通过民俗活动中的娱乐、宣泄、补偿等方式,使人类社会生活和心理本能得到调剂的功能。这一功能在现代社会的作用有日益增强的趋势。一个较长的传统节日,在以民族的方式与亲友家人团聚后,会让人感受到一种特别的氛围,实现调节个人生活和社会生活的功能。越是民俗事象保存较多较完整的地区,人们越能感受到生活的悠闲、放松、惬意。

游艺民俗的调节功能显而易见,人类创造文化的目的就在于享受它。世界上没有哪个民族没有节日、游戏、文艺、体育的民俗,它们是人类生活的调节剂。在创造文明的劳动过程中,人们总是想方设法地在适当时间以适当的方式进行适当的娱乐活动,以休整体力,调节精神,享受劳动成果。即使是一些必须完成的事情,如求偶、祭祀等,人们也会设法注入许多娱乐的成分和内容,或者使之在一种特殊的氛围中进行。

有些民俗活动有很强的宣泄功能,使人们在宣泄中达到心理上的平衡。最为典型的是世界各地的狂欢节,人们在节日里可以尽情地放纵欢乐,打破平时的各种禁忌与约束,无害地展示人性的另一面,将胸中的积郁释放出来,有利于社会稳定、和谐发展。许多民族的节日也都有一定的宣泄功能,如德国慕尼黑著名的啤酒节,人们可以开怀畅饮;傣族等民族的泼水节,人们尽情泼水相庆等。有些民间游戏,如斗牛、斗鸡、斗蟋蟀,还有一些礼俗,如婚礼上的"闹洞房"、葬礼中的哭丧等都是一种心理上的宣泄。

（三）促进民族凝聚

民俗首先是民族的,人们可以在相同的观念、生活习惯和民族传统中,找到民族认同感,促进民族凝聚力的提高。民族民俗不但是一种文化传统,而且是一个民族风貌的体现。民俗事象可以增强人们之间的感情联络,同时,一个民族的交往方式反映着民族的情绪,体现着特定的生活方式。一个民族可以在民俗事象交往达到团结、和睦、亲密无间,增加成员之间的归属感、安全感、认同感,消除隔阂,获得凝聚力。

民俗不仅统一着社会成员的行为方式,更重要的是维系着群体或民族的文化心理。每个民族或社会群体,都生活在特定的自然条件与社会环境中,有自己独特的历史道路,因而形成了特定的集体心理。民俗是人们认同自己所属集团的标志,例如世界各地的华侨,虽然身处异地,但他们通过讲汉语、吃中餐、过中国传统节日等方式,与自己的民族保持认同。

六、民族民俗与旅游

民族民俗的发展与旅游的发展是相辅相成、互相依存的。民族民俗以其丰富的文化内涵影响和制约着旅游地旅游事业的发展,而旅游的发展又会给当地的民俗文化的发展带来新的契机,促进或延缓着旅游地民族民俗文化的变迁。

（一）民族民俗对旅游的作用

1. 民族民俗是重要的旅游资源

旅游资源包括自然旅游资源和人文旅游资源两个组成部分。人文旅游资源又可分为历史文化旅游资源和民俗文化旅游资源两部分。我国的民俗文化资源是一座取之不尽、用之不竭的宝库。中外民族民俗内容丰富,而且极具旅游价值。各民族的神话传说、音乐舞蹈、戏曲艺术、建筑形式、绘画雕塑、民族工艺、节日游乐、婚丧嫁娶、文娱体育、宗教礼仪、集市贸易乃至服饰饮食、待客礼仪等,千姿百态、各具特色,是重要的文化旅游资源。它的广泛性、多样性,使旅游者在历史、风俗、艺术、服饰、宗教等方面,均可获得有益的知识和美的享受。中国是一个多民族的国家,蕴涵着丰富的民族民俗旅游资源,各地鲜明的民族特点、异彩纷呈的民俗文化,都会成为重要的文化旅游景观的前提条件,人们可以从历史、风俗、服饰、宗教、艺术各方面,获得有益的知识和美的享受。

2. 民族民俗是旅游者旅游体验的重点

旅游是现代社会生活中人们的重要活动之一,它是社会经济发展后人们对回归自然和探寻异质文化的一种渴求,是人们离开自己的居所到异地他乡作短期停留的一种活动。异域的风光,特别是异域民族的风土人情,能给旅游者一种全新的、完全不同的文化享受。现代旅游者出游可以说大多是以体验异国、异地民族文化为目的的。他们对接待地的民族历史、民俗风情尤感兴趣。而民族民俗大多直观地表现了一个民族在历史、艺术、宗教、建筑等方面的特点,对于旅游者来说,这是文字、媒体等无法替代的,是一种在短期内就能获取的且印象极其深刻的直观文化。所以说,民族民俗是旅游的重要内容。

3. 民族民俗提高了旅游地的经济效益

民族民俗作为重要的旅游资源,它能丰富旅游活动,提高旅游地的经济效益,促进旅游业的发展。深圳华侨城由三大景区组成,锦绣中华于1989年11月开业,引起轰动,1亿元的投资当年回收;以其收入滚动开发的中国民俗文化村于1991年10月开业,1年半后又收回1.1亿元的投资;接着以5.8亿元兴建世界之窗,1994年6月开业,又创辉煌。锦绣中华开业前10年中,三大景区共接待4 400多万海内外游客,营业收入近28亿元人民币,不仅带来了可观的经济效益,还产生了广泛的社会效益和深远的生态环境效益,成为弘扬民俗文化、进行爱国主义教育的基地和增进中外文化交流的窗口。

(二)旅游对民族民俗的影响

1. 旅游对民族民俗的发展具有积极作用

(1)旅游能促进民俗文化交流与传播

旅游既是一种经济行为,又是一种认知文化的行为。这种对文化的认知很大程度上在于不同地域文化的差异,也就是说认知文化主要是认知异地他域民俗风情,希望"入乡问俗",到浓郁的民俗氛围中去感受异域风情,比较居住地与旅游地人民生活方式的差异,或达到文化上的认同。

现代旅游对民俗文化的传播起着越来越重要的作用。民俗旅游以文化事象作为吸引物和承载物,激发旅游者兴趣,通过旅游者的亲身投入,成为特定民族环境中的一员,从而达到旅游主体客体双向交流,满足旅游者休闲、探奇、求知等目的。现代旅游者多以体验异国文化为目的,对接待地的民族历史、民俗文化知识尤为感兴趣。世界各地的人们之所以肯远渡重洋来中国,目的很明确,为了体验一种新的文化,获得有别于惯常生活的充满情趣的体验。这种体验是参与性旅游的旅游体验,体验的是朴实无华的少数民族生活情趣,毫无矫揉造作。

旅游者在旅游过程中除获得充满乐趣的体验享受以外,还能获得新的知识。民俗文化资源之所以能成为吸引旅游者的重要因素是因为它具有重要的知识和艺术价值。旅游者参加活动,仿佛在热情友好的朋友家做客,他们的所作所为,在浓浓的异乡情调包围下,是对另一种生活的感受,亲切、自然而有趣,当然也可从中学到许多知识,甚至可以运用到自己的生活中去。许多旅游地为满足旅游者需要,多方展示本国、本地区民俗文化精华:一方面可以使旅游者直接在欣赏文化的表演和展示中增长知识;一方面还可以通过本民族的导游之口向旅游者介绍这些文化现象的起源、功能和象征含义,并可以为旅游者提供学艺的机会,组织教授制陶、编织、雕刻、蜡染、民族乐器演奏、民族舞蹈表演等技艺。这样,旅游者的旅游由休闲度假变成了有学习内涵的度假,民俗文化的知识和技艺也因此得到了传播和扩布,因此,从某种意义上讲,旅游活动实质上是民族民俗文化的交流和传播活动。

(2)旅游促进了旅游接待地民俗文化的现代化

民族民俗一旦形成,就具有了相对稳定性,但是,任何一种民俗文化都不是一成不变的,特别是在传统文化向现代社会转型过程中,文化变迁是不以人的主观意志为转移的。民族地区旅游开放,会导致民俗文化的变化,即两种或两种以上的不同文化在接触过程中,相互影响、采借,接受对方文化特质,从而使文化相似性不断增加。民俗文化的变化一般会有两种情形,即民俗涵化与民俗文化传播,二者在性质上有所不同,民俗文化传播是自愿地、有选择地对某些文化要素进行吸收,使民俗发生现代化的改变;而民俗涵化则是在外来的压力被迫发生的变化,是在异质文化的大量输入下的被动改变。旅游的开发,每年千百万的旅游者涌进民族地区,也带来其民族的文化特点和科技信息,在民族地区造成一定的影响,他们的道德观念、生活方式无疑会对民族地区的文化传统带来有益的或是有害的双向渗透。在有益的方面,会把现代文明带进民族地,打破民族传统文化不可分享、不可示人的封闭状态,有利于促进民族地区与发达地区的跨文化交流,开拓人们的眼界,增进市场经济意识,促使民族地区生活方式变迁,提高民族地区文明的程度。社会变革的步伐加速了文化变迁的频率,也加快了民俗文化现代化的过程。

(3)旅游促进了民俗文化的保护和发展

在某种程度上,民俗旅游是当代旅游的潮流,以民俗为内容,开展各种旅游活动,已成为世界旅游的一大热点。许多其他类型的旅游活动也都尽可能地与本地的民俗相联系以增加和突出本地特色。还有些地区的旅游活动长期开展下来,不仅与本地民俗相融合,而且其本身也已经成为民俗的一个组成部分。比如北京在每年金秋十月举行的旅游文化节,突出的特点就是北京的城乡文化与民俗,几年下来,这个文化节已经成为北京人民生活的一部分,成为一种新的民俗。旅游发展的新情况对当代旅游业的发展提出了新的要求,人们不仅要开发新的旅游资源,而且要保护和恢复原有的民俗文化资源,以促进旅游发展。因此,发掘、整理和提炼那些最具民族特色的风俗习惯、历史事件、神话传说、民间艺术、舞蹈戏曲、音乐美术、民间技艺、服饰饮食、接待仪礼等民俗文化旅游资源,丰富旅游活动内容,是发展旅游的当务之急,这对民俗文化的保护和发展是极为有利的。为此,许多国家对民俗文化都采取了保护、开发、利用一体化的一系列科学举措,以使本国的旅游事业更具特色、更具魅力。

2. 旅游对民俗文化的消极影响

(1)民俗文化的同化和庸俗化

随着旅游业的发展,旅游者的涌入,异族及同族异地的文化、思想意识、生活习俗的引入,旅游接待地的民俗文化会逐渐被同化、冲淡和消失。而且,在开发民俗文化资源过程中,过分地、夸大其词地宣传渲染会使旅游接待地淳朴的民俗文化失真、被亵渎、被歪曲;甚至为了迎合一部分客人,而着力渲染一些无聊的、下流的、色情的东西,会使民俗文化庸俗化。

(2) 对民族传统文化的冲击

由于旅游者的涌入,旅游接待地的民族传统文化会因商品化而受到歪曲并失去价值。如一些民族歌舞,由于旅游者的需要而被搬上舞台,或被压缩、或被删除、或是活动的节奏加快,使其在很大的程度上丧失了传统的意义和价值。此外,由于商品化,某些传统工艺品制作泛滥随意,已不是传统的风格和制作技艺。异地文化对民族传统文化的冲击与影响是一种潜移默化的影响,除传统文化价值的丧失外,还会出现淳朴民风的丢失和崇洋媚外思想,甚至会影响社会的稳定。

(3) 腐朽生活方式的散播,传统道德观念的堕落

旅游者既带来了其民俗文化中进步的影响,也带来了腐朽落后的东西。西方社会中某些腐朽的生活方式或思想意识会与旅游者相伴而至,在旅游接待地广为传播,对接待地社会文化产生严重影响,造成腐朽思想泛滥而优良传统丧失。

尽管旅游发展对民族民俗的发展有一些负面作用,但是,与其诸多的积极作用相比,它们毕竟属于局部问题。对这些消极的影响,只要采取积极主动的措施加以防范,就能将它们的影响降到最低程度。

总之,民族民俗与旅游可以相互促进,找到二者的结合点,不仅能很好地发挥民俗的旅游功能,而且对民俗文化的保留也是大有好处的。民族民俗文化作为现代旅游业的一大宝贵资源,我们不仅要开发利用好它,而且要发展保护好它。我们要发扬民族民俗文化中的优良传统,弃其糟粕,防止外来污染,使其成为民俗文化的瑰宝得以永世流芳,成为我们取之不尽、用之不竭的旅游文化资源。

本章小结

本章概要地介绍了民族民俗的基本原理。民族作为一个历史范畴,有其产生、发展和消亡的历史过程。在人类历史长河中,形成了众多共同生活的、稳定的人类共同体,这就是民族。目前,世界上有2000多个民族,中国有56个民族。每个民族都在长期共同的生产和生活中,形成了具有本民族特色的生活文化,这些惯常的、固定的生活文化,就是民俗。民族和民俗是相辅相成、相伴而生的,每一个民族都会具有自己独特的民俗,而民俗也是区别不同民族重要标志。当今世界,民族民俗已经成为重要的旅游资源,它在促进旅游发展、社会经济繁荣、民族文化交流和民族团结等方面,均起着重要作用。

思考与练习

1. 什么是民族?它有哪些特点?
2. 民族是怎样形成的?

3. 中国各民族经历了怎样的历史演进?
4. 什么是民族构成? 中国和世界人口的民族构成概况如何?
5. 什么是民俗? 它有哪些特点?
6. 民俗形成的条件有哪些?
7. 民俗有哪些类型?
8. 民俗有哪些功能?
9. 民族民俗与旅游的关系如何?

第一章

中国民族民俗概述

本章导读

本章是了解和认识中国民族概况的入门篇,主要是使读者对中国民族的人口、分布、语言文字和民俗及其特点有一个整体的印象。民俗是一个民族传统文化的重要组成部分,它与该民族存在的社会经济、自然环境、宗教信仰等有着密切联系。了解中国民族的基本情况,对认识每个民族的民俗及其特点起着铺垫基础的作用。

第一节 中国民族发展现状

一、中国的民族识别

新中国成立之前,历代统治阶级推行民族歧视和民族压迫政策,致使许多少数民族隐瞒、更改了自己的族称,中国的民族成分一直处于模糊不清的状态。新中国成立以后,党和国家实行民族平等政策,保障少数民族当家做主的权利,激发了少数民族的民族意识,长期被压迫的许多少数民族纷纷公开他们的民族成分,提出自己的族名。新中国成立初期,汇总登记的民族名称有400多个,仅云南一个省就有260多个。为了使我国各少数民族真正实现民族平等,充分享受民族平等和民族区域自治的权利,充分发挥各族人民的积极性、主动性,使他们的经济文化迅速发展,有必要在全国范围内进行民族识别。

我国的民族识别工作,大体可划分为几个阶段。

第一阶段:从1949年中华人民共和国成立至1954年。经过深入细致的实地考察和科学研究,这一阶段首先认定了(包括历来公认的)蒙古、回、藏、满、维吾尔、苗、彝、壮、布依、朝鲜、侗、瑶、白、哈尼、哈萨克、傣、黎、傈僳、佤、拉祜、高山、水、东乡、纳西、景颇、柯尔克孜、土、羌、撒拉、锡伯、塔吉克、乌孜别克、俄罗斯、鄂温克、鄂伦春、保安、裕固、塔塔尔38个少数民族。

第二阶段:从1955年至1964年全国第二次人口普查。在第一阶段取得的经验和成果的基础上,进一步把民族识别工作引向深入。本阶段,对上次全国人口普查登记的所剩族体名称(183个)进行逐一研究,新确定了15个少数民族,即土家、畲、达斡尔、赫哲、仫佬、布朗、仡佬、阿昌、普米、怒、崩龙(后改名为德昂)、独龙、京、毛难(后改名为毛南)、门巴;同时,将普查中自报的74个族体分别归并到53个少数民族中。

第三阶段:从1965年至1982年第三次全国人口普查。在这一阶段中,1965年认定了西藏珞瑜地区的珞巴族,1979年认定了云南基诺山的基诺族。至此,使我国民族大家庭的成员增加到56个。

第四阶段:从1982年第三次全国人口普查至今。在本阶段,民族识别工作除继续为一小部分族体的认定进行调查研究外,主要进行民族成分的恢复、更改和对某些族体进行归并工作。据统计,自1982年以来,全国恢复、更改民族成分的人数在1200万人以上。

我国民族识别工作的顺利进行,解决了民族工作中一个艰巨而复杂的问题,为我国民族的繁荣创造了条件。

二、中国的民族分布

(一)各民族大杂居、小聚居、交错杂居

我国地域辽阔,民族众多,使得我国的民族分布呈现出复杂的特点。长期以来,我国的民族分布形成了一个以汉族为主体的各民族大杂居、小聚居、交错杂居的局面。一方面是汉族遍布全国各地,各少数民族聚居区内,都有或多或少的汉族居民;另一方面,各少数民族又都有自己或大或小的聚居区,在汉族集中的地区又聚居或散居有少数民族,和汉族或其他少数民族交错杂居。即使在一个少数民族聚居区内,除有汉族居民外,也有其他少数民族居住。全国所有的省、市、自治区,均有少数民族居住,全国90%以上的县、市、区,都有或多或少的少数民族分布,只有西藏比较单纯,基本居民是藏族,整个自治区藏族241.11万人,占总人口的92.2%;汉族占5.9%,其他门巴、珞巴、回等各族占1.9%。比如上海、江西是全国少数民族最少的两个省,但江西也有11.28万少数民族分布,占其总人口的0.27%;上海有10.41万少数民族分布,而且上海拥有全国55个少数民族中的53个,仅缺阿昌族和德昂族。而内蒙古、广西、宁夏三个自治区内,汉族居民还是占多数,比如内蒙古有汉族1882.39万人,占总人口的79.24%,蒙古族402.92万人,占总人口的16.96%,其他少数民族90.23万,占总人口的3.8%。新疆维吾尔自治区除主体民族维吾尔族以外,还有12个民族与之杂居,有汉、哈萨克、回、柯尔克孜、蒙古、俄罗斯、塔吉尔、乌孜别克、锡伯、塔塔尔、达斡尔、满等民族;广西壮族自治区,汉族占总人口的61.66%,其他少数民族占38.34%。除主体民族壮族以外,还有11个民族与之杂居,有汉、苗、瑶、侗、仫佬、毛南、回、京、彝、水、仡佬等民族。

导致各民族大杂居、小聚居、交错局面产生的主要原因有:一是各民族之间的长期友好交往、贸易往来；二是朝代的更替造成各民族分散、交错杂居；三是历代王朝实行服役、屯田、驻防、戍边和开荒等政策，导致各民族人口相互迁徙；四是各民族劳动人民为了谋生，追求耕田、寻找牧场而向其他民族地区迁徙流动；五是民族压迫于民族内部和外部的斗争，以及外敌入侵而使力量较弱的部落和民族逃避战祸等。

（二）少数民族主要集中于西部和边疆地区

2000年人口普查显示，广西、云南、贵州、新疆4个省区的少数民族人口之和占全国少数民族人口的一半以上，再加上辽宁、湖南、内蒙古、四川、河北、湖北、西藏、吉林、青海、甘肃、重庆和宁夏，以上16个省区的少数民族人口占全国少数民族人口的91.32%。我国陆地边境线全长2万多公里，绝大部分是少数民族地区。

1. 东北、内蒙古地区的少数民族

东北、内蒙古地区主要分布着蒙古、满、朝鲜、达斡尔、锡伯、赫哲、鄂温克、鄂伦春等少数民族。

蒙古族。蒙古族有人口5981840人（2010年）[1]，主要分布在内蒙古自治区。此外，在新疆、青海、辽宁、吉林等省区也有分布。"蒙古"族名是由"蒙兀"音转而来，主要源于古代东胡系统室韦的一支"蒙兀室韦"。

满族。满族现有人口10387958人（2010年），主要分布在东北三省、内蒙古以及北京、天津、河北、河南、山东、宁夏、新疆、甘肃等省区。满族的先民可追溯到古代的肃慎、挹娄、勿吉、靺鞨、女真等。1635年定名"满洲"族，简称满族。

朝鲜族。朝鲜族有人口1831929人（2010年），主要分布在吉林省延边朝鲜族自治州、长白山朝鲜族自治县和吉林市。其余分布在黑龙江、辽宁省以及山东、河北、广东、内蒙古、北京、天津等省、市、自治区。中国的朝鲜族是19世纪中叶从朝鲜半岛移居而来（朝鲜族人口在朝鲜民主主义人民共和国有2100余万，在大韩民国有4200万），其文化同朝鲜半岛的文化有着极其浓厚的渊源关系。

达斡尔族。达斡尔族现有人口131992人（2010年），主要分布在内蒙古、黑龙江、新疆、辽宁等省区。"达斡尔"系民族自称，中国史籍曾有"达胡尔"、"达古尔"、"达呼尔"、"达糊尔"等不同的写法。

锡伯族。锡伯族现有人口190481人（2010年），主要分布在新疆、辽宁、黑龙江、吉林等省区。"锡伯"系民族自称，在汉文史籍中曾有失韦、室韦、矢比、西北、席百、席比、实伯、犀毗等不同历史时期的不同译音和写法。

赫哲族。赫哲族现有人口5354人（2010年），主要分布在黑龙江省。赫哲族与满族同源。"赫哲"系民族自称，清代曾被称为"黑斤"、"赫真"、"赫真喀喇"等。新中国成立后，正式定名为"赫哲族"。

---

[1] 注：第六次全国人口普查各民族人口，以下同。资料来源：国家统计局。

鄂温克族。鄂温克族现有人口30875人(2010年),主要分布在内蒙古和黑龙江等省区。"鄂温克"系民族自称,历史上曾被称作"索伦"、"通古斯"、"雅库特"等。

鄂伦春族。鄂伦春族现有人口8659人(2010年),主要分布在内蒙古和黑龙江等省区。"鄂伦春"为民族自称,历史上曾被称作"栖林"、"奇楞"、"林中人"、"俄伦春"、"鄂鲁春"及"俄乐春"等。

2. 西北地区的少数民族

我国西北地区的少数民族主要有维吾尔、回、哈萨克、柯尔克孜、裕固、撒拉、塔吉克、乌孜别克、东乡、保安、土、塔塔尔、俄罗斯等族。

回族。回族现有人口10586087(2010年)人,主要分布在宁夏、甘肃、青海、河南、山东、新疆等省区。

撒拉族。撒拉族现有人口130607人(2010年),主要分布在青海。"撒拉族"系民族自称,历史上曾称作"沙喇簇"、"萨拉"、"撒喇"、"撒拉回"等。

土族。土族现有人口289565人(2010年),主要分布在青海省。土族自称"蒙古勒"、"蒙古尔孔"、"土昆"等。

东乡族(621500人)、裕固族(14378人)和保安族(20074人)(2010年),主要分布在甘肃省。

维吾尔族。维吾尔族现有人口10069346人(2010年),主要分布在新疆维吾尔自治区。"维吾尔"是民族自称,历史曾称作"回纥"、"回鹘"、"畏兀儿"等。

哈萨克族(1462588人)、柯尔克孜族(186708人)、塔吉克族(51069人)、乌孜别克族(10569人)、塔塔尔族(3556人)、俄罗斯族(15393人)(2010年),也主要分布在新疆维吾尔自治区。这些民族均为跨界民族,他们的主体在俄罗斯和中亚各国。

3. 西南地区的少数民族

云南省是个民族省,白族(1933510人)、哈尼族(1660932人)、傣族(1261311人)、傈僳族(702839人)、佤族(429709人)、拉祜族(570746人)、纳西族(326295人)、景颇族(147828人)、布朗族(119639人)、阿昌族(39555人)、普米族(42861人)、怒族(37523人)、德昂族(20556人)、独龙族(6930人)和基诺族(23143人)(2010年)等,主要分布在这里。

苗族(9426007人)、布依族(2870034人)、侗族(2879974人)、水族(411847人)、仡佬族(550746人)等,主要分布在贵州省。彝族(8714393人)、羌族(309576人)(2010年)等主要分布在四川省。

藏族有6282187人(2010年),主要分布在西藏、青海、四川、甘肃、云南等省区。在西藏自治区还分布着门巴族(10561人)和珞巴族(3682人)(2010年)。他们与藏族在经济、文化等方面有相近之处。

4. 中东南地区的少数民族

中东南地区主要有壮、苗、瑶、土家、畲、黎、仫佬、毛南、京、高山等族。壮族是中国少数民族中人口最多的,有 16926381 人(2010 年),主要分布在广西壮族自治区。此外,瑶族(2796003 人)、仫佬族(216257 人)、毛南族(101192 人)、京族(28199 人)(2010 年)等,也主要分布在广西壮族自治区。土家族(8353912 人)(2010 年),主要分布在湖南、湖北、贵州、重庆等省市。畲族(708651 人)(2010 年),主要分布在福建和浙江等省。黎族(1463064 人)(2010 年),主要分布在海南省。高山族(4009 人,不含台湾省)(2010 年),主要分布在台湾和福建等省。

三、民族语言与文字

(一)民族语言

在语言上,一般同一民族有一种共同语言,包括不同的方言,但也有不同民族使用同一种语言,同一民族使用两种或两种以上语言的情况。

自中华人民共和国成立以来,政府组织科研人员对全国各民族的现状、历史、语言文字进行多次普查,已确定了 56 个民族。在除汉族以外的 55 个少数民族中,一个民族一种语言的比较多,有的民族说两种或两种以上的民族语言。个别少数民族使用汉语。中国少数民族语言的数目可能在 80 种以上。

在 55 个少数民族中,使用本民族文字的有 40 个,历史上曾使用过本民族文字的有 17 个。在中国境内,古今共使用过少数民族文字 57 种。

中国境内各民族的语言的系属,按通行的说法,除朝鲜语和京语系属未定外,其余分属汉藏语系、阿尔泰语系、南岛语系、南亚语系和印欧语系。

1. 汉藏语系

汉藏语系包括汉语和藏缅、壮侗、苗瑶三个语族。汉语是汉族的语言,在语言系属分类中相当于一个语族的地位。汉语的现代标准语是普通话,即以北京语言为标准音,以北方话为基础方言,以典范的现代白话文著作为语法规范。汉语有七大方言,即北方方言、吴方言、湘方言、赣方言、闽方言、粤方言、客家方言。方言间差异很大,一般很难进行交际。据 1990 年中国人口调查的数字估计,说汉语的人口有 11.09 亿多。在中国说藏缅语族语言的人口约有 2200 万。分布在西藏自治区、青海、甘肃、四川、云南、贵州、湖南、湖北等省和广西壮族自治区。包括藏语、门巴语、珞巴语、僜语、嘉戎语、羌语、普米语、独龙语、土家语、彝语、傈僳语、纳西语、哈尼语、拉祜语、白语、基诺语、怒语、景颇语、阿昌语、载瓦语等。在中国说壮侗语族语言的人口有 2300 多万。分布在广西壮族自治区和云南、贵州、湖南、广东、海南五省。包括壮语、布依语、傣语、侗语、水语、仫佬语、毛南语、拉珈语、黎语、仡佬语等。在中国说苗瑶语族语言的人口约有 940 万。分布在贵州、湖南、云南、四川、广东五省和广西壮族自治区。包括苗语、布努语、勉(瑶)语和畲语。

2. 阿尔泰语系

阿尔泰语系包括蒙古、突厥、满通古斯3个语族。属阿尔泰语系的语言如下所列,其中:满语、锡伯语、鄂温克语、鄂伦春语、赫哲语属阿尔泰语系满—通古斯语族;蒙古语、东乡语、土语、达斡尔语、东部裕固语和保安语属阿尔泰语系蒙古语族;维吾尔语、哈萨克语、柯尔克孜语、撒拉语、西部裕固语、乌孜别克语、塔塔尔语属阿尔泰语系突厥语族。在中国说蒙古语族语言的人口约有550万。分布在内蒙古自治区、新疆维吾尔自治区、黑龙江、辽宁、吉林、青海、甘肃等省。蒙古语族包括蒙古语、达斡尔语、东乡语、东部裕固语、土族语和保安语。中国说突厥语族语言的有840多万人,分布在新疆维吾尔自治区、青海、甘肃、黑龙江等省。中国境内突厥语族包括维吾尔语、哈萨克语、柯尔克孜语、乌孜别克语、塔塔尔语、撒拉语、西部裕固语和图佤语。在中国说满—通古斯语族语言的人口约有20万。分布在新疆维吾尔自治区、内蒙古自治区和黑龙江省。满—通古斯语族包括满语、锡伯语、赫哲语、鄂温克语和鄂伦春语。现在满族通用汉语。

3. 南岛语系

南岛语系又称马来—波利尼西亚语系。中国台湾省高山族语言属这个语系的印度尼西亚语族。高山族使用排湾、阿眉斯、布嫩、鲁凯、赛设特、卑南、邵、泰耶尔、赛德、邹、沙阿鲁阿、卡那卡那布等语言。

4. 南亚语系

南亚语系(孟—高棉语族)语言的人口约44万,分布在云南省南部边疆地区。该语系在中国境内包括佤语、德昂语、布朗语。

5. 印欧语系

印欧语系,只有属于斯拉夫语族的俄语和属于印度—伊朗语族的塔吉克语。说俄语的有1.3万多人,说塔吉克语的有3.3万人,共约4.6万人。在少数民族语言的研究方面,中国有些少数民族在古代就有自己的语文学家。他们对本民族的语言文字进行研究,写出著作,取得重要成就。藏语学者图弥三菩札于7世纪参考梵文,根据藏语的语音结构,创制藏文。他还写出《三十颂》、《性入法》等语法著作。19世纪中叶,司都·却吉久赞出版《藏文文法》。维吾尔族至晚在8世纪就参考粟特文创制回鹘文。维吾尔族学者马合木德·喀什噶里在11世纪调查西域和中亚一带的突厥语言,编写《突厥语词典》。蒙古族学者搠思吉斡节儿于14世纪初写的《蒙文启蒙》奠定了蒙文正字法的基础。中国现代语言科学工作者从20世纪30年代开始调查研究少数民族语言。

此外,朝鲜语、京语、仡佬语属于未定语族的语言。

(二)文字

1. 文字概况

我国有19个少数民族有自己的民族文字。他们是蒙古、藏、维吾尔、朝鲜、哈萨克、傣、俄罗斯、锡伯、塔塔尔、乌孜别克、柯尔克孜、苗、彝、傈僳、佤、拉祜、纳西、景颇、京等民族。其中沿用至今的传统文字只有13个民族的15种,即蒙古文(2种)、藏文、维吾尔文、朝鲜文、哈萨克文、柯尔克孜文、锡伯文、傣文(2种)、景颇文、傈僳文、拉祜文、俄罗斯文、彝文等。

汉字。汉字也称汉文、中文,是汉族记录语言的文字。为汉、回、满三个民族通用的文字。汉文字为方块字,是世界上最古老的文字之一,也是世界上从古到今一直使用并不断发展的文字。汉字是一种表意兼表音的方块文字,常用字3000个左右。1964年国家颁布了《简化字总表》,这对汉字的书写、印刷的规范化和学习、书写的简便、快速都有着重要意义。回族使用汉文和汉语,加入了一些阿拉伯语、波斯语词汇;满族原使用满语,进入北京和中原后大多数人逐渐使用汉语和汉文。

蒙古、藏、维吾尔、哈萨克、柯尔克孜、朝鲜、彝、傣、拉祜、景颇、锡伯、俄罗斯12个民族各有自己的文字。这些文字多数都有较长的历史。其中蒙古族使用一种竖写的拼音文字,通用于蒙古族地区。居住在新疆的蒙古族还使用一种以通用的蒙古文为基础而适合卫拉特方言特点的拼音文字。云南傣族在不同地区使用4种傣文。傈僳族中大部分信仰基督教的群众,使用一种用大写拉丁字母及其颠倒形式的字母拼写傈僳语的文字,还有少数人使用当地农民创制的傈僳音节文字"竹书"。云南省东北部一部分信仰基督教的群众使用一种把表示声、韵、调的符号拼成方块的苗文。云南佤族中信仰基督教的少数群众使用拉丁字母形式的佤文。壮族、白族和瑶族中还有一部分人使用在汉字影响下创制的方块壮字、方块白文和方块瑶字。壮、布依、苗、侗、哈尼、傈僳、佤、黎、纳西、白、土、瑶和景颇族中说载瓦语的人使用以拉丁字母为基础的拼音文字。

还有一些在历史上使用过,后来停止使用的文字,即突厥文、回鹘文、察合台文、于阗文、焉耆—龟兹文、窣利文、八思巴字、契丹大字、契丹小字、西夏文、女真文、东巴图画文字、沙巴图画文字、东巴象形文字、哥巴文、水书、满文17种文字。

2. 文字类型

中国不但语言类型较多,文字类型也很丰富。从类型上看中国文字有非字母文字和字母文字两大类。

(1)非字母文字

图画文字。在中国发现的图画文字有两种。一种是云南省纳西族的东巴图画文字,另一种是四川省凉山彝族自治州尔苏人的尔苏沙巴图画文字。这两种文字共同的特点是:尚未形成固定的行款,有从左向右的,也有由右到左的,既有由上到下的,也有由下到上的;常常利用字组构成的形象来表达比较复杂的意思;读出来的经文中的词语,一般都比写出来的字多。这两种文字都还不是成熟的文字,只是文字的雏形。

象形文字。它既包括整体像某事物形体或状态的字和以象形字为基础构成的指事字,又包括由多个单体象形字结合构成的会意字和形声字。词根是单音节的汉藏语系语言使用这种象形文字,基本上都是一个字读一个音节。云南纳西族的象形文字和贵州水族的水书中的大部分字,都是一个字读一个音节。纳西族的象形文字有以下三个特点:一个字只能读一个音节;以单体象形字为主,也有形声字、会意字;就文字的作用说,已经由表意发展到表音。

楷书化汉字和在汉字影响下创制的几种文字。有两类情况:字形结构虽受汉字的影响,但有自己的特点,借用汉字不太多。属这一类的有契丹大字、西夏文和女真文;大量使用音读汉字和训读汉字的方法表达自己的语言,也用形声或其他方法创制表达本族语词的新字。方块状字、方块白文和方块瑶字,都属于这一类。

音节文字。音节文字的共同特点是每个字表示一个音节,笔画比较简单。这一类文字,目前发现的有三种,即彝文、纳西族的哥巴文和云南迪庆藏族自治州维西县部分地区的傈僳族使用的"竹书"。

(2)字母文字

字母文字也称拼音文字。中国民族的字母文字可按字母形式的来源和其他情况,分成以下七类:

藏文、八思巴字、傣文、于阗文、焉耆—龟兹文。这些文字的字母都是直接或间接参考印度的某种字母创制的。

窣利文、回鹘文、蒙古文、满文、锡伯文。窣利文来源于波斯时代的阿拉米文草书。回鹘文字母是参考窣利字母创造的。以后蒙古文字母的制定又参考了回鹘字母,满文字母的制定则参考了蒙古文字母。锡伯文是满文的延续。

察合台文、维吾尔文、哈萨克文、柯尔克孜文。这四种文字都以阿拉伯字母为基础。同一字母的单写,在词头、词中、词尾书写形式略有不同。

突厥文。根据突文献早期发现的地点,又称鄂尔浑叶尼塞文。

朝鲜文、契丹小字和方块苗文。这三种文字在汉字的影响下,都把属于一个音节的字母拼成一个方块。

俄文。新疆的伊犁、塔城等地部分俄罗斯族人使用俄文。

拉丁字母形式的文字。拉祜族、景颇族和佤族的文字,都是拉丁字母形式,中华人民共和国成立前就使用。

中国的少数民族中,还有一些有自己的语言而没有文字的,将根据他们的意愿、创制文字或者选用对他们适用的现有文字,如壮族的文字。

第二节　中国民族的民俗与特点

中国民族在长期的历史过程中,形成了各具特色的风俗习惯,其中包括衣、食、住、行、婚姻、丧葬、禁忌等。不少民族在自身的发展过程中,还信仰过不同的宗教。

一、衣、食、住、行习俗及特点

(一)服饰

传统民族服饰是民俗文化的重要组成部分,它起着族徽的作用,并与自然环境及经济基础有一定联系。

1. 各民族服饰

汉族的服饰自辛亥革命以来有大的变化,以此也可以看出社会的变化。辛亥革命到新中国成立前,长袍、马褂、旗袍在汉族上层和有钱人家中还占有重要地位。占汉族大多数人口的农村农民多是便装、短装,为种田、做工方便。与此同时,中山装、西服、学生服等在城市汉族中流行起来。新中国成立后,长袍、马褂在汉族民间逐渐绝迹;便装、短装在汉族农村占重要地位,只是衣服款式、料子等有所不同。在城镇,除西服、中山装外,各行业的工作服、学生服等多彩纷呈。改革开放以来,人们在服饰上也很快与国际接轨。在婚礼、节庆,西服成了汉族不同年龄层次许多人的选择。夏天女性多裙装。此外,像休闲服、运动服、牛仔服等也很流行。进入21世纪,中国已成为世界第一服装生产大国和服装市场国,各种流行的服装均可见到。作为11亿多人口的汉族,传统服饰(指新中国成立前的长袍、马褂之类服饰)除在电影、戏剧舞台上可见外,民间已很难见到。

云南元江捕黄鳝归来的花腰傣姑娘

中国少数民族的传统服饰丰富而又多彩,这主要表现在女装上,男装相对而言要简单得多。目前,流行于少数民族地区的传统民族服饰主要款式有四类:

一是草裙和披肩。女子的草裙、男子的兽皮式羊皮披肩,有着人类早期服饰的一些特点。草裙只流行于珞巴族部分地区。羊皮及兽皮披肩流行在彝族部分地区及珞巴族地区等。

二是披毡、披衫和贯头衣。这是一种比较古老的服饰,流传至今。披毡和披衫主要流行在川滇大小凉山彝族地区,是彝族的传统民族服饰。在西藏那曲地区的藏族牧民披披毡。贯头衣则主要流行在彝、苗、瑶、藏等民族的部分地区以及珞巴、门巴族地区。据统计,在民族地区的贯头衣有六七种类型。

三是对襟衣和交领衣。我国55个少

数民族中,差不多有半数以上的民族以对襟衣及交领衣作为妇女盛装。在苗、藏、瑶、彝、哈尼、侗、黎、畲、朝鲜、壮、维吾尔、哈萨克、柯尔克孜、塔吉克、塔塔尔、乌孜别克等民族中,传统女装以及部分男装基本上均为交领衣或对襟衣。

四是大襟衣。这是目前在民族地区流行较广的一种上衣款式。有的民族仍以大襟衣为传统盛装。其中,如北方的蒙古、回、保安、东乡、撒拉、达斡尔、鄂伦春、锡伯等民族,男女大都穿大襟长袍或短衣。南方的土家、拉祜、彝、苗、仡佬、毛南、仫佬、傈僳、普米、纳西等民族,也有部分地区以大襟衣为女盛装。

2. 服饰的作用

中国少数民族的传统服饰有着深刻的文化内涵,它对外用以区别于其他民族;在民族内部,则是互相认同的旗帜。

一是传统服饰起着族徽的作用。在我国少数民族中,传统服饰成为民族的重要形象特征。例如:蒙古族的蒙古袍和蒙古靴,满族的旗袍、高底花鞋,朝鲜族的交领短衣和长裙,鄂温克与鄂伦春族的狍皮衣,维吾尔族的袷袢(对襟长袍)与绣花小帽,回族的白帽,彝族的披毡,藏族的藏袍和氆氇围腰等。它们给人们留下了深刻的印象,为人们所认同。

二是服饰与节日有着密切关系。传统的民族节日是重大的民俗活动之一,人们常把最好的服饰当做节日盛装,在供人们欣赏的同时,自己也得到心理上的满足。

三是服饰与自然环境有着密切关系。各个民族的传统服饰,因自然环境、从业情况不同,形成了各自的特点。如蒙古族传统服饰适应了草原牧业活动,藏族传统服饰适应了高原气候,南方一些民族的传统服饰适应了平坝、水田生产的活动。

今天,广大汉族地区传统服饰已基本消失。在民族地区,居住城镇的年轻人也逐渐选择了社会上流行的服饰,如西服、牛仔服等。

(二)饮食

中国汉族的饮食体现了悠久的民俗文化,其面食制作及菜肴烹饪技术享誉世界,被称作中餐。历史上长期发展形成的八大菜系(川、鲁、粤、闽、湘、皖、浙、苏)体现了汉族烹饪技术的精华。汉族各地酿制的白酒、黄酒、果酒等,种植加工而成的花茶、绿茶、红茶、黑茶、砖茶、坨茶等,成为节日喜庆招待客人的精品饮料。汉族的饮食习俗一方面体现了传统的道德礼俗,同时又因地区、特产、习俗不同各具特点。

中国少数民族的传统饮食大致可分为两类:一是农耕民族的饮食;一是畜牧民族的饮食。农耕民族基本上以粮食为主食,以肉食、蔬菜为副食,一日三餐,合理搭配,又因不同的地理气候环境、经济发展水平及宗教信仰等而有所不同。如生活在西北农业地区的维吾尔族、回族等,以面食为主,常见的有馒头、花卷、面条、面片、包子、馕、发面饼、炒面、凉面及各种油炸面食,肉食以牛羊肉为主。生活在草原上的蒙古、哈萨克、裕固、藏等民族,在饮食方面的特点是食肉、喝奶、嗜饮浓茶。

1. 特色佳肴

中国少数民族在长期的历史发展过程中,形成了许多具有特色的佳肴。著名的如满汉全席、蒙古族的"烤全羊"、壮族的"龙泵三夹"(以猪小肠酿进猪血制成的食品称"猪龙泵",配以猪肝、猪粉肠制成冷盘,食用时各拈一块共三件,夹在一起吃而得名)和"白切狗肉"(将狗肉煮熟拌以作料而成)、哈尼族的"竹筒鸡"(用竹筒装入鸡头腿等原料煮制而成)和"生炸竹虫"(竹虫为竹节内的一种寄生虫,以此炸制而成)、白族的"生皮"(系用多种辛麻辣作料拌制而成的冷荤菜)和"柳蒸猪头"(将猪头放置柳条架上锅蒸制而成)以及侗族的"三江炕鱼"(广西三江侗族地区传统的烧制鲜鱼)等。

酱菜、腌菜。如朝鲜族的泡菜、布依族的"荔波风腊"(用小猪腌制风干而成)、普米族的"红烧琵琶肉"(用风干腌制的琵琶肉块红烧制成)、仡佬族的"辣椒骨"(用辣椒、骨头等为原料腌制而成)、高山族的"腌肉"(将猴肉、鹿肉、野猪肉、水牛肉等放置竹筒或陶罐中腌制而成)以及瑶族的"鲊"(将肉腌制成鲊肉)和黎族的"祥"(将鲜鱼块加凉米粉或酒糟腌制而成,有好几种)等。

汤菜、凉菜。著名的有朝鲜族的"狗肉火锅"、苗族的"龟凤汤"、白族的"毛驴汤锅"、佤族的"火烧蛇肉"、傣族的"凉拌蚂蚁蛋",以及赫哲族的"刹生鱼"等。

新疆维吾尔族面食——油馕

面制品。著名的有满族的清东陵糕点,藏族的糌粑,维吾尔族的油馕,回族的油香、馓子,保安族的青麦包子,蒙古族的新苏饼,彝族的荞粑,以及白族的大面糕等。

肉制品。著名的有哈萨克族的"冬肉"(系将入冬宰杀的马、牛、羊肉用盐卤制,以松枝熏烤后储藏,以备随吃随取),彝族的"坨坨肉"(以猪肉为原料,煮制而成),赫哲族的"炒鱼毛"(将鱼煮熟、炒制,置入坛子或桦树皮箱封存,长时间食用不变质),纳西族的"丽江火腿粑粑"(系用面坯铺上火腿、油渣、精盐擀制成饼煎熟而成),以及拉祜族的"松鼠干巴"(将松鼠肉晾制而成的肉干)等。

奶制品。有蒙古族的"奶豆腐",白族的"乳扇"(用牛奶经发酵后加工而成),藏族的"奶酪",哈萨克族的"奶疙瘩"等。

米制品。有壮族、瑶族的五色糯米饭,云南汉、白、纳西族等族的饵块(用粳米饭舂制而成,有块状、丝状等),维吾尔族的抓饭,藏族的足玛米饭(用足玛、大米、酥油等煮制而成。足玛,即人参果的藏语称呼),瑶族的粽粑,黎族的竹筒米饭,湖南土家族的社饭等。

2. 清真菜

在中国信仰伊斯兰教的民族中长期形成了别有风味的清真菜肴。地区风味有:新疆维吾尔族的"烤全羊"、"烤羊肉串",宁夏回族的"羊筋菜";北京地区回族的清真全羊席、酱牛肉和酱羊肉,河北石家庄回族的金凤扒鸡;南方回族地区有云南回族的清汤牛杂碎,湖南常德回族的"翁子汤圆"(翁坛系一种沙锅)、茉莉竹荪、什锦海参等。这些菜肴,一方面交融了阿拉伯饮食文化和中国饮食文化的精粹,同时又沿袭了伊斯兰教规的内容,形成了独特的饮食习俗。

3. 饮料

中国少数民族有着自己独特的饮料,同样体现了其地区性和传统经济生活方式。如在奶制品方面,蒙古、哈萨克族的马奶子,蒙古、哈萨克、柯尔克孜等牧业民族的牛奶、羊奶、骆驼奶,以及部分蒙古、鄂温克、鄂伦春族的驯鹿奶等;在酒方面,如藏族的青稞酒,彝族的"坛坛酒"(以高粱、玉米、荞麦等杂粮为原料,在坛中酿制而成),怒族的"咕嘟酒"(将玉米面熟制冷却后拌入酒曲经发酵制成),高山、苗族、土家族的"咂酒"(土法酿制的一种米酒),鄂温克、鄂伦春族的"野果酒"等。在饮茶方面,著名的有藏族的酥油茶,瑶、侗、苗、土家等族的油茶,蒙古、哈萨克等族的奶茶,云南基诺族的普洱茶,回族的盖碗茶、八宝茶(宁夏回族在盖碗茶中泡有冰糖、枸杞、核桃仁、芝麻、红枣、桂圆、葡萄干)等。

(三)民居

中国民族的民居结构简单、意蕴丰富,一是体现了所在民族地区不同的气候、地形地貌等自然因素;二是体现了民族、社会、经济等人文因素。

1. 汉族民居

汉族的传统民居历史悠久,体现了以不同地区、不同地方经济为氛围的特色。典型的有北京四合院、山西大院、黄河流域的窑洞四合院、甘肃张掖民居、江苏扬州民居、安徽徽州民居、浙江天台民居、江西南昌民居、广东梅县民居、福建永定圆形土楼等。汉族传统民居又组成村落,早期一般是同一宗族的村落。其布局体现了早期人们的血缘和地缘关系,同时,又体现了人们重在生活的心理,具有防御各种人为及自然灾害的功能。

2. 少数民族民居

中国少数民族的传统民居丰富多彩,体现了不同地区、不同生态环境和人文的特点。按地域不同可分为五类:

第一类是穹庐式民居。这种民居主要流行于我国以畜牧业为主要经济的游牧民族居住区,其特点是适应游牧生活和北方寒冷的气候,便于拆装组合和移动。较为典型的有蒙古族的蒙古包、哈萨克族的毡房、藏族的藏式毡房、鄂伦春族的"仙人柱"、赫哲族的"撮罗子"（一种尖顶窝棚）等。穹庐式民居历史悠久，早在西汉武帝时，宗室女细君公主远嫁乌孙王，在一首歌中吟唱："穹庐为室兮旃为墙。"《史记·匈奴列传》中也有"匈奴父子乃同穹庐而卧"的记载。

第二类是院落式民居。这类民居分布于我国的南方和北方，大多流行于以农业为主要经济的民族居住区，由住宅和院落两大部分组成。著名的有维吾尔族民居，满族民居，达斡尔族民居，青海汉、藏、回、土等族的"庄窠"（一种高原上被土筑墙包围的院落），藏族民居，白族民居，以及彝族民居。其虽然均为院落式，但各具民族特点。

第三类是干栏式民居。这是我国南方许多少数民族中典型的传统民居，多建于山区，为两层。在南方，壮、傣、侗、苗、土家、黎、傈僳、景颇、佤、布朗等族地区多有这种民居。

傣家干栏式竹楼

干栏式民居历史悠久、分布较广，它适应了山区的地形地貌，顺应自然，灵活多变，同时，又可就地取材，经济实惠，适应了少数民族传统生活的需要。

第四类是土掌房与石建筑。此类民居多分布于云、贵、川等境内的彝、羌、哈尼、藏、布依等族中间。土掌房即据山区或半山区的自然地理特点，就地取材，土墙土顶，利用黏性沙土修建平顶土房，房顶兼作晾晒场所。石建筑主要是在山地，以石头为材料建筑的民居。比较典型的有云南彝族的土掌房、川西北羌族的碉楼、贵州布依族的石板房等。土掌房和石建筑民居充分表现了少数民族开发、利用自然的特点。

第五类是大房子。新中国成立前，我国南方某些少数民族中间，在家庭和社会自然方面长期保留着父系大家庭的残余。这些有着同一血缘关系的大家庭由许多小家组成，共同生活和劳

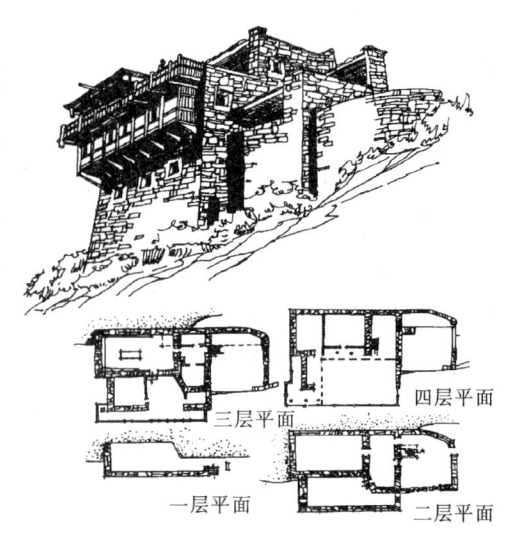

川西藏族碉房

动,住干栏式的大房子。这种民居与该民族所处的自然环境有关系。分布在云南贡山独龙江一带的独龙族,所在地区山高谷深,河水湍急,每年雪封期达半年之久,交通极不方便。直到20世纪50年代,独龙族在民居方面还保留着干栏式的大房子。房结构为架空楼居式干栏,分两层。同一家族的成员共同居住在一个大房子内,男子娶妻后在大房侧面加盖一间住房,并增设火塘。有几个大塘就表明有几个小家庭。大家庭内由主妇们轮流煮饭分食,过着原始共产制生活。

西双版纳景洪市基诺山上的基诺族,在20世纪50年代还有100多人的大家庭共居一所大房子内的现象。每座大房子为一父系大家庭。大房子一侧进门处有总家族的总火塘,中央通道有27个小火塘,火塘对面为小家庭的隔间,即表明全家族有27个小家庭。此外,分布在澜沧江中下游两岸山区的拉祜族和云南西部高黎贡山和怒山南段一带的德昂族,在20世纪三四十年代还有大家族共住大房子的现象。新中国成立后,这种居住方式逐渐消失,但作为传统民居,在某些地区还保留着。

(四)交通

交通是人类生活的重要组成部分,它随着人类经济活动的产生而产生,随其发展而发展。

1. 交通发展概述

汉族自古地处中国中原,后遍布东北、西北乃至长江以南地区。自秦朝修驰道到近代修铁路、公路,汉族一直在交通方面领先于其他少数民族。

中国少数民族多分布在边远地区,历史上交通很不方便,其交通运输方式传统而富有特色。

2. 交通运输方式

中国少数民族地区交通运输除利用公路、铁路等大动脉外,相当多的还是民间传统方式。民间传统交通运输方式是各地区各民族在历史

贵州榕江县车江侗寨木桥

上长期形成的,它适应了当地的自然、地理、气候条件,有的至今在民间还在使用。

我国东北民族地区分布着满、蒙古、赫哲、达斡尔、鄂温克、鄂伦春、朝鲜等族。他们传统的陆路交通方式有驯鹿驮运、滑雪板、骑马、马拉车、狗拉"爬犁"等。在

西北黄河等河流边居住的回、撒拉、保安等族曾用革囊和皮筏、木筏等水上运输。在西南地区,为过江渡河,各族人民创造了各式桥梁,如侗族的木桥,傣族的竹桥,独龙族的藤桥,川西甘孜的泸定桥,藏族、怒族和傈僳族地区的溜索等。

在人力运输方面,民族地区传统的方式有肩挑、人背、手提、头顶以及用人力车等。在畜力运输方面,民族地区传统的运输方式主要是畜力驮运和使用畜力车。畜力驮运方面又可分为马帮(主要在云贵高原、康藏、桂西北等地区)、牛帮(西北草原和青藏高原)以及驼帮(西北地区)等,一般道路坎坷、遥远,途中十分艰辛。

新疆维吾尔族民间交通工具——毛驴车

中国少数民族地区传统交通运输的另一方式是运用畜力车。少数民族多居边远山区,公路修筑较为困难,畜力车仅限于较平坦地区或已通行公路的地区。畜力牵引的车辆主要有马车、牛车和驴车等。

随着现代交通的发展,许多地区的畜力运输已被火车、汽车等所代替。在少数民族地区则不尽相同,畜力运输的方式仍占有重要地位。其特点:一是历史悠久;二是运用广泛,形式多样;三是在现代经济中仍占重要地位;四是有些已转化为旅游资源的一部分,如在草原上旅游时骑马、乘羊皮筏子过黄河等。

二、婚姻、丧葬习俗及特点

婚姻和家庭是人类历史发展到一定阶段的产物。由于地区、文化、习俗、宗教不一,各地、各民族的婚礼习俗又有不同。丧葬与婚姻一样,也是人类社会中分布面最广、延续时间最长的文化习俗。中国民族地域辽阔,生态环境各异,彼此习性及宗教意识互有差别,反映在丧葬习俗上,则表现得丰富多彩。

(一)婚姻礼俗

1. 婚期的选择

汉族城镇居民多选在春节、国庆节、五一节等节庆时期举行婚礼。在紧张的工作之余,新人们的亲朋好友都有一定的时间保证。在民族地区,婚期大多选在秋收以后农闲时节。届时,农区五谷丰登、六畜兴旺;牧区秋高马肥,气候也好。一是为婚礼举行提供了丰厚的物质基础,二是亲朋好友都有充裕的时间前来参加婚礼。在水族的传统观念中,认为迎亲时打雷不吉利,所以,他们多选在无雷的冬季举行婚礼。

2. 举行婚礼的时间

基诺、仫佬、土家等族的迎亲时间多选在黎明时分,届时,新娘在迎亲队伍的簇拥下,依依不舍地告别父母前往夫家成婚。满、锡伯、赫哲等族以天刚破晓为吉时,新郎新娘拜天地的时间多选在黎明时分。达斡尔族迎亲时,新郎要迎着初升的太阳去接新娘,寓意新婚夫妇幸福美满如旭日东升。撒拉族婚礼多选在黄昏举行,届时已到掌灯时分,新娘由两名已婚妇女陪同,在亲朋好友的簇拥下前去夫家成婚。侗族的迎亲时间多选在半夜子时。俄罗斯族多在婚礼当天早晨去迎亲。哈尼族是第一天晚上,由新郎和伴郎及新郎妹妹等组成的队伍去迎亲。东乡族迎亲队伍是黎明前出发。乌孜别克族的迎亲队伍是傍晚出发,分两路前往新娘家。

3. 举行婚礼的地点

就婚礼的地点而言,多在男方家举行,也有的在女方家举行或双方家分别同时举行。

汉族婚礼多在男方家举行。朝鲜、傣、鄂温克、塔吉克、塔塔尔、柯尔克孜、乌孜别克等民族的婚礼多在女方家举行。拉祜、门巴等族则依情况而定,若是婚后从妻居,则在女家举行婚礼;若是婚后从夫居,那么婚礼就在男方家举行。布朗族要举行两次婚礼,第一次在女方家举行,婚后男子从妻居。从妻居期满,再举行一次婚礼,比第一次更为隆重。此后,丈夫就可以接妻子回到自己父母的居所居住,由从妻居转为从夫居。俄罗斯族的婚礼多在教堂举行,届时,新郎新娘在女方家共餐后在亲友的簇拥下去教堂举行婚礼。

4. 结婚仪式

汉、满、赫哲、土家、羌、壮等民族在迎娶新娘到夫家后,一对新人举行拜天地(堂)仪式,之后共入洞房。从此,夫妻开始了共同的婚后生活。水、侗、仡佬、仫佬、布依、毛南等族,新婚夫妇既不拜天地,也不入洞房。对于他们来说,婚礼只是缔结婚约的一种形式,并非夫妻生活的开始。维吾尔、哈萨克、柯尔克孜、塔吉克、乌孜别克、塔塔尔、回、东乡、撒拉、保安等民族信仰伊斯兰教。其婚礼一般由宗教人士(阿訇或毛拉)主持,并念经祈祷。信仰东正教的俄罗斯族多在教堂举行婚礼,届时由神甫主持,并诵经祈祷。哈萨克族在婚礼前一天,要请一位德高望重的老人来为新婚夫妇致辞。彝族则是新娘先到新郎家住一天,次日夫妇回到女方家,新郎为岳母家挑水,劳动一天,婚礼即告结束。苗族新娘要参加挑水、舂米等家务劳动后,才算成为男方家庭中的正式成员。高山族赛夏人的婚礼仪式的全过程是,新娘到夫家后,稍作休息,然后要将屋内打扫一遍,并到泉水处打水回家。佤族的新娘被迎娶到夫家后,在同伴的陪同下,新婚夫妇须一同上山砍柴或是下地劳动。

男方家中备酒肉宴请双方的亲友,之后,婚礼即告结束。

5. 娶亲方式

城镇的汉族居民多是以小车扎成的花车去迎新娘。在汉族农村,多是由男方组成迎亲队伍大张旗鼓地前往女方家。以前,或骑马,或坐轿,或坐马车,视条件而行。赫哲族冬季娶亲以搭着彩篷的狗拉雪橇为交通工具,夏天则是划船前往。裕固族新娘或骑马,或骑骆驼,随迎亲队伍到夫家成婚。维吾尔族迎亲时,娶亲队伍多由新郎的伴郎及男女伙伴们组成。届时,大家敲着手鼓、吹着唢呐到女方家去迎亲。俄罗斯族的娶亲队伍则是在婚礼当天的早上,乘马车、雪橇或是拖拉机、汽车(车上用红绸彩带装饰一新)等交通工具去迎亲,还要带上手风琴等乐器。土族娶亲的队伍浩浩荡荡,队中还有两位被称作"纳特进"的重要人物,职责是引路、对歌,以及应付新娘众女友的嘲弄和奚落,须做到恼而不怒,彬彬有礼,对答如流。乌孜别克族娶亲队伍将新娘迎娶到男方家门时,新娘须坐在由几位男青年分头紧拽着的花毯上,并从篝火上抬过,寓意驱鬼避邪,从此生活幸福美满。柯尔克孜族在婚礼的前一天,由男方亲友组成的迎亲队伍带着礼物和食品去女方家。保安族在送亲的途中多举行赛马等活动,其目的是既增加喜庆欢乐的气氛,又可检验新郎的骑马本领。黎族在婚礼当天上午由男方组成的迎亲队伍带着酒、肉和槟榔前往女方家。畲族的婚礼分两天举行,由男方家在女方家备酒席招待宾客,晚上还要举行对歌活动,次日才举行迎娶仪式。

中国各民族的婚姻形式及其习俗,是在漫长的社会生活中逐步形成的,有相对的传承性和稳定性。应当看到,婚俗中的一些不利于社会进步、民族发展的习俗,如早婚、早育、旁系近亲结婚及无节制生育等,目前在一些民族地区还存在。根据实际情况,普及科学知识,广泛宣传和教育,使各民族人民逐步认识到一些旧婚俗中的危害性,并自觉地加以改革,这是我们在较长一个时期中要做的工作。

(二)丧葬礼仪

丧葬礼仪是人死后整个治丧和祭奠活动,是随着祖先崇拜和伦理道德观念的发展而发展的。中国民族的丧葬礼仪纷繁复杂,甚至同一民族中不同的地区、支系也有差别。丧葬礼仪大致包括报丧、停尸、出殡和葬后祭祀四部分。

1. 报丧礼仪

死者临终时分是由"阳界"进入"阴间"的分界线,许多民族对此十分重视,可以反映出他们的一些传统理念。汉族临终前,子女都要到床前,以便听遗嘱和托付后事,与老人见最后一面。回族病人在临终前,要将子女亲朋叫到面前,留下遗嘱(又称"口唤"),托付后事。满族人临终之前,必须移到南炕上,不可死在西炕(西炕为尊,祖宗供在西炕之上)。柯尔克孜族人死后须另立毡房,在毡房左角挂死者的帽子、衣服、鞭子,门外竖一黑旗。侗族人在老人"落气"(咽气)之后,须带纸钱到河边焚烧,称作"买水"。买水者买顺流水,如此人之灵魂会顺流找到祖宗。傣族人临死前,要求亲属为其念经,并从寺院取来一块黄布,盖在身上,以示其为佛教信徒。佤族成年人去世后,立即朝天空鸣枪、敲锣报丧。云南丽江地区的纳西族人在病人断气之前,要往嘴里放一些银末、茶叶和米粒,认为这样死者才能去"神地"。基诺族人实行独木棺葬,人死后要赶紧砍倒一棵大树,取一节将中间挖空,将死者放置其中。

报丧是人去世后的一项重要活动,其目的,一是告诉本村、本寨、本家族有人辞世,须立即停止生产等其他活动,遵守有关禁忌;二是告知同村、同家族及亲朋好友,各家应立即出人去丧家帮助料理丧事。北方汉族农村,多是由死者儿子由人陪同到家族、亲友家去报丧。怒族男人死后要吹竹号报丧,通知亲友奔丧增加哀悼气氛。柯尔克孜族人去世后,家中男人或亲属要快马向亲友、氏族、部落报丧。塔吉克族人死后,立即会有人到各家各户去报丧,人们不分亲疏和男女老少,均要到死者家中吊唁。云南有些地区的景颇族人去世后,同寨人接到报丧后,要以粮食、酒菜、柴火以及家畜、家禽等无偿地帮助丧家。这表达了人们举村同悲、互助接济、让死者安葬的意愿。

2. 停尸礼仪

停尸是丧葬礼仪中的重要一环。我国许多民族是在死者去世后先浴尸,再停放尸体,目的是让死者干干净净到另一个世界。旧时,汉族称尸体入棺为"入殓"、"大殓"。入棺前要饰尸、洗尸、更衣、书铭、写枢位。父母死,须等在外儿女返家才可盖棺。妻子死,要等娘家亲属来才可盖棺。入棺时,亲属守在左右,子女要痛哭,以示告别。盛殓后,设灵堂行奠礼,追悼亡人。北方汉族农村多是在家中设灵堂,停尸三天,供亲友前来吊唁。吊唁时有吹鼓手奏乐,死者子女须穿丧服跪于棺木旁边。回族人去世后,先用白布盖住尸体,然后由同性年长者沐浴净身,擦干后白布裹尸,经过一番宗教程续后,将尸体装入长方形木匣(伊斯兰教称"塔布提")等待殡礼。壮族在尸体入殓后,停灵数日,须请师公、道公做道场,然后再埋葬。侗族停尸期间,子女亲友皆向死者跪拜,日夜守灵,还不时为死者焚香化纸、吹唢呐,通宵达旦。傣族停灵一般是一至三天,这期间,全村要停止一切生产活动,为死者守灵。有的还要请僧侣念经超度,制作冥房。佤族人是成年死者须停尸三天才能下葬。畲族人停灵期间,死者的子女、媳妇以及女亲眷,均要身穿丧服围坐在棺前唱"哭灵歌",以表达对死者的缅怀之情。俄罗斯族人死后要及时清洗,让死者穿戴整齐。死者遗体旁点燃蜡烛,亲友们前来告别,一般要在死者遗像下放上鲜花。柯尔克孜族人在停尸期间,家人着黑服,女亲属戴黑纱,面向西放声嚎哭,唱"离别歌"。阿訇昼夜在死者旁诵尸祈祷,家人轮流守尸。参加丧礼的人骑马边跑边哭,距死者家约半公里处下马,唱"离别歌"。死者去世的第二天,全村人停止劳动生产和日常事务,集中前来吊唁。停尸、吊唁等活动是死者入土前的隆重悼念活动,集中表达了亲属、亲友的悲痛心情。

3. 出殡礼仪

佤族等出殡是在停尸期间丧仪活动完毕后举行，其时间、形式及禁忌，各个民族又不相同。

在出殡时间上，旧时汉族农村多是请风水先生择日而定，有三日、七日后不一。回族讲究速葬，停尸不超过三天，这也是其他信仰伊斯兰教民族普遍实行的一种丧葬习俗。傣族出殡，亦称"出灵"，即将灵柩送到安葬或寄放的地点，也是三天后出殡。朝鲜、赫哲、达斡尔等族都择单日出殡，民间认为双日出殡会死两个人。西藏一些地区的珞巴族则由巫师杀鸡看肝占卜来决定出丧日期。在出殡当天的塔吉克族人停尸期间，男性亲属排坐于屋地上哭泣，女性亲属坐在炕上按一定的调子哭唱。具体时间又有不同。广东一些地区的瑶族多选择中午或午后出殡，黑龙江一些地区的赫哲族多在晌午出殡，云南一些地区的苗族（墨首）多在早上出殡，而"花苗"和"白苗"多选择午后或黄昏出殡。人们认为这种时间出殡最为吉利。

就出殡的形式而言，中国各个民族也是各有不同，表现了不同的民俗心理。东北汉族出殡时，先由死者长子头顶丧盆，双膝跪倒，灵柩启动后即将丧盆摔碎。然后，肩扛灵头幡，用孝头牵引头杠；女儿则怀抱领魂鸡随后。灵柩后是鼓乐队，其后是送葬的亲友。青海河湟地区的汉族，出殡时，丧家要将灵堂所铺之草全部放置门口点燃，人们抬着灵柩从火上经过。与此同时，全村各家各户门前均要点堆火。民间认为，如此，冥界的饿鬼就不敢前来抢食。回族出殡简单安静，不用鼓乐吹打，由死者亲友抬尸赴墓地。广东连南瑶族出殡时，在灵椅两旁捆上两根长杠，搭成抬轿的架子，上面还捆着一把张开的油伞为死者遮阳。最后由四人或六人将灵椅抬往墓地。傣族出殡时，由佛爷（宗教活动主持者）前面引路，村人抬棺，棺后为送葬者。拉祜族出殡前，先由"磨八"（祭司）在死者身旁招魂送鬼。然后由两位妇女点着火把，背着死者生前用物及随葬品在前面引路，全寨人前往送葬。布朗族一些地区，出殡前先将白布从棺木内一直拉到门外广场，寓意为给死者搭桥渡河，然后才将棺材抬到墓地。在一些民族中，出殡前还要举行"开路"的宗教仪式，多是由巫师或僧人、道士等为死者指明去阴界之路。汉族北方农村出殡时，请和尚、道士在前面开路，意为死者"引路"。云南泸水、福贡傈僳族出殡时，先要由巫师射出三支箭，边射边说，意思是让死者务必不要走上、下两路，只能走中间一条路，如此才可顺利走到祖先身旁团聚。四川茂县羌族地区出殡时，先要由端公（巫师）开一张写有文字的路条，放入死者上衣口袋。民间认为：死者持有"通行证"，方可在去阴界的路上畅通无阻。这种出殡习俗在纳西、瑶、壮、彝、云南、四川阿坝藏族等族中都曾有过。

出殡时由何处走出以及运往墓地途中的活动，在各个民族中也有着一定的习惯规定。北方汉族农村多从大门出丧，送丧队伍要在村中主要道路绕一周。前面由僧、道士及吹鼓手开道,棺材后面为子女亲属哭丧。到村口时队伍停下,送丧者及吹鼓手止步,只有抬棺材的人们继续前进到墓地。多数民族都是从正门出丧。新疆蒙古族和黑龙江的满族是从窗口出殡,民间认为正门是活人走的通道。云南德昂族是从右门出殡,贡山独龙族则是揭开地板从下面出殡。他们认为,如果从正门出殡意味着还会死人。西藏一些门巴族地区出殡时,由喇嘛占卜来决定死者是由大门或窗户出丧。傣族在出殡途中,送葬者须沿途扔出一些死者生前用过的物品,以备阴间再用。新疆锡伯族出殡时是用马车拉棺。马车前由扛幡(招魂幡)者引路,边走边撒纸钱(意为给引路神引路费)。途中,一切马车、行人均要让道于一旁。若死者是德高望重的老人,路人还行跪礼相送。广西大瑶山瑶族出殡途中,须由一人打着灯笼(或火把)前行,意为给死者照亮去冥界之路。云南怒族出殡途中,要由两位老人不停地挥舞长刀,意为赶走沿途妖魔,使死者顺利到达冥界。这些都是灵魂观念在各民族民间的不同反映。

4. 葬后祭祀

既然有灵魂不灭,也就有葬后祭祀活动。同样寄托了亲属对死者的缅怀之情。葬后祭祀又可分回魂、服孝、祭奠等多种活动。

在不少民族中人们认为,人死后灵魂还会回家,若家人不予热情接待,即会给家庭造成危害。因此,在汉族和许多少数民族埋葬死者后都要举行一些迎接亡魂返家的活动。

回魂,汉族亦称"招魂"、"叫魂"。旧时,汉族地区丧葬后不久,便举行招魂活动。旧时江南汉族农村,死者入殓时,家人在棺内放招魂袋,袋为红色,内装茶叶、白米等,为死者魂魄返回时提供方便。独龙族认为,埋葬死者三天后,灵魂要返回家中。因此,要请巫师在家中举行回魂仪式,如此才可家宅平安。海南一些地区的黎族人认为,人死后第五天,其灵魂要回家中。当晚,家中人要将一些饭菜和纸衣服放置大门口供其享用。赫哲族民间传说,男人死后七天、女人死后九天夜晚,灵魂要回家。届时,家中人要在其生前睡过的炕上铺好被褥,供其歇宿。类似的回魂习俗,过去在纳西、彝等族以及广西一些瑶族地区都曾有过。

服孝是葬后祭祀的又一项内容。过去我国许多民族中年长死者埋葬后,家人都要有一段相当长的服孝期,以示孝敬。旧时汉族民间,孝子要守孝3年。清末民初以后,孝子为父母守孝也得"七尽"(七七四十九天)为止。今汉族农村有的地方,儿女要为父母服孝3~7天,过后即可脱去孝服。广西一些地区的瑶族,父母亡故要服孝49天。大瑶山的瑶族孝期为71天。云南永仁县的彝族,父母埋葬后,要服孝3个月。内蒙古一些地区的蒙古族,父母兄长亡故后服孝21~100天。黑龙江达斡尔族祖父母、父母、伯父母、叔父母亡故后均服孝3个月,夫死,其妻须服孝3年。仫佬、毛南、壮、畲、布朗等族一些地区,父母亡故后,子女服孝期长达3年。服孝期间,一般不许穿红挂绿和参加娱乐活动,儿女不得结婚,妻子不得改嫁。服孝受儒家思想影响,是阶级社会的产物,是男女、长幼之间尊卑观念的一种反映。今天,不少地区这种习俗已不多,或是服丧期很短。

祭奠亡灵、缅怀死者是祖先崇拜的遗风,它产生于原始社会。人们认为"人死后仍继续过着一定生活",其灵魂仍需活人给予照料(如供给随葬品和提供祭奠等)。先祖的亡灵得到尊崇和照料后,可以对儿孙后代保佑赐福。因此,中国各民族民间在葬后祭奠上有各种方式,表达了人们尊崇死者亡灵、希冀保佑家族平安幸福的心理。

旧时汉族农村,在埋葬死者三、七、百日及周年时都要祭奠。届时,在亡灵牌位前供上饭菜果品,烧香火点蜡烛,有些点油灯。死者妻女要哭唱,男子则下跪叩头。回族在死者葬后三天、头七、二七、三七和四十天、百天、周年,一般要请阿訇诵经,家中并炸油香、馓子等分送亲友。以后逢开斋节、古尔邦节,家人也要到墓地悼念亡人。维吾尔族在死者葬后三、七、四十天及周年之际,家人要请阿訇念经,并做抓饭、炸制油饼等招待前来的亲友。锡伯族在亲属去世后的"头七"到"七七"以及"百日"均要举行祭奠活动。其中"七七"悼念仪式规模较大。届时,家人除邀请直系亲戚参加外,还邀请旁系亲戚和死者的亲朋好友前来参加。来者携带纸钱、酒菜、面食等,在家中和坟地上举行祭奠活动。佤族在死者埋葬后,要杀鸡举祭,祝愿其"灵魂"快乐,保佑全家平安。拉祜族在死者葬后三日之内,全寨停止生产一天,以表示哀悼。俄罗斯族在死者去世40天或周年时,亲属要举行简朴的葬后宴。一为悼念亡人,二是答谢在办丧事时操劳的亲朋好友。鄂伦春族在老人亡故后1周年,要举行隆重的祭奠活动。在广西壮族和云南瑶族一些地区,死者亡故后,家人要以竹篾编扎并以纸糊制成一些房舍模型(俨如活人农舍),经巫师作法后送至死者墓前焚化。传说,这样死者在阴界即会得到与之相应的住所,安居乐业,因而也不会再回家索取钱财,闹得家宅不安。

中国各民族的丧葬习俗是在漫长的历史过程中形成的,长期以来对增强家族的凝聚力、增进人们的血缘感情等起着积极作用。随着社会的发展,特别是改革开放以来,各种丧葬礼仪的繁杂,人力、物力、财力的耗费,以及出现的各种封建迷信活动等,已成为影响各民族发展的一种不利因素。因此,丧葬习俗(包括形式、过程等,有条件的地方宜行火葬,丧葬过程宜从俭,逐渐摈弃其中的迷信成分)的改革势在必行。随着中国各民族地区社会主义现代化和两个文明建设的发展,丧葬活动中的移风易俗也正在进行。

三、节日、禁忌习俗及特点

(一)节日

1. 节日的含义

节日应该是传统的纪念、庆祝或祭祀的日子,或是解释为某种具有特殊意义的日子。它属于人类生活方式的范畴,反映了民族的共同心理素质和外貌特征。世界上没有哪个民族没有节日,也没有哪一个人不过节日。节日是紧张工作劳动后的松弛、休息、娱乐,是加强人们交往的时机,是纪念先人、增强民族和家庭凝聚力的特殊日子。

2. 节日的来源

一是来源于宗教祭祀活动,尤其是古代原始宗教和原始祭祀。二是来源于古代农事生产活动。有农事活动就产生了历法、节令,人们依节令来安排生产活动,农忙以后或是两个节令相交的日子便成为节日。三是来源于对重要历史事件及历史人物的纪念活动,如五一节、端午节等。四是来源于大型商业集市活动。五是来源于群众性的文艺、体育及社交活动。六是来源于人们改造生存环境及解决社会问题的一些重要活动,如三八妇女节、六一儿童节、世界环境保护日等。

据统计,中国56个民族从古到今约有节日1700多个,其中少数民族有1200多个,汉族有500多个。中国节日数量之大,在世界上首屈一指,这与其悠久的历史文化和众多的民族成分密切相关。

3. 节日的类型

依据不同的标准,节日可划分为若干类型。若按宗教信仰来划分,可以分为宗教节日与世俗节日。宗教节日又可分为原始宗教、佛教、伊斯兰教、道教、儒教等节日。同样,还可以按民族成分(非民族的)、传统的(新生的)、官方组织的(民间操办的)等不同的标准来划分。最常见、最通用的还是按节日的主要活动内容来划分。依据节日活动内容,我国的民族节日大致可分为传统、宗教、农事、纪念、商贸、文体游乐、社交活动。

(1) 传统性节日。如汉族的春节、清明节、端午节、中秋节等。其中,春节我国多数民族都过。新中国成立后,五一、国庆、元旦等也成为全国各民族的传统节日。

(2) 宗教节日。世界三大宗教在我国都有传播,不仅历史悠久,而且范围广泛。尤其是佛教和伊斯兰教。伊斯兰教如开斋节、古

青海回族穆斯林群众开斋节做礼拜

尔邦节、圣纪节等,在回、维吾尔、哈萨克、柯尔克孜、塔吉克、乌孜别克、塔塔尔、撒拉、东乡、保安等族中具有全民性的广泛影响,已成为这些民族民俗和传统文化的一部分。藏传佛教的节日有传大召、传小召、瞻佛节、塔尔寺灯节等。小乘佛教的节日有关门节、开门节、赕佛节等,主要流传在傣、德昂族及部分布朗、佤族群众中。萨满教的节日有跳鹿神、"依尔登"(萨满的祭祀)、敖包会、祭月亮等,流行在赫哲、达斡尔、鄂温克、鄂伦春等族民间。其他有关多神信仰、祖先崇拜的节日也不少,以高山族为例,有海祭、丰年祭、开垦祭、船祭、丰渔祭等。今天,在现代科学文化的影响之下,宗教节日的流传与影响逐渐走向衰落。原始宗教的节日比起世界宗教节日来更是如此。

(3)农事节日。包括农耕种植、林业、牧业、渔猎业及副业等。著名的有火把节(彝)、望果节(藏)、活路节(侗)、祭山节(怒)、护山节(彝)、马奶节(蒙古)、雪顿节(藏)、采草节(景颇)等。

(4)纪念性节日。主要是纪念重大历史事件和人物。如锡伯族的"四一八节"(纪念清代锡伯族由东北向新疆迁徙)、蒙古族的祭成吉思汗陵、藏族的"萨噶达瓦"(纪念释迦牟尼诞生、圆寂与成佛,纪念文成公主到拉萨)等。新中国成立后传统的纪念性节日有国庆节、"八一建军节"、"七一党的生日"、"六一儿童节"、"三八妇女节"、"五一劳动节"等。此外,还有抗日战争胜利纪念、辛亥革命纪念以及各自治区地方的逢五逢十周年的庆祝活动。

(5)商贸性节日。随着改革开放、各民族地区经济的发展,这类节日除传统节日外,还源生出不少新的、均以商贸为中心目的的节日。如壮族的药市、白族的三月街、纳西族的骡马会等。新生的节日有葡萄节(新疆)、椰子节(海南)、蜡染节(贵州)、茶叶节(云南)、黄河文化节(宁夏)、草原文化旅游节(内蒙古)等。

(6)文体游乐节日。这类节日大多是20世纪80年代以来恢复的,对于发展民族民间文化、加强精神文明建设有着重要意义。著名的如蒙古族的"那达慕"大会,藏族的藏戏节、赛马节、沐浴节,苗族的龙船节,侗族的长炮节,彝族的斗牛会,西北回族等民族的"花儿会",南方壮、苗、侗、布依等族的歌节,等等。近些年来举行的中国艺术节、电影节、风筝节(山东潍坊)、中华民俗风情游艺会等亦属此类节日。随着我国国民经济的发展和人民生活水平的不断提高,此类节日的发展呈上升趋势。

(7)生活社交类节日。这类节日多是针对社会生活中的实际问题与需要制定的,将解决问题的方式方法固定沿袭下来,即渐成节俗。如朝鲜族的洗头节(在河边洗头野餐)、达斡尔族的药泉会(矿泉浴)、傈僳族的臭水会(温泉浴)、藏族的沐浴节(初夏于江河中游泳洗澡清洗衣物)等,这类节日主要以卫生健康为目的。如朝鲜族、哈尼族的老人节,朝鲜族的回婚节(结婚60周年庆典),彝族的娃娃节,高山族的少年节,俄罗斯族的金婚节(结婚50周年纪念)等,这类节日主要以尊老爱幼为主题。还有苗族的姊妹节、侗族和哈尼族的姑娘节、黎族的爱情节、高山族的背篓会、傣族的赶新街等,这类节日主要以青年男女对歌会友、谈情说爱为主题。

(二)禁忌

民族禁忌是民族民俗中最为普遍的一种文化现象。它产生于人类早期的原始社会,与早期的原始宗教和部落习惯有一定关系。

我国民族的禁忌文化十分丰富,在人们生活的所有范围以及自身的思想、言语、行为等各个领域内都可见到。从大的方面来看,可划分为生产性、生活性和宗教性禁忌。

1. 生产性禁忌

生产性禁忌产生伊始,多数就被赋予神秘色彩,缺少科学性和实用性。它表现了人们向大自然索取的欲望心理,同时又表现了顾虑遭到自然力的惩罚的畏惧屈从心理。应当看到,也有一部分禁忌是人们长期对生产经验的总结和积累,具有一定的参考和借鉴价值。生产性禁忌又可分为农、牧、狩猎、手工业等禁忌。

(1)农业生产禁忌。在我国各民族中,从事农业生产活动的人口一直占绝大多数,所以有关农业生产活动的禁忌颇多。农业禁忌主要有禁止在祭祀活动期间及某些特殊时日内从事生产活动。如傣族冬至日不能生产;白族、畲族、彝族等忌二月初八、三月三、火把节(农历六月二十四日、二十五日)进行耕作;仫佬族八月十五日要举行集体祭祀活动,终日停止生产;西藏一些地区的门巴族在藏历四月十五、六月四日忌耕作。在一些特殊时日内禁止劳作,如布依族每年第一次听到雷鸣的三天内不准耕作;水族、仡佬族、彝族、普米族、壮族等也均有此俗。此外,还有一些在农事活动中需要回避的言行,目的是以禁忌生产的形式防止灾祸发生。如白族在播种和插秧时,不许说不吉利的话,傣族、水族有"男不插秧"的忌俗,瑶族则不许女子插秧,毛南族在种田时不许吹口哨等。诸如此类忌俗在其他民族中还不少。人们认为,若不遵行这些忌俗,就会影响庄稼生产,以至粮食歉收,甚至发生其他灾祸等。这是早期人们对自然灾害的恐惧心理无法得到科学的解释,因而规定出一些规避习俗,表现了对平安、丰裕生活的向往。

(2)牧业生产禁忌。哈萨克族忌讳当着主人的面数牛羊,或是夸奖主人的牲畜膘肥体壮。塔吉克、柯尔克孜等族忌讳外人跨越拴牲畜的绳子,母畜产羔时,外人不得旁观。从前,鄂温克族禁吃种羊肉,放牧归来,家中若火种熄灭,即认为是神灵怪罪,应立刻进行祭拜。在牧区的种种生产禁忌,表达了牧民期望牧畜无病疫灾害、繁殖旺盛的心理。

(3)狩猎禁忌。狩猎业的禁忌产生于原始巫术。与农业相比,狩猎活动有一定的不稳定性和危险性。人们为了达到平安狩猎、安全归来的目的,在无法科学解释一些现象时,人为地形成了许多忌俗。如佤族第一次使用猎具,一定要祭山神、火神和鸟兽之神;鄂温克、鄂伦春族忌讳把即将行猎的地点和方向告诉他人;珞巴族出猎时忌遇见外人,埋设捕兽器时尤为如此;鄂温克族忌讳在每月的初七、十七、二十七日出猎,也不能于每月的初八、十八、二十八日猎获回家。

(4) 手工业生产禁忌。在手工业方面,裕固族泥瓦匠忌讳每年六月和腊月劳作,认为此时动土不吉利;侗族村寨在修建木楼时,先要举行祭祀活动;北方汉族农村盖房上梁时要烧香,举行禁忌仪式。还有,一些手工业者忌讳他人触摸或动自己的工具等。这些表现了手工业者自我保护和固守祖传行规的保守心态,其中不乏迷信守旧的色彩。

20世纪80年代以来,随着我国民族地区的快速发展,不少少数民族在农业、手工业上的许多禁忌已不复存在。至于狩猎业,从事这种行业的人今已很少,其禁忌习俗也在发生变化。

2. 生活性禁忌

(1) 服饰禁忌。服饰禁忌一方面反映了本民族传统的审美观念,同时也体现了其传统习俗和宗教特点。如黄色和紫(红)色在我国普遍被视为"贵色",历史上是一些特殊阶层专用的服饰色彩。傣族信仰小乘佛教,普遍崇尚黄色。白色和黑色以前曾被我国许多民族视为凶色,认为其与丧葬有关。鄂温克族从前视白色为丧事征兆,除内衣外不得穿戴白色衣冠。但在蒙古、裕固、藏族中间,皆以白色为祥瑞色彩,衣冠纯素,喜骑白马,以白哈达为礼品敬献贵宾。我国许多民族过去都有除脸部和手外将身体各部位遮掩严实的特点。维吾尔、乌孜别克等族,忌穿短裤在户外活动,衣服禁忌短小,上衣一般要过膝,裤腿达到脚面。南疆部分地区的维吾尔族妇女出门还要蒙以面纱。旧时,川西地区一些少数民族,严禁未出嫁的女子穿裙装,婚后方可。青海藏族忌穿别人穿过的衣服。旧时,苗族人在平时居家入寝亦不能宽衣解带,否则会招致鬼神降灾。彝族男子头上的"天菩萨"、景颇族长辈人的包头、德昂族的包头均严禁他人特别是幼辈触摸。青海藏族禁忌在帐房上面晾裤子、靴子和毡子;达斡尔人禁止他人从自己衣服上面跨越;鄂伦春、鄂温克族以前还忌将女人的衣服、鞋袜放置在男人的衣物上面。以上有的服饰禁忌表现了歧视妇女的封建观念,带有一些迷信色彩,今已基本上消失。

(2) 饮食禁忌。饮食禁忌较多地表现在忌食对象和禁忌方式上。由于宗教原因,回、维吾尔、哈萨克等民族禁食猪肉。西藏、甘肃和青海部分地区的藏族忌食鱼虾、鸡和鸡蛋。在有些民族中,祭祀时禁食某些食物。如高山族祭祀时忌食鱼;佤族卜卦"做鬼"用的鸡肉、鸡蛋,主人不得食用,也不得买卖。北方汉族农村,旧时过年节时先要以食品祭祀,方可食用。有关饮食方式的禁忌在我国民族中很多。如北方汉族农村旧时吃饭时,忌小孩子用筷子敲碗;锡伯族家人共餐时,忌讳边走边吃或端着饭碗到户外去吃;羌族人饭后忌将筷子横放在饭碗上;柯尔克孜族忌将剩菜、剩饭倒在地上;达斡尔族忌坐在门槛或窗口上吃饭,也不得边走边吃。我国民族民间饮食上的许多禁忌,一是来自宗教,二是表现了旧时人们对神灵和祭祀的重视,三是人们认为进餐是件事,应聚精会神,以防出差错。

(3)居住禁忌。我国各民族自古以来就重视宅舍的建筑、布局与使用,认为这类事情处理得当,方能子孙平安、家业兴旺。因此,这方面的禁忌也不少。维吾尔族忌宅门西开,据说是由于伊斯兰教圣地麦加位于西面。瑶族的房舍是一排排横向联结的建筑,忌讳邻家的山墙或屋脊冲向自家的门。布依、佤、白、瑶、纳西、达斡尔等族,忌常关屋门,认为"关门"会"绝户"。蒙古、满、锡伯、赫哲等族有以西方为尊上的习俗,因此民间忌讳不少。如不要坐蒙古包的西北角;满族西墙供奉有祖先神位,不许在此挂衣物;锡伯族将佛爷供奉在西边、长辈住西屋,凡西屋的物品忌他人随便触摸,等等。在云南,火塘是许多少数民族家中的重要设施,民间多忌从锅灶、火塘的三角架上越过。北方汉族农村旧时晚上忌在室内吹口哨,认为那样会引来蛇、蝎等。彝、土家、景颇、哈尼、傈僳等族,忌讳夜间在别人家吹口哨。还有些民族忌讳在室内唱歌、讲粗话以及摆弄乐器等,认为这样会使野鬼闻声前来作祟等。

此外,在交通、婚姻、家庭、生育、丧葬等方面,我国民族也有许多禁忌。

本章小结

我国是一个统一的多民族国家,56个民族共同创造了光辉灿烂的中华文明。汉族人口最多,是主体民族,此外还有55个少数民族。各民族大杂居、小聚居的交替分布,促进了经济文化的密切交流。中国民族民俗丰富多彩,从整体上了解中国民族民俗的特点,对深刻认识中国民族有着一定的铺垫作用。

思考与练习

1. 中国民族的分布状况如何?
2. 中国民族的人口状况如何?
3. 中国民族现阶段有哪些语言和文字?
4. 中国民族现阶段宗教信仰状况如何?
5. 中国民族的传统服饰有哪些文化内涵?
6. 什么叫节日?中国民族节日可分为哪些类型?
7. 节日文化有何特点?节日有哪些社会功能?
8. 什么叫禁忌?中国民族禁忌分哪些类型?

第二章

中国部分民族的民俗

本章导读

民俗是指人们在长期的历史发展中逐渐形成并且共同遵守的习惯和风俗,是民族文化的重要组成部分。本章详细介绍了中国汉族和部分少数民族的民俗,包括衣食住行、婚丧节庆、宗教信仰及禁忌等。了解中国民族民俗,对我们正确执行民族政策、维护民族地区的社会稳定以及开发利用旅游资源有一定意义。

第一节 汉 族

一、概况

在中国的56个民族中,汉族是主体民族。汉族主要聚居在黄河、长江、珠江三大流域和松辽平原。在我国5个民族自治区中,除广西壮族自治区、新疆维吾尔自治区和西藏自治区(汉族人口位居第二)外,汉族在内蒙古自治区和宁夏回族自治区内人口也是最多的。

汉族作为中原王朝的主体民族,其民俗与中原王朝的典章制度具有一致性。2000多年来一脉相承的典章制度始终促成并以法律的效应约束着汉族的民俗,虽然汉族地域分布广阔,东南西北自然生态及民风民情有一定差异,但汉族始终有着连续不断和彼此共同的民俗,关键原因就在这里。

汉族具有悠久的历史,历史文化发展积淀深厚,而且自有文字以来,具有文字记录的历史从未间断,这就决定了汉族民俗极为丰富多彩的特点。

汉民族风俗受少数民族影响较大。历史上汉族与四周少数民族长期保持着政治、经济、文化的紧密联系。汉族在发展中不断吸收了大量的少数民族成分,在相互融合中自然加入了其他民族的风俗,清朝顺治年间颁布的剃发令,强令汉族剃发、穿满式衣冠,就是典型的一例。

汉族风俗受自然环境影响较大。汉族分布地域广阔,东南西北的地貌、生态、气候各异,因此不同地区的汉族或多或少地形成了一些与其自然环境相适应的习俗。

汉族风俗还有着受外国文化影响的特点。自辛亥革命后,西学东渐,西方民俗中的服饰、饮食、节日、体育、礼仪等在年轻人中盛行,西方文化对汉族影响逐渐加深。

二、民俗风情

(一) 服饰

服饰主要指衣裳和身上的各种饰物。饰物主要有头饰(称发饰)、耳饰、项饰、腰饰、手饰、足饰等几大类。

汉族服饰具有悠久的历史,内涵极为丰富,在世界各民族中是少见的。

中国古代的汉族先民经历了《列子·汤问》所说的"不织不衣",《礼记·礼运》的"衣其羽皮"及《白虎通义》"衣皮革"的阶段。至夏朝后,已"无不服文绣衣裳者"。《左传》昭公九年记载,"服以旌礼,礼以行事,事有其物,物有其容",表明衣裳不仅用于穿着,而且有了以衣物显示尊贵卑贱的区别。

秦汉以后,汉族衣裳的面料、形制、颜色不断更新变化。一方面注重实用,一方面注重美观。受少数民族服饰影响,战国时期,赵武灵王"胡服骑射"①,把北方少数民族的裤、靴引进内地。此外,在少数民族入主中原时期,如十六国、北朝、五代、宋辽金、元、清时期,少数民族服饰对汉族影响都很大,其中清朝顺治初年两次下令强迫汉族穿满式冠服,于是长袍、马褂、旗袍之类成为全体汉族的衣裳。

在封建社会里,从皇帝到百官,对衣裳的面料、形制、颜色、花纹图案等都有严格的等级规定,不同场合须穿不同的衣裳,比如上朝穿朝服,下朝穿便服,丧事穿丧服,祭祀穿祀服。

在配饰方面,原始社会时期,汉族先民就以贝、骨、石做成各种饰物。春秋以后,饰物以玉、金、银为主,只不过不同历史时期饰物的形制、品种越来越多,制作技术越来越高,越来越精细美观。通常妇女重视头饰、耳饰和手饰,而男子重视腰饰。百官和命妇的饰物有严格的等级限制,而百姓的饰物则比较简单。

20 世纪以来,汉族的服饰变化较大。30 年代后旗袍流行,成为妇女的代表性时装。汉族男女服装多为对襟和斜襟上衣和长裤,夏季多穿浅色衣服,冬季多穿黑、蓝色衣服。中山装、西服在城市也很流行。20 世纪 90 年代以来,汉族服饰又有一定变化。各式西服、休闲服、运动服、牛仔服等已普及到民间,衣服的料子、款式、颜色愈加新颖。除一些专门场合(如婚礼、葬礼、接待外宾及节日等)外,汉族的服饰大多比较随便,以美观、大方、舒适、方便为宜。同样,中国少数民族的服饰也正向着这个方向发展。

---

① 胡服指我国北方游牧民族的服装,他们常年在马上生活,为便于骑马,多穿紧身窄袖的短衣、裤和皮靴。

（二）饮食

汉族是农业民族，决定了汉族以粮食为主食，以蔬菜及豆制品、肉类、鱼类、蛋类等为副食的基本饮食方式，并在漫长的历史发展过程中，创造了极为丰富多彩的饮食文化，其中面食制作及菜肴烹饪技术享誉世界。

汉族在日出而作、日落而息的农业生产习惯制约下，自古就形成了一日两餐的习惯，即早、晚各一餐。秦汉时，帝王贵族们已是一日三四餐，城镇居民也较早地开始一日三餐。普通农民由农忙时一日三餐发展到普遍一日三餐则是近代以后的事。每餐都有主食和副食。饮料主要有酒、茶两种。

（1）主食。北方以粟、小麦为主，南方以水稻为主，皆以麦、豆类、高粱等五谷杂粮为辅。

（2）副食。自春秋战国以来，人们在副食的选料、贮存、加工、刀工、配伍、调制、烹饪等方面不断积累了丰富的经验，有羹、炙、煎、熬、蒸、炸、脍、脯、腊等。主要调味品有盐、酱、醯（醋）、豉、曲、糖、蜜、姜、葱、桂皮、花椒等。汉族饮食不仅讲究营养价值，而且注重味香，在长期发展中形成了各具风格的地区菜系，其中，川、鲁、粤、闽、湘、皖、浙、苏八大菜系尤为著名。

（3）酒。汉族酿酒历史悠久，《列女传》和《史记·殷本纪》分别记载夏桀"为酒池"、殷纣王"以酒为池"，说明夏、商时不仅能酿造酒，而且贵族已有嗜酒的风气，甚至有人酗酒。汉族的酒起初是用粮食酿造的，主要有白酒、黄酒两大类，白酒又有加酒曲和不加酒曲之分，大约北宋前的白酒度数较低，后来主要饮用度数很高的烈性酒。果酒出现得较晚，通常认为是在汉朝以后由西域传入制作葡萄酒的技术的。每逢过节、喜庆之事和宴请客人时皆饮酒。

（4）茶。汉族的饮茶习惯形成较晚，但懂得饮茶却很早。据记载，至少春秋时茶已成为汉族的饮料。唐宋时，南方普遍种茶，茶遂成为汉族的常用饮料。北宋以后，茶还成为中原王朝与少数民族茶马贸易的重要商品。汉族在制茶、饮茶上积累了丰富的经验，逐渐形成了中国独有的茶文化。在制茶上，由不同的加工方法而形成了花茶、绿茶、红茶、黑茶四大类，还有砖茶、坨茶等。按茶的用料部位、采茶的季节以及不同的加工方法等，又形成龙井、乌龙、毛尖、珍珠、普洱、铁观音、明前绿等众多品种。

总之，汉族饮食习俗丰富多彩，甚至纳入了儒家伦理道德之中。《礼记·礼运》称"夫礼之初，始诸饮食"，这不仅说明饮食受礼约束，而且所有的礼是从饮食开始的。汉族的饮食礼仪也很多，如坐次顺序、进酒进食顺序、摆食方法、劝进祝对都有规定和规矩。《礼记·曲礼》有"毋抟饭、毋放饭、毋流歠、毋咤食、毋啮骨、毋反鱼肉、毋投与狗骨、毋固获、毋扬饭、毋刺齿……"等。做客时一要对主人尊重，二不要引起主人误会，三不要引人反思，在家时随便些，但讲究细嚼慢咽，咀嚼和动碗、筷都不要大声，不许把饭菜掉于桌上或留在嘴角，吃饭时不要讲话。有客人时妇女、小孩不能入座。在大家庭中,通常是男子和妇女、小孩分桌进食。

汉族饮食还有一大特点,即饮食与保健(防病与治病)联系在一起,在什么时间、什么情况下吃什么食物,都很有讲究。

(三)居住

汉族自古各户自成院落,院落相连成排,形成村庄。通常北方的村庄较大,院落排列也较整齐,而南方受自然环境制约,小村寨和零散住户较多。

汉族自春秋战国以来就形成了院落(或称庭院),内有住宅、厕所、牲畜厩等,后来不断改进。住宅分为正房,一般坐北朝南,通常有三间至五间,中为堂,其余为卧室,有的还有东、西厢房,有门楼。院落有围墙,贫者用篱笆、土墙,富者用石墙、砖墙。北京流行四合院建筑,但在农村则少见。西北黄土高原住宅以窑洞为主,在北方个别寒冷地区还有半穴居住房,有地窖、坑等,南方则有木竹楼等。屋内摆设因贫富而定,古代席地而坐,隋唐以后桌、椅、凳、机之类日渐普遍。

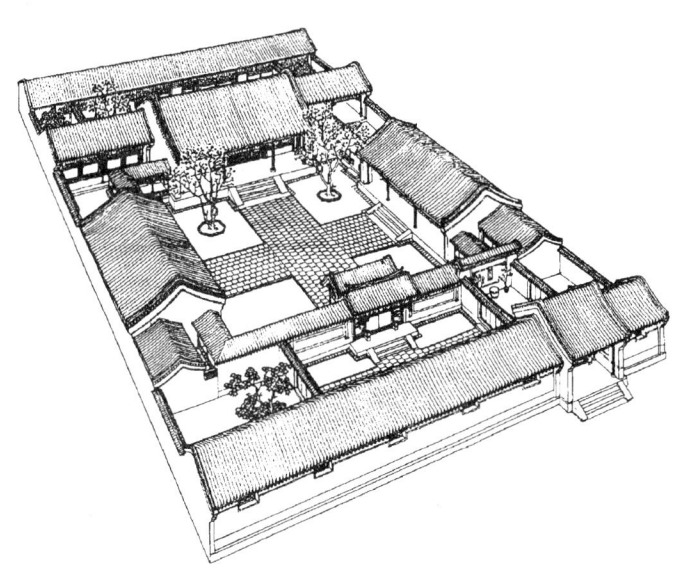

北京四合院总体布局

中国汉族民居有丰富的文化内涵,强调与自然的和谐及"天人合一"的古代哲学思想。宫廷建筑等级分明,台基、屋顶均有规定,强调富贵荣华、功德无量、福泽四海等;民间住宅则非常重视"风水",且盖房地点及择日很重要,选址要请风水先生,动土和上梁要选"黄道吉日"及举行隆重仪式。

(四)婚姻

古代汉族婚姻受儒家礼教的严重制约,婚姻的主动权掌握在父母手中,"遵父母之命,听媒妁之言",青年男女完全处于被动地位。甚至童年订婚、指腹为婚现象也常见。违父母之命,自由恋爱、一见钟情、青梅竹马之类结婚者极少。包办婚姻的特点是注重门当户对,大官僚、贵族的婚姻往往有政治色彩。特别是魏晋南北朝,世族与庶族不能通婚,即使世族之间的联姻也受严格的等级限制。另外,因各种原因,抢婚、买卖婚、交换婚等现象时有发生。入赘(上门)和兄终弟及的婚姻形态也常见。

婚姻的禁忌主要有"同姓不婚",这在春秋战国前尤为普遍。《国语·晋语》记载"同姓不婚,惧不殖也"。婚姻年龄,古代规定男子16~20岁及冠,女子15~18岁及笄,标志已成年,达到婚配年龄。因此,几千年来,一般男子18~20岁,女子16~18岁结婚,但也存在有童养媳、小女婿的陋习。古代汉族婚礼被纳入儒家礼制之中。《仪礼·士昏礼》规定婚礼程序为:纳彩、问名、纳吉(卜吉)、纳征(聘礼)、请期、初婚(亲迎)六项,一直沿袭至清朝不变。

婚姻的习俗还有很多,如请媒人、行占卜、下聘金订婚、置嫁妆、聘礼、婚宴等。婚后对妇女有严格限制,从战国以来就有"七弃"(称"七出"),即无子、淫佚、不孝、多言、盗窃、嫉妒、恶疾等,夫可弃妻,妇女守寡视为贞洁,这些情况直至新中国成立后才得到根本改变。

(五)家庭

汉族家庭以一夫一妻制小家庭为主。在家庭中,父亲地位最高。父亲去世寡母为户主,子成年则为户主。自春秋以来男尊女卑观念世代沿袭,至北宋后更发展为妇女要恪守三从四德。孝悌是家庭关系的核心。孝是指晚辈对长辈的尊敬,悌是指兄弟之间的和气。

在家庭中,男主外,经营生产劳动,女主内,操持家务,织布做衣,养儿育女,形成男耕女织的小农经济。传宗接代被视为大事。"不孝有三,无后为大",多子多福是光荣的,无后是耻辱的。无后者可休妻或纳妾,甚至过继、入赘等,以使香火不断。不过,以上这些习俗在新中国成立后均发生了很大变化。

(六)姓氏

姓氏是标志人们宗族系统的符号,也是识别不同人们血缘关系的标志。汉族的姓氏比较多,《百家姓》收录438种姓,实际上可多达6000个以上,但最常见的有二三百个。汉族姓氏出现于夏朝之后,汉姓虽众多,但其由来规律性很强,春秋后除与氏族血缘关系有关外,与国名、地名(封地、采邑)、人名(祖先的名、字、爵号、谥号)、官名等也有联系。

乳名。亦称奶名、小名、小字。是上学前或者及冠前所使用。属于爱称,命名随意性大。也有乳名和名是相同的,现代人已少用。

字。亦称表字,代表名。与名合称名字。字与名基本处于同等地位。《礼记·曲礼上》记载:"男子二十冠而字"、"女子许嫁笄而字",即男女成年后才有字。字出现得很早,至少春秋时就已经有字了。字的使用解决了不能随意称呼的局限性,不该称名时,则称字。

号。亦称自号、别号、别字。它是名与字外的具有特殊标识和作用的一种名字。或者说它是姓名的一种代号。号在文人和有一定地位的人中使用,通常以居处、籍贯及自己的特征、爱好、情趣、志向等为号者居多,如李白自号青莲居士。

(七)节日

汉族的节日出现很早。从《礼记·月令》《吕氏春秋·十二纪》来看,在秦朝以前,人们就十分重视二十四节气,尤重立春、立夏、立秋、立冬,而以元旦、除夕最为隆重。至唐宋时,主要的节日有元旦、元宵、清明、端午、七夕、中秋、重阳、冬至、腊日、祭灶、除夕等。其中,除夕和元旦合称为过年,这是最大、最隆重的节日。此外,元宵、清明、端午、中秋、祭灶等也是民间隆重的节日。

汉族的每个节日都有一定的活动内容,总体上可分为祭祀、娱乐、农事节令等三大类。帝王祭祀天地、日月星辰、山川林泽、社稷、祖先等;民间主要祭祀神庙、祖先等,祈求风调雨顺、人寿年丰、六畜兴旺、避邪驱鬼;娱乐节日主要有元宵节观灯、端午节赛龙舟、中秋节赏月等;农事节令主要为春节、过年等。今天,除传统的春节、元宵节、清明节、端午节、中秋节、重阳节等,五一、十一、元旦等节日也成为了汉族广大人民的重要节日。

(八)丧葬

死是人生的终结,它与结婚号称汉族两大红白喜事。汉族十分重视丧葬。从死到葬有一整套程序,其中礼节繁缛,非常讲究。儒家称之为丧礼,纳入礼的重要组成部分。《仪礼》五十卷中属于丧礼内容的占十六卷之多。秦汉以来,对从朝廷、百官到庶民举办丧事均有严格规定,表明死后也要明确尊贵卑贱。

汉族一般实行土葬,分为治丧、丧服、入葬三大部分。汉族忌讳死字,习惯于生前就准备丧事。帝王贵族们生前即择陵园地址,平民生前选好坟地,做好满意的棺木及寿衣。治丧内容繁多,如人不能死在床上,临终前要"迁居正寝"(用木板搭成)。气绝后亲人恸哭、招魂、穿丧服……一般百姓大殓后即依"吉时"出殡。出殡时,丧主扶灵柩、服重孝,家族人员按亲疏远近于灵柩后步从。葬时刻墓志铭、造明器(有纸制车马、纸侍从)、做神主(祖宗牌位)。下葬后将明器、纸钱烧化,入葬后,子女应为父母服孝3年。守丧期间不饮酒、不吃肉、不近妇人、不聘妻、不访友、不作乐等。

现在,由于提倡移风易俗,丧事从简,汉族人死后很多都实行火化,骨灰盒由家人保管或由殡仪馆代管,并举行简单的告别仪式。

(九)祭祀

汉族祭祀可追溯到原始社会。早期的祭祀对象主要是鬼神(包括祖先、一切神灵),后发展到对历代圣贤和英雄人物的祭奠。进入阶级社会后,汉族祭祀逐渐形成民间和宫廷两大类。

宫廷祭祀。历来为统治阶级所重视。对祭礼的场所(坛、庙、祠)、时间、神位、祭器、祭品等都有严格规定。朝廷主要祭祀天坛、地坛、日坛、月坛、太庙、社稷坛、孔庙及历代帝王、关圣、文昌、火神、城隍、先医、先神、河神、贤良、昭忠等庙祠。省、府、县等地方分别祭祀社稷、先农、风雷、先师、关圣、文昌以及境内列入祀典的山川、城隍、厉坛、帝王陵寝、名宦、贤良等庙、祠及名臣、忠节祠。

民间祭祀。分为祭祖和祭神灵两大部分。祭祖是民间祭祀活动中最重要的方面。大家族有宗祠，供奉列祖列宗。小家庭也供奉祖先，每逢年节按例祭祀，点灯上香设供品。祭祀的神灵极多，主要有土地神和灶神，除年节按例拜祭外，凡家中遇有病灾等事也要拜祭。另外，祭祀财神、福神、山神、河神等不胜枚举，民间普遍还祭祀关圣和先师孔子。

新中国建立后，汉族民间的许多传统祭祀已消失，特别是一些带有封建迷信的祭祀活动已不复存在。

第二节 壮 族

一、概况

壮族是我国少数民族中人口最多的民族，有 16926381 人（2010 年）。主要分布在广西壮族自治区的南宁、百色、河池、柳州 4 个地区，云南文山壮族苗族自治州及广东省连山壮族瑶族自治县等地区。

壮族有本民族的语言文字，壮语属汉藏语系壮侗语族壮傣语支，分南北两个方言，但语法结构、基本词汇大体相同。新中国建立后，有关部门创立了以拉丁字母为基础的新壮文。

壮族具有悠久灿烂的民族文化，广西南部的花山原始崖壁画是壮族古代文化艺术精华，壮族人民铸造使用铜鼓已有 2000 多年历史，素有"铜鼓之乡"的誉称。壮族民歌久负盛名，定期举办对歌比赛的"歌圩"盛会。壮锦是壮族享有盛誉的工艺纺织品，以织工精巧、图案别致、色调明快、色彩绚丽和结实耐用著称。壮族刺绣、竹芒编等皆富有特色。

二、民俗风情

（一）民居饮食

壮族住房多与当地汉族相同。部分地区居民住"干栏式"（又称"麻栏式"）建筑。柱子、楼架用几十根质地坚硬的原木搭成，楼板和墙壁用木片或竹篱。

壮族在饮食方面，主食是大米和玉米。年节时，用大米制成各种粉糕。喜吃腌制的酸食，以生鱼片为佳肴。妇女有嚼槟榔的习俗。

（二）服饰习俗

壮族服饰各地不一，广西西北部，年老壮族妇女多穿无领、左衽、绣花、滚边的衣服和滚边、宽脚的裤子,腰间束绣花围腰,喜带银饰物;广西西南部龙州、凭祥一带的妇女,着无领、左衽的黑色上衣,包方块形状的黑帕,穿黑色宽脚裤子。男性多穿唐装。

壮族制作和穿着木屐的历史非常悠久。因为木屐取材方便、制作简单,穿上走路既防滑又凉快,水又不容易从后跟甩到裤子上,所

广西龙胜壮族村寨

以直到今天,木屐依然深受中老年和部分青年人的喜爱。现在当地还有木屐出卖。他们的木屐多选用苦楝树(又称花心木)、银木、松木等制作。

(三) 婚丧节庆

1. 婚姻习俗

过去壮族多在本民族、本支系的同龄人中择偶婚配,较少与其他民族通婚,现已多有改变。青年男女有社交自由和恋爱自由,也有的通过赶歌圩寻找情人。在民间,"父母包办、媒妁之言"的包办婚姻和通过串寨对歌找对象的自由婚并存。在壮族农村,婚姻的缔结一般经过托媒、说亲和求亲、讨八字、订婚、结婚等过程。旧时,有些地区妇女婚后有不落夫家的习俗。在一些偏远山区,还保留有入赘婚、姑舅表婚等婚俗。

壮族民间的婚礼隆重而热闹。新娘进门后,在鼓乐声中举行拜堂仪式,拜天地、拜祖先、拜父母后再入洞房。众多的伴娘和洞房外的男青年对唱情歌,通宵达旦。次日,新娘随成群结队的伴娘回娘家回拜。新郎在伴郎的陪同下,背着酒肉,紧随其后。回到女方家,新婚夫妇拜祖宗和认亲,民间称为"回门"。回门之后,新郎、新娘返回夫家开始共同生活。

2. 丧葬习俗

壮族多实行棺木土葬。人老死或病死后,一般要经过报丧、洗尸、穿寿衣、入殓、停棺祭祀、吊丧、出殡等过程。在一些壮族地还存在着"捡骨葬"(又名"二次葬")的习俗,即尸体入殓后,或浅葬(称作"寄土"),或置于附近洞穴中,数年后再用陶瓮盛骸埋入土中行二次葬。旧时,在壮族一些地区还有悬棺葬的习俗。

3. 传统节庆

壮族的民俗节日除春节、中元节、牛魂节外，最主要的是以对歌为主要活动的歌圩节。

(1) 歌圩节。是壮族的民间传统歌节，流传于广西、云南等地，多在春秋两季举行，为期数天。民间盛传跟唐代歌仙刘三姐有关。未婚青年常以此寻找意中人，交换信物，再经父母请媒说亲。还举办各种庙会活动，形成商品集散盛会。

(2) 拜山节。每年农历三月初三举行。届时除为祖先扫墓上坟外，还要吃枫叶泡水蒸的乌米饭。同一家族的人有时要联合举行祭祖和会餐。

(3) 铜鼓节。广西东兰县长乐一带的壮族同胞，于每年农历正月初一、正月十五和正月末，都要举行"铜鼓节"。铜鼓是我国南方许多少数民族的重器，多用于节日和祭祀活动，平时珍藏保护。节日里，除祭祀外，主要赛铜鼓，青年人以村寨为单位组成鼓队，集中到赛场，搭起竹棚，对擂比赛。公鼓对公鼓、母鼓对母鼓，每鼓配3个鼓手，定好时辰，按鼓谱曲牌演奏敲打，要离了谱，乱了套，就被淘汰。

(4) 祝寿节。广西壮族每年农历九月初九举行。凡是有寿满60岁老人的家庭，其子孙都要给老人准备一个寿米缸，缸形如坛，口小肚大，缸盖下压有红纸或红布，平时里面总有些米。不断米，表示岁寿持续。节日里，要给寿米缸中添满新米。晚辈及出嫁的女儿节日来祝贺时，要带最好的米回来，倒入缸中，表示为老人"添寿"、"养缸"。寿米缸平时放在老人床边，为老人祝寿时，才吃其中的米。

(四) 宗教信仰、禁忌

壮族崇拜祖先，信仰多神。唐宋以后，佛教、道教传入壮乡，对壮族文化影响较深。

壮族的禁忌：不称"猪肝"称"猪湿"，不称"猪舌"称"猪利"，因当地方言"干"与"舌"即亏本之意；忌食牛肉和蛙肉；忌讳用脚踩踏锅灶，禁止在灶上煮狗肉；忌筷子跌落地上，认为不吉利；吃饭时忌用嘴把饭吹凉，更忌把筷子插到碗里；忌从晾晒的妇女裤子下走过；夜间行走禁止吹口哨；无论家人、客人，忌坐门槛中间；家有妇女时，门上悬挂草帽一顶，暗示外人不得入内。

第三节 满 族

一、概况

满族有人口10387958人(2010年)，主要分布在辽宁、吉林、黑龙江三省，其余大部分分布在河北、内蒙古、宁夏、甘肃、新疆、山东、福建等省区。

满族在历史上精于狩猎和征战,八旗兵训练中的跳马和跳骆驼活动颇有特色。如今,这些跃上敌骑、擒拿敌人的军事技巧已变为饶有风趣的传统体育活动。

满族是一个能歌善舞的民族,"莽势"、"空齐"是传统舞蹈,多在节庆的宴会上跳。"清音子弟书"是八旗子弟于18世纪中期创作的一种只有唱词、没有说白,配合鼓板、三弦演唱的新鼓词,是满族人民喜爱的一种曲艺形式。

满族在文化艺术方面同样是人才辈出,如清代著名词人纳兰性德、文学名著《红楼梦》的作者曹雪芹、"五四"以后的著名文学家老舍、端木蕻良等。此外还有京剧程派创始人程砚秋、相声大师侯宝林等,他们都以卓越的成就为中国文化事业的发展作出了贡献。

满族有自己的语言文字。满语属阿尔泰语系满—通古斯语族满语支。目前,只有在黑龙江省黑河市爱辉镇和富裕县部分人能讲满语。

满族信仰萨满教,崇拜祖先,佛教在其生活中也有影响。

二、民俗风情

(一)民居饮食

1. 居住习俗

满族的传统建筑形式是院落围以矮墙,院内有影壁(照墙),立有供神用的"索罗杆"。住房一般有东、中、西三间,其中东、西两间为正房,门向南开。西间称西上屋,西墙上有祖宗神板。

口袋房又称斗室,是我国东北地区满族人民最常见的一种传统的民居形式,近代东北农村的住宅也基本如此。平房一般为一字形三开间,也有少数五间、七间的,一幢房屋只有中间一间开门与室外相通。叫外屋,两边为卧室,也叫里屋。为了抵御冬天的寒冷,房檐和门一般都较矮。

满族的火炕一般置于房间的南、西、北三面,构成"匚"形,称为"曼子炕"。西炕为

沈阳满族村——仿清满族民居内景

贵,供奉祖先牌位,北炕为大,一般为家长住,南炕为小,由晚辈住。

满族居室的西墙是专门供奉祖先的神圣部位,不许悬挂其他东西,西炕也不许随便坐卧。

2. 饮食习俗

满族传统主食有煮饽饽(饺子)、米饭、秫米(高粱米)水饭、豆干饭、豆糕、酸汤子等。尤其喜欢吃黏食和甜味食品,如饽饽、年糕等。流传至今的"驴打滚"、"萨其马"都是满族传统点心。酸菜是他们喜欢的素食,或炒,或炖,或凉拌。而最能代表满族饮食文化的莫过于"满汉全席"。这种宫廷佳宴流传至今已有200多年的历史。又称满汉燕翅烧烤全席。

(二)服饰习俗

满族的"旗袍马褂"是颇具特色的民族服装。"旗袍"就是旗人服装的俗称,而"马褂"(马蹄袖袍褂)则是短旗袍的俗称。

历史上满族男子喜欢穿两侧开衩、腰中束带、便于骑射的马蹄袖长袍马褂,头顶后束辫垂于脑后,戴圆顶帽,下穿套裤,脚着呈船形的双鼻皮条布鞋,大拇指戴扳指儿;妇女则多喜穿旗袍,梳京头或"盘髻",戴耳环,腰间挂长手帕,天足,蹬高底花鞋。

满族的帽子有礼帽(也称官帽)和便帽(现在叫帽头),又分暖帽和凉帽;妇女戴"坤秋"帽或"卧兔"帽。

满族入关后,满汉服装渐趋一致,但旗袍却以其独特的魅力流传下来,穿上后既能体现线条身姿,又可显示女性的高雅大方。

(三)婚丧节庆

1. 婚姻习俗

满族实行一夫一妻制,男娶女嫁,子女随父姓。满族人十分重视修家谱。家谱按辈分,从祖上一代代排下来,只记男子名,配偶只记某某氏。

满族的婚俗各地差异较大。有的地方男方请媒人到女方说亲,先后要去三次。每次都携带一瓶酒,到第三次才能知道是否成功。所以有句俗语"成不成?三瓶酒"。东北南部从订婚到完婚,要经过"换盅"、"问话"、"过柜箱"、"压炕钱"、"拜天地"、"分大小"等过程。结婚时,新娘要在南炕上坐帐一日,称为"坐福"。晚间,在地上放一桌子,其上放两个酒壶和酒盅,新郎新娘手挽手,绕桌子三圈后饮酒。炕上点燃一对蜡烛,通宵不熄。外屋一人或数人唱喜歌,名曰"拉空桌"。或有人用黑豆往新房里撒,热闹一两个小时后自散,三日后新郎新娘回娘家。

2. 丧葬习俗

满族的丧葬也很有特点,一般不准许在西炕和北炕死人,因为门是活人出入的地方,因此,死人入棺后,只能从窗户抬出。出殡时,亲友要抢幡上的布,给自己的孩子做衣服,认为可以避邪、不做噩梦等。一般进行土葬。满族对丧葬的日期十分谨慎,一般选择单日出殡,而忌讳在双日出殡。在死者葬后的第三天家人要到坟地祭奠一次,称为"圆坟"。

3. 传统节庆

满族受汉文化的影响,节日与汉族相近。重视过农历新年。正月十五过灯节,正月二十五祈求来年五谷丰登过"添仓节",农历二月二是"锁龙"的日子,还有五月端午(也作端五),六月六"虫王节",八月十五中秋节。

添仓节。每年正月二十五,满族农村家家讲究煮黏高粱米饭,放在仓库,用秫秸棍编织一匹小马插在饭盆上,意思是马往家驮粮食,丰衣足食。第一天要连着添三回新饭。

虫王节。六月天,易闹虫灾。居住在辽宁省岫岩、凤城一带的满族过去在六月初六这天,一户出一人到虫王庙朝拜,杀猪祭祀,求虫王爷免灾,保证地里的收成好。如今虽不搞虫王节祭祀活动,但家家要在这一天晾晒衣物,以防虫蛀。

(四)宗教信仰、禁忌

满族信仰萨满教。"萨满"是通古斯语,意为"疯狂的人",汉译为巫师。满族萨满教的神职人员有管祭祀的萨满和跳神的萨满之分。一般满族家中除供观世音、关公、楚霸王神位外,还喜欢供"锁头妈妈",用麻线拴一支箭在门头,一年祭三四次。祭时一般在晚上把箭头拿下来,摸黑磕头,祈求"锁头妈妈"保佑一家平安。

满族的禁忌:满族人不吃狗肉,不打狗,不使用狗皮做的取暖物品。这与满族的犬图腾崇拜、祖先崇拜有关,也与狗在满族人生活、生产中曾起过重要作用有关。

第四节 回 族

一、概况

回族是中国分布最广的少数民族,有人口10586087人(2010年)。主要分布在宁夏回族自治区以及甘肃、青海、河南、河北、山东、云南、新疆等地,其余分布全国各地。

回族多数人从事农业,兼营畜牧业,善于经营商业、手工业和饮食业。

回族聚集区宁夏地处黄土高原与内蒙古高原的过渡地带,这里物产丰富,有红、黄、蓝、白、黑"宁夏五宝":"红"指枸杞,"黄"指甘草,"蓝"指贺兰石(产于贺兰山,可用来制作砚台和刻章),"白"指滩羊皮,"黑"指发菜。

"花儿"是西北民歌中的一种,据说由元曲演变而来。西北回族群众十分喜欢唱"花儿"。回族"花儿"旋律高亢豪放,悠扬婉转,富于浓郁的乡土气息和生活情趣。

在明代后期,汉语已成为回族的共同语言,回族使用汉文,但在日常用语和宗教活动用语中夹杂着阿拉伯语或波斯语词汇。

回族信仰伊斯兰教,并由此形成了独特的文化传统和风俗习惯。

二、民俗风情

(一)民居饮食

1. 居住习俗

回族住宅有三种类型。

第一种:根据山大沟深、丘陵纵横的自然条件和地形特征,修成窑洞居住。这种窑洞结构简单,坚固耐用,节省材料,经济方便,施工简单,冬暖夏凉。

第二种:根据地势较平坦的川、坝、原、台、平川的地形特征和缺钱少木材的自然经济条件,利用地面空间,用土坯和黄草泥垒窑洞,回民叫箍窑。

第三种:根据地形特点和经济条件,建造上栋下宇的房屋。

回民在住家上历来爱美,素以清洁、文明著称。回族人喜欢种花弄草。北方回民特别喜欢凤仙花,俗称"指甲花"。

室内装饰也别具特色。一般回民家庭的墙上都悬挂阿文中堂和具有伊斯兰艺术特色的工艺制镜以及克尔白挂图等。由于受阿拉伯地区风俗的影响,回族还喜爱薰香,一般家庭都备有香案和香炉。

2. 饮食习俗

回族的饮食习俗有鲜明的民族特点。回族主食中,面食多于米食,面食制作方法丰富多彩,以煮、蒸、炸、烙、烤、煎、炒、熬等为主。

油香。是回族人民喜欢的一种传统食品,凡是回族聚居的地方,都有吃油香的习俗。回族的油香煎炸而成,以色红、味美、醇香、酥软而闻名。

馓子。是回民待客、送礼过节的传统食品,用油煎炸而成。这类食品还有麻花、卷煎饼、酥合子、卷果、油糕、油圈、烫面炸糕、炸春卷、油炸江米面麻团等。

茶。是回族人喜欢的一种传统饮料。盖碗茶是全国各地回民普遍饮用的一种茶,有红糖砖茶、白糖清茶、冰糖罐罐茶等。回族的饮茶习俗呈现出回民十分重视饮茶的保健功效。如"八宝茶"除了放茶外,还放白糖、红糖、红枣、核桃仁、桂圆肉、芝麻、葡萄干、枸杞等。回族饮茶习俗的另一个显著特点是喜欢饮糖茶。

回族由于大分散、小集中在全国各地,因此,形成了不同的饮茶习惯。如北方部分回民聚居区喜欢喝"罐罐茶",云南等回民聚居区喜欢饮"烤茶",青海等地的回民喝奶茶,而西北部分地区的回族则饮"麦茶"。

(二)服饰习俗

回族的服饰大体与汉族相近,但在头饰上仍保留着古老的传统,回族男子一般戴"号帽",即白色无檐小帽,表示清洁不染,也称"顶帽"、"孝帽"或"礼拜帽",意为回族的号头和标志。号帽从颜色上看,有白、灰、绿、黑四色,分春、夏、秋、冬不同的季节来戴。回民喜欢戴无檐小白帽,这主要与伊斯兰教有关。回民在礼拜叩头时,前额与鼻尖必须着地,为了方便,他们就戴上了无檐的小白帽。

麦赛海袜是北方回族老人冬天穿的一种皮制袜子。准白(阿拉伯语音译,意即"袍子"、"长大衣")是回族阿訇和老人喜爱的服装。回族男子还喜欢穿白衬衫、白高筒布袜、白布大裆宽松裤等。回族男女都喜欢穿坎肩。

西北回族女子一般都头戴白圆撮口帽和盖头(也叫搭盖头)。盖头用来盖住头发、耳朵、脖颈,一般是绿、黑、白三种颜色(伊斯兰教崇尚"黑、白、绿"三色),有少女、媳妇、老人之分。少女一般戴

回族老人

绿色的,已婚妇女戴黑色的,有了孙子或上了年纪的老年妇女戴白色的。老年妇人的盖头较长,少女和媳妇的比较短,只披到肩上。妇女服装为右衽大襟短上衣着长裤。年轻人喜欢在前襟、胸前绣花,在衣服上镶色、滚边。

回族视白色为最洁净的颜色,戴白帽、穿白衣已成为回族服饰习俗的特点之一。此外,回族还喜欢穿绿色和黑色服装,认为绿色是神圣的颜色。

(三)婚丧节庆

1. 婚姻习俗

回族认为,婚姻是构成家族、产生亲族的基础。成年男女因需要而结婚是"瓦直卜"(意为当然),为繁衍子孙而结婚是"逊奈"(圣行),因此,回族男女都要结婚,反对终身不娶、不嫁的独身主义。

婚礼是回族人一生中的一个大礼。回族老人常把给儿子举行婚礼、完婚叫"卸担儿",认为这是终身大事,是老人的责任。回族的婚礼习俗各地大同小异,概括起来有以下几道程序:请媒人提亲、看人家家道、说色俩目(也叫定茶)、插花(也叫定亲)、迎娶、念尼卡哈、撒喜、闹洞房、摆针线、回门等。

2. 丧葬习俗

回族人死后一是实行土葬,忌火葬;二是主张速葬;三是从俭节约;四是一律平等。人去世后,一般晚上亡故凌晨出葬,停亡人不得超过三天。

3. 传统节庆

(1)开斋节。是阿拉伯语"尔德·菲图尔"的意译,它与古尔邦节、圣纪节并称

为伊斯兰教的三大节日。节期在斋月(伊斯兰教历九月)后的第一天。伊斯兰教规定,成年的穆斯林每年都要封斋一个月,封斋期间在日出前和日落后方可饮水进餐,称为守斋。斋月满后要开斋,开斋当天,所有穆斯林都要沐浴更衣,身着节日盛装,到清真寺做礼拜。然后置办风味食品,人们走访亲友,互相馈赠礼品,互相祝福。除回族外,维吾尔等族也过开斋节。

(2)古尔邦节。阿拉伯语音译,意为"牺牲,献身",故亦称"宰牲节"、"献牲节"、"忠孝节"。一般在开斋节过后的第70天举行。节日当天上午,人们要去清真寺参加会礼,请阿訇宰牲,将所宰的牛、羊肉一部分赠亲友济贫施舍。除回族外,维吾尔等族也过古尔邦节。

(3)圣纪节。是纪念先知穆罕默德诞生的日子,这天是伊斯兰教历三月十二日,也是穆罕默德逝世的日子。纪念活动一般在清真寺举行,在活动中,宗教人士要诵经演说,讲述圣绩。有的地方还在这天举行盛大的尔麦里会(善事宴会),宴请宾客。

(四)宗教信仰、禁忌

回族信仰伊斯兰教,并由此形成了独特的文化传统和风俗习惯。

回族的禁忌习俗主要有三大类:在饮食方面,禁食猪、狗、驴、骡、马、猫及一切凶猛禽兽,自死的动物,血以及非伊斯兰教方式屠宰的牲畜,禁止抽烟喝酒等;在信仰方面,禁止崇拜偶像等;在社会行为等方面,禁止放高利贷、赌博等。

第五节　苗　族

一、概况

苗族有人口9426007人(2010年),主要分布在湖南、湖北、贵州、四川、云南、广西、海南等7个省区。其中以贵州最多。

苗族语言属于汉藏语系苗瑶语族苗语支。

苗族以农业为主业,部分地区的苗族兼事畜牧、狩猎和采集。

苗族的民间文艺形式多样,内容丰富,具有浓厚的民族特色。

古歌古词是苗族神话和口碑历史的主要载体,亦称苗族史诗。它主要包括开天辟地、铸日造月、射日射月、人类起源、洪水滔天、兄妹结婚、战争迁徙等篇章。

苗族民歌根据其内容可分为游方歌(情歌)、酒歌、苦歌、反歌、丧歌、劳动歌、时政歌、儿歌、谜语歌等几类,曲调各不相同。苗族民间音乐主要有民歌曲、芦笙调、唢呐调等。苗族传统乐器分为打击乐器和管弦乐器。

苗族民间工艺有蜡染、刺绣、挑花、银饰制作等,均十分精湛,在国内外享有盛誉。这些工艺在各地苗族中都有,不过各有优点和特色。

二、民俗风情

(一)民居饮食

苗族大多数居住在山区,由于各地自然环境的差异,民居形式与习俗不尽相同。黔东南和湘西多为"吊脚楼"式住房,湘西也有一些苗族垒石为屋。西部苗族多为土房或石头房。旧时,各地苗族住房多以茅草、树皮、石块为顶,十分简陋,现瓦房逐渐增多,住房条件有了较大的改观。

大多数地区苗族的主食为大米或包谷(玉米),糯米也很受喜爱。苗族人普遍喜食酸辣味道,家里有各种酸菜、腌菜。苗族喜饮酒,以酒解除疲劳,以酒示敬,以酒祭祖,以酒待客,以酒传情,以酒表喜庆,以酒烘染气氛,有着丰富的饮酒风俗。

(二)服饰习俗

各地苗族服装有不同特点。男装简朴,一般为对襟大褂和左衽长衫两大类,下穿长裤,束大腰带,头裹青色长巾,冬天腿上多缠裹腿。女装为右衽大襟或胸前交叉式两大类,每类又有众多的样式和盛装、便装之分,下着宽腿长裤。头饰式样繁多,挽髻于头顶,配上各式各样的包头帕,包成尖顶或圆顶,有的把头发绕在支架上高竖于头顶上。黔东南的苗族妇女多将银饰钉在衣服上,称为"银衣",头上戴着形如牛角的银制头饰,高达尺余,独具特色。

身着节日盛装的苗族姑娘

(三)婚丧节庆

1. 婚姻习俗

多数苗族地区婚姻自主程度较高,各地苗族青年都有以择偶为主要目的的传统社交活动形式。湘西叫做"赶边边场"或"会姑娘",黔东南苗族则称为"游方",广西融水叫"坐妹"或"走寨",黔西北称为"踩月亮",黔中及一些西部苗族称为"跳花"、"跳场"等。一些苗族社区还有专供青年们谈恋爱的场所,如黔东南的游方坪、滇东北的姑娘房等。苗族青年择偶不重财产和家境,更看重个人才华和品质。

2. 传统节庆

苗族地区节日按其功能和主要活动内容分为农时季节性节日、纪念性节日、娱乐社交性节日、祭祀性节日等。农时季节性节日有吃新节、苗年,纪念性节日有四月八、龙船节（或端午节）；娱乐社交性节日如中部苗族的姊妹节、东部苗族的赶秋节、凯里地区的芦笙会、西部苗族的踩花山、串年坡、跳场、贵州黎平和广西三江一带的杨梅节、湘西的挑葱会、黔东一些地方的爬坡节；祭祀性节日如中部苗族的祭鼓节、敬桥节，龙船节也有一些祭祀功能。

（四）宗教信仰、禁忌

旧时苗族的主要信仰有自然崇拜、图腾崇拜、祖先崇拜等原始宗教形式，此外还迷信鬼神。对一些巨型或奇形的自然物，苗族往往认为是一种灵性的体现，因而对其顶礼膜拜，酒肉祭供。其中比较典型的自然崇拜物有巨石（怪石）、岩洞、大树、山林等。除了这些原始信仰之外，自近代以来，随着西方传教士深入我国内地传教，在滇黔川交界地区、贵州凯里、湖南沅陵等地区有一些苗族群众皈依了基督教，在滇东南有少数苗族信仰天主教。新中国成立之后，基督教、天主教的影响一度衰微，近年又有复苏的趋势。

苗族的禁忌有：忌狗肉上灶，忌在屋里煮蛇肉。陷入险恶环境中忌嬉笑，忌刀口朝上，忌用凶器指人。父母或同村人去世，一个月内忌食辣椒。忌在家里或夜间打口哨。

第六节　维吾尔族

一、概况

维吾尔族有人口 10069346 人（2010 年），主要分布在新疆维吾尔自治区。

维吾尔族有自己的语言文字，维吾尔语属阿尔泰语系突厥语族。

维吾尔族主要从事农业。新疆的"绿洲农业"以盛产粮棉和瓜果闻名于世，其中哈密瓜、葡萄、香梨等驰名中外。

维吾尔族素有歌舞民族之称，"赛乃姆"是人们喜欢的舞蹈。维吾尔族舞蹈轻盈优美，通常以旋转、多变著称。古典民间音乐《十二木卡姆》是维吾尔族的大型音乐套曲，带有古龟兹音乐的韵味，共有 170 多首曲牌和 72 首乐曲，被誉为东方音乐的瑰宝，世所罕见。

二、民俗风情

（一）民居饮食

1. 居住习俗

维吾尔族民居一般为平顶，房顶有天窗，可以晾瓜果和粮食。传统的维吾尔族民居一般包括庭院和住房两部分。一般为土木结构。房屋建筑在材料运用、技术处理及建筑形式等方面都颇具民族特色。装饰纹样受伊斯兰教的影响，只采用几何图案和花草纹样,不使用人物、动物和其他纹样。

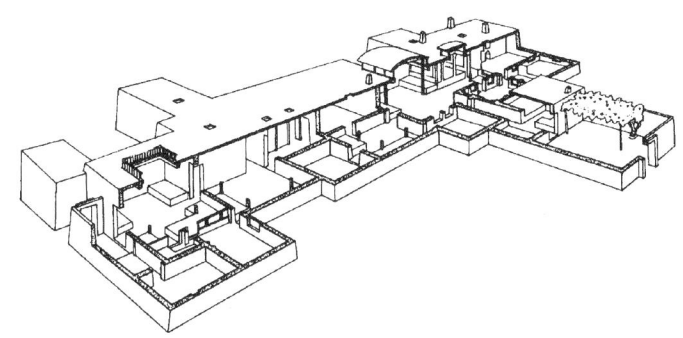

新疆维吾尔族民间"阿以旺"式民居

2. 饮食习俗

维吾尔族喜欢饮茶,不少地方在茶中加入牛、羊奶,煮成奶茶。吃蔬菜较少,多伴食瓜果。

维吾尔族的饮食以面食为主,喜食羊、牛肉,最常吃的有馕、抓饭、拉面、炒面、烤包子、薄皮包子、烤羊肉串、烤全羊等。抓饭、烤肉通常在节庆或待客时食用,烤羊肉串因其风味独特而风行全国各地。

(二) 服饰习俗

传统的维吾尔族服饰种类多。男女长袍右衽、斜领、无纽扣。女子普遍穿连衣裙,外罩坎肩或短上衣。男女喜戴绣花小帽,称为"朵帕"。女子还爱耳环、项链、手镯、戒指等。南疆维吾尔族妇女外出时,在帽子外还蒙一块头巾。

(三) 婚丧节庆

1. 婚姻习俗

维吾尔族的家庭是以一夫一妻关系为基础的家庭,家庭成员包括祖孙三代以内的直系亲属。按照传统,多子女的家庭,儿子长大成婚后即与父母分家,另立门户。但是,父母身边要留下幼子。维吾尔族一般是在本民族或周围信仰伊斯兰教的民族之间通婚。婚配的过程一般需要经介绍、订婚、结婚三个阶段。

2. 丧葬习俗

维吾尔族的丧葬仪式按伊斯兰教教规进行。盛行土葬。人死后必须立即埋葬,至多不能超过一天(或三天)。人死后净身并用白布裹身,用移尸木匣抬到墓地入葬。

3. 节庆习俗

维吾尔族的传统节日有肉孜节、古尔邦节和纳吾鲁孜节,前两个节日来源于伊斯兰教,日期是按伊斯兰教教历计算的。

(1) 肉孜节。也叫"开斋节"。节庆习俗与回族的开斋节相差不大。

（2）古尔邦节。节庆习俗与回族的古尔邦节相差不大。

（3）纳吾鲁孜节。是维吾尔族人民最古老的传统节日。在农历正月初一春分时节（相当于公历3月22日）举行。届时，要举行各种庆祝活动，预祝在新的一年里平安幸福、人丁兴旺、五谷丰登。许多地方还保留着在纳吾鲁孜节时才唱的民歌。主要居住在我国新疆的哈萨克、柯尔克孜、塔吉克、乌孜别克、塔塔尔等族也过该节。

（四）宗教信仰、禁忌

维吾尔族信仰伊斯兰教，在清真寺和麻扎（墓地）附近禁止喧哗。饮食方面的禁忌同回族相同，禁食猪肉、驴肉等及自死的动物。吃饭时不能随便拨弄盘中食品，不能随便到锅灶前面，不能剩饭，不慎落地的饭屑，要拾起放在餐布上，不能再放进共用的盘中。与人交谈时，禁忌擤鼻涕、吐痰等不文明习惯。在衣着方面，忌短小，上衣一般要过膝，裤腿达脚面，最忌户外着短裤，屋内就坐时要跪坐，忌双腿伸直脚冲人。亲友见面时要握手互道问候，接受物品或请茶要用双手，忌用单手。

第七节　彝　族

一、概况

彝族有人口8714393人（2010年），主要分布在云南、四川、贵州三省和广西壮族自治区，居住呈大分散、小聚居之状况。四川省凉山彝族自治州、云南省楚雄彝族自治州和红河哈尼族彝族自治州是彝族人口最为众多的地区。

彝族语言属汉藏语系藏缅语族彝语支，有6种方言。彝族有自己的文字，是中国最早的音节文字，其中比较通用的有1000多个。

彝族文化艺术源远流长，用彝文记载的历史、文学、医学、历法等著作中，不乏价值极高的珍贵文献。流行的民间集体舞是"跳乐"。传统工艺美术有漆绘、刺绣、银饰、雕刻、绘画等。彝族主要从事农业，畜牧业是副业，手工业生产也相当发达。

二、民俗风情

（一）民居饮食

1. 居住习俗

彝族是农牧兼营的民族，村寨的分布与坐落有其独特的传承。彝族的村寨多坐落在海拔2000~3000米的山区、半山区，聚族而居，一般选择向阳山麓，顺山修建，以山腰、山梁处居多，山脚、河谷地带较少。一般说来，彝族民居类型可以分为瓦房、土掌房、闪片房、垛木房、茅草房等几类。

彝家院落宽敞,以供生产和生活之便,尤其是在置办红白喜事时,可以广纳宾客。居室内,正房堂屋靠墙处供奉着天地祖宗牌位,供桌上摆设着香炉及虎、狮雕像;正中安放八仙桌,用于接待客人;左侧有常年不熄的火塘,由三块石头支成,俗称"锅庄",用以取暖御寒、热水烤茶,火塘周围是家人围坐议事的地方。正房两侧房间为当家儿子媳妇的卧室,兼存放贵重物品。一般长子居左,次子居右。老人、小孩及客房设在侧厢房。大门后做磨房,正房楼上是粮仓,楼下为畜厩。

2. 饮食习俗

大多数彝族习惯于日食三餐,以杂粮面、米为主食。安宁河、大渡河流域的彝族,早餐多为疙瘩饭,午餐以粑粑作为主食,备有酒菜。在所有粑粑中,以荞麦面做的粑粑最富有特色。据说荞面粑粑有消食、化积、止汗、消炎的功效,并可久存不变质。

肉食以猪、羊、牛肉为主。主要是做成"坨坨肉"。蔬菜的来源十分广泛,除鲜吃外,大部分都要做成酸菜,分干酸菜和泡酸菜两种。一种名叫"多拉巴"的菜也是民间最常见的菜肴。彝族日常饮料有酒有茶,以酒待客,民间有"汉人贵茶,彝人贵酒"之说。彝族常吃的典型食品有荞粑、面糊酸菜肉、白水煮乳猪、锅巴油粉等。

(二)服饰习俗

彝族传统的民族服装式样很多。比较常见的如凉山、黔西一带,男子穿黑色窄袖右斜襟上衣和多褶宽裤脚长裤,也有的地区穿小裤脚长裤。头顶留二三寸头发一小块,称为"子尔"(汉语称"天菩萨"),裹以青蓝布帕包头,在右前方扎成细长锥形"子帖"(汉语称"英雄结"),以示英武。男子以无须为美,左耳戴黄、红大耳珠,珠下缀红丝线流苏。女子穿镶边或绣花大襟右衽上衣和多褶长裙,裙缘镶以多层色布,色调和谐,美观大方。外出时男女都穿"擦尔瓦",形如斗篷,下端缀以长穗,长可及膝,用羊毛线织成,多为黑色。冬天以领部有裥褶的羊毛披毡套在擦尔瓦内,夜间又做被盖。

(三)婚丧节庆

1. 婚姻习俗

过去,彝族青年男女相爱后,男方留在家中,请一个伙伴做代表,偕同其他迎

彝族姑娘

亲者前往女方家,以假抢婚的形式把新娘"抢"走。按照彝族的习俗,女子一旦被"抢"到男家的堂屋,便意味着正式缔结为夫妻。三天后新郎新娘各背一捆柴到女方家回门,如果女方父母同意,主人便会热情招待新郎。当天姑娘携带着自己的衣物和生产工具,跟着小伙子回到男家。如果女方父母反对,就会扣下女儿,把新郎赶走。

彝族青年男女婚恋中,流行着"吃山酒"的习俗。小伙子在赶街、放牧、串亲或外出路上,如看中了某位姑娘,不管自己是否相识,便故意抢走姑娘的帽子或轻便的饰物,也有的姑娘主动抢小伙子的东西。如果被抢的姑娘或小伙子不中意,便不追赶。这时,主动抢东西的一方只好将原物送还。如果被抢的一方有意,就会追打而来,双方来到僻静之处商定好约会的地点,由男方买糖、女方买酒,双方邀请自己的伙伴,来到山坡上,燃起篝火,边饮酒叙情边以歌对唱,当地人把青年男女这种恋爱习俗称为"吃山酒"。

2. 丧葬习俗

彝族的丧葬形式有多种,如树葬、陶器葬、岩石葬、水葬、天葬、棺木土葬、火葬等。明清以前,普遍盛行的传统葬式是火葬,迄今在大小凉山的彝族区仍然实行;而滇、黔、桂其他彝族区在明末清初受汉族影响已改为棺木土葬,但仍保留了本民族的丧俗。

3. 传统节庆

(1) 火把节。顾名思义,是以扎制和燃烧火把为节日的主要形式,既是彝族人民的传统节日,也是其他几个民族共同的喜庆节日。一般多在农历六月二十四日或二十五日举行。届时,男女老少身穿节日盛装,宰杀牲畜祭献灵牌,尽情跳舞、唱歌、赛马、摔跤。夜晚,手持火把,转绕住宅和田间,然后相聚一起燃起篝火,翩翩起舞。

(2) 彝族年。是彝族一个重大的传统民族节日。很早以前彝族历一年为十个月,因此彝族传统过年日期与汉族不一样,后因受汉族影响,大部分彝族使用农历计年月,每年农历正月过春节,而在川、滇、大小凉山及贵州、滇东北的一些彝族聚居区还一直保留着自己的传统年节。

(3) 跳公节。彝族跳公节流传至今已有千余年的历史,它是欢庆子弟兵凯旋和纪念胜利的节日,这一节日大都集中在农历四月上旬。跳公节一般要过三天,内容主要是祭天地、祭祖先、祭山神、讲本民族历史、唱歌跳舞、吃菜喝酒等。有一个盛大场面是不可少的,那就是在舞坪上集体舞蹈。

(4) 插花节。农历十月初八,云南县花山彝族要举行传统的插花节。人们在山寨的路边、树旁搭起花棚,以祈人兴畜旺、五谷丰登。在县花山,青年男女视插花节为神圣美好的爱情节日,他们将采来的花插在心爱人的头上,以示他们的爱情像花一样纯洁、美好。

（四）宗教信仰、禁忌

1. 宗教信仰

彝族民间形成了以祖先崇拜为核心，融自然物崇拜、图腾崇拜、灵物崇拜为一体的传统信仰。

（1）祖先崇拜。彝族人普遍认为已故祖先有三个灵魂，这三个灵魂各有不同的归宿，其中一魂守焚场或坟墓，一魂归祖界与先祖灵魂相聚，一魂居家中供奉的祖先灵位上。而无论哪一个灵魂，其安适与否、清洁与否以及受到相应的供奉与否，都能影响和左右子孙后代的祸福兴衰。

（2）自然崇拜。在彝族民间信仰中，天地、日月、风雨、雷电、山川、水火乃至一树一石、一兽一鸟都由精灵主宰，所以彝族主要的崇拜对象有天、地、石、山等。

①天崇拜。云南弥勒西山彝族逢腊月祭天神。而云南武定、禄劝等地的彝村在山林中建屋供奉天神。天神的神位以竹筒中贮竹节草根代表，草上以红白色丝线缠羊毛少许，放入米十数粒，每逢节日进行祭献。

②地崇拜。彝族的地崇拜一般都与农业生产相关。昆明西山彝族逢农历十月撒秧时祭田神。届时，携腊肉、猪心、酒、饭等祭品，对秧田焚香祈祷，撒祭品至田中祈求田神保佑秧苗出得齐、长得壮。祭毕方插秧。

③石崇拜。祭石神的彝区很多，但目的各异，有的是为求子，有的是为保佑小孩子健康，有的是为平安，有的是为丰收。

2. 禁忌

彝族民间禁忌很多，在社会生产生活各个方面都有表现，且各地有别。

巍山一带的彝族忌火把节次日下地干活，以防触怒火神带来不祥；正月初一忌串门，忌泼水吹水，以防财运丢失。

禁食狗、马、熊等动物的肉，因这些动物与人类同源出于雪，是雪的子孙；过年三天内忌新鲜蔬菜进屋，否则对祖先是最大的不敬；忌肉食露天进屋，否则鬼魂会附其上；禁过年七天内推磨，会使家境贫困。禁平日反向推磨，会给家庭带来灾难。忌推磨时磨心突断，俗信是鬼在作怪，磨出的粉不能食用；忌用餐后把汤匙扣于碗盆的边沿上，因这是给死人敬食的方式。

日常生活中，忌舀汤时反手用木勺，忌和燕麦面时顺时针方向搅动，忌人出远门便扫

盘着"天菩萨"的彝族老人

地,因为这些都是丧葬时的习俗。忌讳言死,而称"老了"。

妇女忌食难产而死的家畜之肉;忌讳妇女送自己的首饰、衣物给别人,民间认为妇女的生育魂"格非"最爱附在这些物件上,若送与别人,会影响生育和孩子的顺利成长。

忌讳女人跨过男人的衣物,更不能从男子身上、头上跨过;忌讳女客上楼、上房顶。

在穿戴服饰时,禁忌被人触摸。彝族男子头上的"天菩萨"严禁他人特别是幼辈触摸,否则就会冒犯神灵,"护身符"避祸求吉的功效便也随即失去了。犯忌者要宰牲,打酒谢罪赔礼。

忌讳影子被人踩踏,被踩者一定会为此报复。禁止跨越火塘或踩踏锅庄石。禁止在焚场或墓地打猪草、放牧。参加祈雨仪式时,禁止男子戴帽、女子打包头。禁忌在室内吹口哨、大声喧哗,尤其是夜间在别人家里。

第八节 土家族

一、概况

土家族有人口 8353912 人(2010 年),主要分布在湖南省湘西土家族苗族自治州,湖北省恩施土家族苗族自治州,四川省石柱、秀山、酉阳、贵州黔江及黔东北沿河、印江等县。

土家族有自己的语言,属汉藏语系藏缅语族,大多数人通汉语。

土家族主要从事农业。织绣艺术是土家族妇女的传统工艺,此外还有雕刻、绘画、剪纸、蜡染等。土家族的织锦又称"西兰卡普",是中国名锦之一。

土家族爱唱山歌,有情歌、哭嫁歌、摆手歌、劳动歌、盘歌等。传统舞蹈有"摆手舞"、"八宝铜铃舞"及歌舞"茅古斯"。乐器有唢呐、木叶、"咚咚喹"、"打家伙"等。

二、民俗风情

(一)民居饮食

1. 居住习俗

土家族人在不同的自然环境下,创造了不同形式的建筑风格,土家族村落的分布为大杂居、小聚居,依山傍水,骑岭卧谷,就地势特点而建。土家族人创造了高超的建筑工艺,其建筑风格也因自然环境而分成了两类:

(1)吊脚楼。土家族人多居河边、山湾中,他们的"吊脚楼"别具特色。楼多分两层,上层作卧室,下层则堆放杂物和饲养畜禽。

(2)木瓦房屋。居住于河谷盆地,向阳坡地的土家族人家的房屋多是木瓦结构,铺地楼板,隔潮防湿。每栋一般为三间,也有五间和九间的。

2. 饮食习俗

土家族人喜食油茶汤。日常主食除米饭外,以包谷(玉米)饭最为常见。有时也吃豆饭,粑粑和团馓也是土家族季节性的主食。

土家族菜以酸辣为其主要特点。民间家家都有酸菜缸,用以腌泡酸菜,几乎餐餐不离酸菜。豆制品也很常见,如豆腐、豆豉、豆腐乳等。尤其喜食豆渣。土家族人喜饮酒,特别是在节日或待客时,酒必不可少。其中常见的是用糯米、高粱酿制的甜酒和咂酒,度数不高,味道纯正。

茶也是土家族生活必需品,有凉水甜酒茶、凉水蜂蜜茶、姜汤茶、锅巴茶、绿茶等。

(二)服饰习俗

以西兰卡普为代表的民间织锦艺术堪称土家族艺术一绝。西兰卡普,汉语为"土花铺盖(土花背面)"之意,是土家族民间的家庭手工织锦。早在4000多年前,土家族先民巴人就掌握了简单的织锦技术。三国时期,土家族人民逐步掌握了汉族先进的染色技术,编织出五彩斑斓的"土锦"。元、明、清时期,西兰卡普被称为"土锦"、"峒布"等。土家族姑娘从小便随其母操习挑织技术,姑娘长大出嫁时,还必须有自己亲手编织的西兰卡普做陪嫁品,因而这种工艺得以发扬光大。西兰卡普的突出特点在于,它与土家族人的生活习俗密不可分,其生活方式的方方面面几乎都成了土家织锦的题材。

湖南张家界土家族姑娘

土家族织锦工艺历史悠久,故服饰也五彩斑斓。男子一般上穿短衣,下穿青、蓝布缝制的统统裤,裤腰上有白布,大脚大腰,穿时在腹前打折子,脚打绑带,用青布或白布包头。有些老年男子头顶仍挽椎髻,俗称"螺丝鬏",保留远古装束之遗风,习俗传承性很强。

土家族妇女一般上身穿短衣领右襟大裪,袖大而短,衣服边沿处镶有三条花边;下身穿八幅罗裙。现在一些地方改穿裤子,裤脚宽大,衣袖口、袖脚都绣有花边。头包青布或白布长帕。

土家族妇女佩戴的首饰比较繁杂,头上插戴金簪、金花、银凤耳、金银耳环,浑身上下佩戴金银首饰,行走叮当作响,逗人喜爱。

土家族小孩的服饰随着年龄增长、季节变化而更替。刚满月的婴儿,用布缝顶金瓜小帽,戴在头上,名为保护气门。待半岁左右,春秋季,戴"紫金冠";夏季,戴"冬瓜圈",绣花镶金,额门处插英雄标或五彩绒球;冬季,戴"虎头帽",穿绣有虎头的"虎头鞋"。

(三) 婚丧节庆

土家族实行一夫一妻制。新中国成立前,有姑舅表婚和填房婚之俗。举行婚礼时有"哭嫁"和"背婚"及对歌之俗。无论婚丧嫁娶、修房造屋等红白喜事,土家族人都要置办酒席,一般习惯于每桌九碗菜、七碗或十一碗菜,但无八碗桌、十碗桌。因为八碗桌被称为吃花子席,"十碗"的"十"与石同音,都被视为对客人不尊,故回避八和十。土家族过去多行火葬,后改行土葬。

土家族有许多独特的民族节日。其形成历史久远,并且有着深厚的历史内涵。

(1) 赶年。或曰"提前过年",是土家族最隆重、祭祀活动最丰富、民族特色最浓厚的一个节日。所谓"赶年",顾名思义,就是向前赶过年。汉族过年是腊月三十,土家族过年比汉族要提前一天。若是腊月大,为29天;月小,为28天。

(2) 迎春。迎春是湘西北地区土家族在立春之日举行的盛大集会,欢庆春天的降临。迎春习俗沿袭至今。

(3) 元宵节。元宵节是土家族隆重的节日。白天,家家剁半边猪头敬祭"门神"。夜晚玩灯、燃灯闹元宵,男女青年相约,热闹异常。从正月十六始,就要忙碌农事积肥等生产活动了。

(4) 端午节。土家族端午节有小端午(五月初五)和大端午(五月十五)之分,主要是过大端午,也有两个端午都过的。过端午节,土家族不包粽子、不划龙船。

(四) 宗教信仰、禁忌

过去,土家族的宗教信仰是崇拜自然,万物有灵,敬奉祖先,信鬼尚巫等。

土家族敬火塘。火塘及其三脚架是每个家庭禁忌的中心所在,每逢有大的举动必须先恭恭敬敬地告之于火塘,平时不许对其有任何亵渎。

土家族对虎有称谓禁忌,为忌"虎"字,便以"猫猫"代指老虎。

过去土家族认为逢五不吉,禁止生产,所以每月的初五、十五、二十五都是"法定"的农休日。

土家族不许小孩和未上学的人吃鸡爪子,怕上了学读书时写字似鸡爪,写不好字;不能吃猪鼻子,说长大了,会像猪那样高声打鼾;不得吃敬奉神灵的肉、菜、饭等,否则,记忆不好;禁止吃猪尾巴,怕一生落后,事事掉队。

土家族忌在室内吹口哨,特别是在夜间在别人家玩时更是忌讳此举。还禁忌在室内唱歌、讲粗话以及摆弄琴、笛、锣、鼓等乐器。

土家族不准男人与姑娘开玩笑,不容许外人(男性)和姑娘同坐一条板凳。不准妇女坐堂屋门槛,相传犯忌会辱没宗神,导致家中遭灾破财。

第九节　蒙古族

一、概况

蒙古族有人口 5981840 人(2010 年),主要聚居在内蒙古自治区,其余多分布在新疆、辽宁、吉林、黑龙江、甘肃、青海等省、自治区的各蒙古自治州、县。

蒙古族是中国北方古老的游牧民族,以畜牧业为主,兼营农业。

蒙古族能歌善舞,传统的舞蹈有"马刀舞"、"筷子舞"、"安代舞"等。蒙古人的传统乐器是马头琴。

蒙古族不但素以"马背民族"著称,而且也擅长工艺美术。早在元代,服饰中大量使用刺绣物品,并专门设有"绣局"。内蒙古集宁古城窖藏出土的"仙鹤绣花"、北京故宫藏元代刺绣"妙法莲华经卷"是元代刺绣的代表作。

蒙古族有自己的语言文字。蒙古语属阿尔泰语系蒙古语族。方言严格划分,蒙古人民共和国境内的蒙古语属喀尔喀方言;中国境内的蒙古语又分为内蒙古、卫拉特、巴尔虎布利亚特三个方言。

二、民俗风情

(一)民居饮食

1. 居住习俗

蒙古包是蒙古族的传统住房,其特点是易于装拆搬迁。蒙古包使用面积大,空气能很好流通,采光好,冬暖夏凉,遮风挡雨,很适合牧民生活。蒙古包根据材料和结构形式分为毡包、砖木结构的蒙古包和复合板式蒙古包等。

蒙古包内景

2. 饮食习俗

蒙古族的饮食习惯为先白后红。白指白食,即乳及乳制品;红指红食,即肉及肉制品。蒙古人以白为尊,视乳为高贵吉祥之物。白食主要有奶豆腐、奶皮子、奶干、奶酪、奶油、酸奶等。红食主要以牛羊肉为主,喜将新鲜骨带肉一起煮熟后用手拿着吃,俗称"手扒肉"。最著名的有全羊席。全羊席是热情好客的蒙古族人民庆祝重大节日和婚娶等喜庆之日款待尊贵客人的传统食品。"全羊"必须是绵羊,以二三月的羯羊为上品。

奶茶是蒙古人最喜好的不可缺少的饮料。俗话说:牧区"宁可一日无餐,不可一日无茶"。奶酒也是蒙古人的传统饮品,它的酿制原料是马奶,故称"马奶酒"。

炒米是蒙古人的主食。牧民每日两顿茶一顿饭,顿顿不离炒米。不可一日无茶,也不可一日无米。

(二)服饰习俗

蒙古族的服饰主要是蒙古袍。蒙古袍身长宽大,右衽,高领大袖,在骑马放牧时能护膝防寒,晚上能当被盖;长长的袖筒冬天可护手持缰,夏天可防蚊虫叮咬;宽的腰带在骑马时可保持腰板的挺直和稳定。服饰颜色男子喜欢棕色、深蓝色,女子喜欢橘红、浅绿和粉红,老年人喜欢青色、灰色等。蒙古妇女的帽饰和首饰多镶珠宝和银饰,显得雍容华贵。

蒙古族人认为头是人体之首,帽子是头衣,扎腰带是"郑重的礼节",戴帽扎腰带是尊严在身。蒙古族人平时不戴帽子,敬酒时一定要戴上才能敬。和汉人脱帽表示尊敬正好相反,赤头拜见长者和参加宴会,被视为不敬。

此外,男子的佩饰甚多,女子头饰复杂。男子的佩饰有蒙古刀、牙签、火镰、碗袋、鼻烟壶、鼻烟壶袋、烟袋、烟荷包、烟灰缸、鞭子、蝇拂子、羊角、鳖甲、弓箭等。女子头饰有练垂,头戴有发箍、后屏、护耳、垂饰、马鬃等。

(三)婚丧节庆

1.婚姻习俗

蒙古族实行一夫一妻制和由父母做主的聘婚制。男到女家娶亲。结婚仪式过程讲究对歌、祝词。蒙古族传统家庭以男子为主,但家庭中的大事一般都能征求妻子的意见。儿子娶妻生子之后,与父母分家,幼子承担赡养父母的责任。

蒙古族的婚礼充分表现了这个古老民族勤劳勇敢和能歌善舞的独特风格。由于分布广阔,各地婚俗不尽相同,但基本上新郎都要佩带火镰、蒙古刀和弓箭,致颂词、祝词和对歌等。

西部牧区婚礼中最为热闹而又比较完整地保留传统习俗的是鄂尔多斯婚礼。迎亲那天双方的亲戚朋友着盛装聚集在双方家中。接亲的队伍由新郎、接亲亲家、伴郎组成,新郎身背弓箭,男方的亲友们在门口以歌声送接亲队伍出发,新郎一行来到女方家要绕蒙古包一圈,才能下马。伴娘此时用毛毡拦住新郎的队伍,开始对歌,伴娘要考问男方很多问题,男方的接亲亲家要对答如流。经过一番盘问,女方对接亲队伍的回答满意了,新郎才可把礼物献上,伴娘撤去白毡请客人进蒙古包里,蒙古包里隆重的"乌查"(全羊席)开始。新郎在歌声中向新娘父亲献上哈达,新娘此刻在另一座蒙古包里打扮一新与好友们依依惜别。宴席结束,新娘要去夫家了,娘家人唱着"送女歌"送行。接亲队伍回到新郎家,只见门前燃着两堆火,新娘要拉着新郎从火堆另一端递过来的鞭梢,从火中间走过。这仪式象征着爱情坚贞不渝,隐含兴旺发达之意。进蒙古包后婚礼开始,揭去新娘头上的红盖头,新娘一一拜过公婆和亲戚长辈。新郎手执铜壶,新娘手端着放有银碗的酒盘向宾客敬酒,被敬酒者一定要一饮而尽,并祝新人幸福。

2. 丧葬习俗

蒙古族葬俗有天葬、火葬、土葬等葬制。喇嘛死后多火葬。现普遍实行土葬。届时,给死者更换新衣,或裹白布,也有净身涂酥油者,连同死者生前用物一同入棺,入棺后请喇嘛念经。最后前去墓地埋葬。整个丧葬过程一般不设灵床,没有供品,不穿孝服,不烧纸钱,不放哀乐。

3. 传统节庆

蒙古族最主要的传统节日是过年。年节有大小之分。小年在腊月二十三,为送火神之日。大年在农历正月初一,节前清扫房屋,宰杀牛羊,购置新衣。除夕守岁、熬年。蒙古族年节虽然与汉族年节一致,并吸收了一些汉族习俗,如吃五更饺子、放鞭炮等,但也有很多蒙古族传统习俗。如除夕吃"手把肉",以示合家团圆。初一凌晨晚辈向长辈敬"辞岁酒",亲朋间互赠哈达,恭贺新年吉祥如意。

蒙古族另一个重大节日为那达慕(蒙古语意为"游戏"或"娱乐")。原指蒙古族传统的"男子三竞技",即摔跤、赛马和射箭)。每年在夏秋之交举行。随着时代的发展,逐渐演变成今天的包括多种文化娱乐内容的盛大庆典活动。

其他节日还有由生产活动、宗教祭祀仪式演变成的祭敖包、马奶节、剪羊毛节等。

(四)宗教信仰、禁忌

1. 宗教信仰

蒙古族早期信仰萨满教。后来,藏传佛教在蒙古地区兴盛起来。主要祭祀活动有祭"腾格里"、"祭火"、"祭敖包"等。

(1)祭"腾格里"。是蒙古族的重要祭典之一。"腾格里",蒙古语音译,意为"天"。祭天分以传统奶制品上供的"白祭"和以宰羊血祭的"红祭"两种祭法,多在七月初七或初八进行。

(2)"祭火"。蒙古族的牧民、猎民十分崇拜火,祭火分年祭、月祭。年祭在农历腊月二十三举行,届时,在长者的主持下将黄油、白酒、牛羊肉等祭品投入火堆里,感谢火神爷的庇佑,祈祷来年人畜两旺、五谷丰登。月祭常在每月初一、初二举行。此外还有很多有关火的禁忌,反映了蒙古族人对火的崇敬,如不能向火中泼水,不能用刀、棍在火中乱捣,不能向火中吐痰等。

(3)"祭敖包"。是蒙古族人自古流传下来的宗教习俗,在每年水草丰美时节举行。敖包是石堆或鼓包的意思。届时,供祭熟牛羊肉,主持人致祷告词,男女老少膜拜祈祷,祈求风调雨顺、人畜平安。祭祀仪式结束后,常举行赛马、射箭、摔跤等竞技活动。祭敖包是蒙古人为纪念其发祥地——额尔古纳山林地带形成,表示对自己祖地的眷恋和对祖先的无限崇敬的一项活动。

2. 禁忌

(1)习惯禁忌。蒙古族人忌用手指着天空中的星星,这与崇拜天的原始信仰有关。进蒙古包要将马鞭立于门侧,不能带入包内。绝不能打牛、马的头部。

(2)服饰禁忌。帽子是蒙古族人神圣不可侵犯的头饰,因此,他们最忌讳随处扔帽子或用其他东西触摸、玩弄帽子。戴在头上的帽子突然掉地,被看做是很不吉利的事。系腰,对蒙古族男子来说是权威的象征,是男子汉的标志。所以蒙古族男子忌讳穿长袍不束腰带。戴帽子、系腰带是交际礼节之一。

(3)居住禁忌。元朝时人们出入宫殿不许踩门槛。如果有人犯禁,要严惩。脚踏门槛,被视为无异于脚踩主人的咽喉。现蒙古族人仍忌讳脚踏门槛。其次,蒙古族人对蒙古包内的座次也有严格的规定。蒙古族人平时尚右,毡包内则中为上,右次之,左为下。主人或贵宾尊长中坐,男人居右,女人居左。座次错乱是一大禁忌。这一习俗一直流传至今。

(4)日期禁忌。蒙古族人对农历每月的初一、初八、十五很重视。这与佛教的有些理论有关。一般在这些日子不举行婚礼,病人不出远门,病已痊愈的人要提防旧病复发等。

第十节 藏 族

一、概况

藏族有人口 6282187 人(2010 年),主要分布在青藏高原上。在行政区划上包括西藏自治区和青海省的玉树藏族自治州、海南藏族自治州、海北藏族自治州、黄南藏族自治州、果洛藏族自治州、海西蒙古族藏族自治州,甘肃省的甘南藏族自治州、天祝藏族自治县,四川省的甘孜藏族自治州、阿坝藏族羌族自治州,云南省的迪庆藏族自治州等。

藏族有自己的语言和文字。藏语属汉藏语系藏缅语族藏语支,现行藏文是公元 7 世纪创制的拼音文字。

藏族雕刻技艺十分精湛。位于西藏首府拉萨红山上的布达拉宫,是世界上海拔最高的宫堡建筑群,以其建筑特色、辉煌的绘画、雕塑艺术和珍贵的文物闻名遐迩。

藏族人民大部分信仰藏传佛教。藏区经济以畜牧业和农业为主。

二、民俗风情

(一)民居饮食

1. 居住习俗

藏族的建筑式样很多,最能体现艺术成就的是宫殿、寺院建筑。举世瞩目的布达拉宫是藏区现存最高、最完整的古代高层建筑,也是我国著名的古代建筑之一。

藏族牧民以居住藏式毡房为主,毡房有方形、长方形和椭圆形等不同的平面造型。藏式毡房拆装灵活,便于搬迁,适应逐水草而居的游牧生活。

拉萨民居一般为内院回廊形式,二层或三层楼房。民居朝向主要面向东、南面,西面和北面不开窗或仅开小窗,以防风沙侵袭。居室空间划分以中柱为起点,利用活动隔断调整空间大小,多数用布帘或衣柜、碗柜作隔断,手段简便,灵活自如。

2. 礼节习俗

藏族在迎接客人时除用手蘸酒弹三下外,还要在五谷斗里抓一点青稞,向空中抛撒三次。酒席上,主人端起酒杯先饮一口,然后一饮而尽,主人饮完头杯酒后,大家才能自由饮用。饮茶时,客人必须等主人把茶捧到面前才能伸手接过饮用,否则认为是失礼。吃饭时讲究食不满口、嚼不出声、喝不作响、拣食不越盘。用羊肉待客,以羊脊骨下部带尾巴的一块肉为贵,要敬给最尊敬的客人。制作时还要在尾巴肉上留一绺白毛,表示吉祥。

献哈达是藏族待客规格最高的一种礼仪,表示对客人热烈的欢迎和诚挚的敬意。哈达是藏语,即纱巾或绸巾。它以白色为主,亦有浅蓝色或淡黄色的,最好的是蓝、黄、白、绿、红五彩哈达。五彩哈达用于最高最隆重的仪式,如佛事等。

3. 饮食习俗

绝大部分藏族以糌粑为主食,即把青稞炒熟磨成细粉。特别是在牧区,除糌粑外,很少食用其他粮食制品。糌粑既便于储藏又便于携带,食用时也很方便。

藏族副食以牛、羊肉为主,藏族食用牛、羊肉讲究新鲜,民间吃肉时不用筷子,而是将大块肉盛入盘中,用刀子割食。肉类的储存多用风干法。

藏族喜食酥油,它从牛、羊奶中提炼出来,除饭菜用酥油外,还大量用于制作酥油茶。酸奶、奶酪、奶疙瘩和奶渣等也是经常制作的奶制品。

藏族普遍喜欢饮用青稞制成的青稞酒。

牧区的藏民都要随身佩带一把精制的藏刀,主要用来切割食物,还用于宰羊、剥皮、削帐房橛子等。

(二)服饰习俗

由于藏区各地自然条件及气候不同,所以服装也有不同的品种和样式。但普遍的特点是大襟袍式,左襟大,右襟小。

农区男藏袍以氆氇为主要原料,还有用氆氇做的上衣和裤子,男式袍一般用黑白氆氇做料子,也有用毛呢哔叽做料子的。男穿藏袍时,里面穿白色衬衫者较多,外面再穿上藏袍。女牧民皮袍外边用"围裙"料和红、蓝、绿色呢做宽边,美观大方。牧区的皮袍肥大、袖宽,腰带一系,腰以上形成一个大囊袋,可放随身带的许多东西,有的还把婴儿放在里面。农区和城市妇女的藏袍以黑氆氇和其他色的哔叽

长江源头藏民

呢做衣料,冬季穿有袖的长袍,夏季穿无袖的,内着各色鲜艳丝绸衬衫,腰前围一块"帮典"(毛织彩色横条围裙),典雅庄重。

藏族的帽子式样很多,男女不同,地区不同样式各异。拉萨和日喀则一带,冬季一般戴金花帽,是用金丝缎、金银丝带做装饰的,用毡子、氆氇、毛皮等原料做出的帽子,制作精细,很受群众喜欢。夏季戴穿边毡帽。

(三)婚丧节庆

1. 婚姻习俗

藏族男女平等,婚姻自主已成为现今藏族社会婚姻、家庭的主旋律。通婚范围各地有所不同。有的地区实行严格的血缘外婚,即不论父系、母系,即便是远亲亦严禁通婚;有的地区父系亲族不婚,母系亲族九代后则可通婚。过去,藏族社会实行严格的等级内婚,不同等级的青年男女只能在同一等级内通婚。在贵族阶层,婚姻多为父母包办,讲究门当户对。民主改革后,随着社会制度的变更和经济基础的改变,藏族的婚姻制度和家庭形式也在发生变化。从前,入赘婚在藏族地区较为普遍。一般是家中有女无子而招女婿上门。离婚、再婚在藏族社会中不受歧视。

藏族婚礼热烈而隆重,届时,男方家组成迎亲队伍前往女家迎亲。婚礼多由喇嘛主持,亲朋好友前来祝贺,男方家中则备酒席宴请前来参加婚礼的宾客。

2. 丧葬习俗

藏族的丧葬形式有天葬、塔葬、火葬、水葬和土葬,一般实行天葬、塔葬、火葬和水葬。天葬又名鸟葬,是大部分人的葬法,即由人将尸体背到天葬场,在附近烧起松柏香堆,并撒糌粑,让鹫鹰前来啄食。大活佛死后一般塔葬。一般活佛及大贵族行火葬。沿江河居住的居民多行水葬。

3. 传统节庆

藏族的传统节日有藏历年、花灯节、雪顿节和望果节等。

(1)藏历年。在每年藏历正月初一。一般从藏历十二月就开始准备、置办年货,家家都要用酥油炸果子。云南的藏族除夕家家吃面团(类似于饺子),在面团里分别包有石子、辣椒、木炭、羊毛,每一种东西都有一种不同的说法。比如吃到包石子的面团,说明在新的一年里他心肠硬;而吃到包羊毛的面团者,表示他心肠软。正月十五,大部分藏区都要进行宗教法会活动。

(2)花灯节。正月十五是藏族的酥油花灯节。最热闹的是晚上,届时,华灯齐放,用各种酥油捏成的彩色人像、花鸟、动物花灯挂满了街头、寺院。据说,花灯节是藏传佛教格鲁派祖师宗喀巴于1409年正月十五在拉萨创办,传昭法会时给佛陈列了各种供品,以纪念释迦牟尼。此后,每年这一天就成为人们观酥油花灯的节日。

(3)雪顿节。按藏语的意思是吃酸奶的日子。藏历七月初开始。各地藏戏剧团集中到拉萨罗布林卡会演各种剧目的藏戏。人们一边看戏一边喝奶,而且都穿上盛装,甚为热闹。

(4)望果节。是藏族人民庆祝农业丰收的节日,流行于农区。农业丰收的秋天,望果节就开始了。"望"是"田地","果"是"转圈","望果"是转地头。这天农民男女老少身着新衣,打着各色彩旗,手擎麦穗,边歌边绕田边地头转,还有演戏、赛马、射箭等活动。

(四)宗教信仰、禁忌

藏族人民大部分信仰藏传佛教。藏族早期还信仰"苯教"。

藏族严禁随便步入经堂。佛像、寺、庙里的经书、钟鼓以及活佛的身体,佩戴的念珠、护身符等,在藏族人的心目中视如圣物,他人一律不得触及。不然会触怒神灵,降灾祸予以惩戒。丧葬期间禁止穿红色服饰,以免冲撞鬼神,对逝者不利。青海的藏族同胞不允许在帐房上面晾晒褥子、靴子、毡子,否则,会认为惹怒神明、罹祸于家人。藏族饮酒时须用小拇指从杯里蘸一点儿酒,弹向空中或地下,以示敬献神灵,而后方能自饮。藏族有"忌门"的习俗,在病人门上用树枝、草、旗、红布、竹笠等物做记号。设门标,禁止他人出入。

第十一节 侗 族

一、概况

侗族有人口2879974人(2010年),主要分布在贵州、湖南、广西三省区的交界处,即黔东南苗族侗族自治州和广西、贵州及湖南的三江、玉屏、芷江、通道、新晃等侗族自治县。

侗族有自己的语言。侗语属汉藏语系壮侗语族侗水语支。侗族过去只有语言而无文字,长期靠口传心记或刻木结绳记事。新中国成立后,人民政府帮助侗族创制了拉丁字母形式的侗文,结束了侗族无文字的历史。

二、民俗风情

(一)民居饮食

侗族的民居很有特点。侗族村寨多坐落在田土较多的山间盆地和溪河沿岸的

贵州侗族姑娘

田坝边缘,依山傍水。侗族民居分为干栏式木楼和地屋两种。居于平坝,沿河两岸的侗民多居地屋,山区溪旁的侗民多居木楼。

在贵州、广西的侗乡,有许多久负盛名的鼓楼和风雨桥。这些兴建于汉末至唐代的古建筑,结构严谨,造型独特,极富民族特色。整座建筑不用一钉一铆和其他铁件,皆以质地坚固的杉木凿榫衔接,拔地而起。风雨桥又称花桥,是侗族建筑中最具特色的民间建筑之一。

侗族以大米为主食,尤喜糯食,过去均以糯米为主。副食种类繁多。在食味上,侗族喜吃酸。腌鱼是侗族人招待来宾的佳肴。

（二）服饰习俗

侗族衣料以自纺自织的土布为主,细布和绸缎多做盛装或配饰。侗族妇女装束分穿裙和穿裤两种。因居住地不同,服饰也有差别。侗族儿童不分男女,多穿右衽花衣、花裤,头戴银铃绣花帽,下穿裙片,脚穿靴袜。帽配银饰,前檐多配佛像或吉祥字样,帽后吊银牌,颈戴银项圈,手戴银手圈,脚穿花靴。

（三）婚丧习俗

1. 婚姻习俗

侗族实行一夫一妻制的婚姻制度。

侗族婚礼多在春节期间举行。黄昏时分,男方迎亲队伍前来,新娘家闻讯便将大门紧闭拒之门外。须经对歌获胜后,方可放行入内。过去,侗族有"不落夫家"（新婚之时,新郎新娘不同房;婚礼后,新娘即转回娘家,在农忙季节或逢年过节时才由夫家接回。如此反复,直至怀孕,才长住夫家）的习俗。现在,这种习俗在许多地区已逐渐消失。

2. 丧葬习俗

侗族实行棺木土葬。通常,人死之后,要为死者洗身、理发、更衣,再入殓。寿衣多为一、三、五件,忌双数。祭吊后即出殡。届时,死者长子走前,其余子女在后,再后面是亲属等,哭送至墓地。过去,在侗族个别地区还有火葬,仅限于非正常死亡的人。

(四)社交节庆

侗族是一个讲究礼仪的民族。凡有人进家,不论认识与否,都视为客人,热情招呼,端凳让座。进出不得从客人面前过,若非过不可,得先说"得罪了,过面前了";进餐前先端水给客人洗手,然后才请客人入席。

侗族的传统节庆主要有:

(1)萨玛节(祭萨节)。农历正月至二月是侗族萨玛日。萨玛节是侗族最盛大而古老的节日,是母系氏族社会文化的延续。"萨玛"是侗语,即"大祖母"之意。侗族女神崇拜产生于母系氏族社会阶段,萨既是氏族的长者,也是首领。萨玛节就是祭祀侗族女神。

(2)祭牛节。相传古时候,天上贯公(民间传说人物)看到凡人很苦,便叫天牛下界传话:"公赐你们一日一饭而饱",可天牛一路上被凡间景色迷住,忘乎所以,把话错传为"公赐你们一日三餐不饱",给人们带来更大的苦难。贯公气极,将天牛贬下凡间给人犁田。天牛负罪来到人间,勤勤恳恳为民出力。为了对牛答谢,把天牛的生日农历四月初八定为祭祀日,祈求保佑耕牛平安。

(3)侗年。主要是缅怀祖宗,祭祀农耕。新年前,家家打扫房前屋后,杀年猪、打年粑等。新年期间,寨上举行大规模的踩堂对歌、跳芦笙舞和斗牛等活动。有的青年则举办婚礼。

(4)春节。是日,饭菜均吃头天做好的,意为上年余下的,以示年年有余。大年初二,寨上妇女到萨堂(供萨玛的祠堂)祭祀萨岁(女神之一)祈求保佑,初三以后始演侗戏或玩龙,亲友互邀吃年酒。小伙子们白天与姑娘踢毽子或到田野游玩,直至正月十五把龙送下海,春节才算过完。

(五)侗族大歌

侗族大歌在侗语中俗称"嘎老"。"嘎"就是歌,"老"有宏大和古老之意。它是一种"众低独高"的音乐,必须由三人以上演唱。多声部、无指挥、无伴奏是其主要特点。模拟鸟叫虫鸣、高山流水等大自然之音是大歌编创的一大特色,是产生声音大歌的自然根源。它的主要内容是歌唱自然、劳动、爱情以及人间友谊,是人与自然、人与人之间的和谐共处的最好表达方式。

除平时训练外,在重大节日、集体交往或接待远方尊贵的客人时,人们才能在侗族村寨的标志性建筑——鼓楼里演唱大歌,所以侗族大歌又被称为"鼓楼大歌"。1986年10月,法国巴黎金秋艺术节执行主席约瑟芬·玛尔格维茨听了侗族大歌后激动地说:"在亚洲的东方一个仅百余万人口的少数民族,能够创造和保存这样古老而纯正的、如此闪光的民间合唱艺术,这在世界上实为少见。"

侗族大歌作为侗歌中最精华的组成部分,它的演唱内容、表现形式无不与侗人的习俗、性格、心理以及生活环境息息相关,是对侗族历史和文化的真实记录。

(六) 宗教禁忌

侗族崇拜英雄。每年都要举行祭萨节。"萨"在侗族人民心中具有至高无上的权威,他们认为萨能驱赶邪恶和管理猛兽保安宁。

侗族忌锄地与挖土休息时把锄头插在土里,否则腰易痛;忌在上工或收工时撒秧,否则种子会浮于水面。忌大年三十晚到别家借宿,否则一辈子受穷;大年初一忌往外倒垃圾或泼水,否则一贫如洗;大年初一忌串门,否则将给人家带来不幸。男女婚配忌不按时辰,否则带来不幸;忌初七出门初八归。办红喜事忌打破碗,否则夫妻会分离,新娘出阁及亡人出柩忌触及大门两侧和门栏,否则不吉利;新娘出阁后忌掉头往后看,否则婚后必有一方后悔等。

第十二节 瑶 族

一、概况

瑶族有人口 2796003 人(2010 年),是我国少数民族中居住最为分散的民族之一,主要分布在广西、湖南、云南、广东、贵州、江西等省(区)130 多个县的山区中。因此,有"五岭无山不有瑶"之说,被称为"登山唯恐不高,人林唯恐不密"的民族。

瑶族有自己的语言,瑶语属汉藏语系苗瑶语族。通用汉文,其口头文学极为丰富。

瑶族以农业为主,兼营林业和狩猎。瑶族人民精于织染和刺绣。

二、民俗风情

(一) 民居饮食

1. 居住习俗

过去瑶族住房十分简陋,有竹木结构的草房、竹舍、木屋和少部分的泥墙瓦屋等形式。一般二层,楼下住人。

广东连南瑶族村寨房屋一排排地建在山坡上,历史上曾有"八排二十四冲"之称。现在人们称"瑶排"或"八排瑶"。

2. 饮食习俗

瑶族一日三餐,居住山区的瑶族有冷食习惯,制作食品都考虑便于携带和储存,故主食、副食兼备的粽粑、竹筒饭是人们喜爱制作的食品。劳动时瑶族均就地野餐,大家凑在一块,拿出带来的菜肴共同食用,而主食却吃各自携带的食品。

瑶族人喜欢吃虫蛹,常吃的有松树蛹、葛藤蛹、野蜂蛹、蜜蜂蛹等。瑶族人还喜欢利用山区特色自己加工制作蔗糖、红薯糖、蜂糖等。

瑶族人大都喜欢喝酒。家中一般用大米、玉米、红薯等自酿,每天常喝二三次。云南瑶族喜用醪糟泡制水酒饮用,外出时,常用竹筒盛放,饮时兑水。

广西瑶族还喜用桂皮、山姜等煎茶,认为这种茶有提神、消除疲劳的作用。

(二)服饰习俗

瑶族妇女的服饰、衣着、发结种类很多,各个支系差异很大,但都有本民族特色。瑶族妇女夏装的胸前和背后都有两块黑色的布,上面用彩线绣成各种图案,下身穿长及膝盖的短裙,绣上花边。红瑶妇女喜欢穿自织红绒布对襟衣,袖狭长不及腕,下穿五彩百褶短裙,长仅及膝。头挽银梳,耳环大至垂肩。

瑶族妇女的头饰十分复杂,有戴帽的、缠头的,有包帕的、椎髻的,有顶板的、戴银钗的等。广西龙胜县盘瑶妇女多戴三角形的帽子,帽上可以随心所欲地绣织各种花纹图案,但唯独不能绣虎豹,传说三角帽本来就是用以驱逐虎豹的。

妇女头上的椎髻类多形奇,头部装饰更是异彩多姿,极为讲究。纵观瑶族的头饰,其式样大体可分为塔式、三角式、飞檐式、银钗式、平顶式、钢盔式、絮帽式等。

瑶族的腰带十分精美,多用彩色的棉、麻、毛、丝手工编织而成,色彩艳丽,结

身穿节日盛装的大板瑶姑娘

构严谨,纹样朴实。盘瑶织锦腰带上的传统纹样就有瓜子花、十七节花、大树花等40余种。

黔南地区妇女的盛装中也有一种银腰带,腰带总重750克左右,盛装时围系在腰部。

(三)婚丧节庆

1. 婚姻习俗

瑶族男女青年不少借"耍歌堂"机会选择意中人,一旦男女情投意合,双方的家长就可通过媒人去说亲,并以猪肉和酒为礼品。举行婚礼时,都要大摆宴席,按传统习惯,婚宴上必须请寨老参加,新郎新娘饮交杯酒。

2. 丧葬习俗

瑶族送葬时,棺木未出门,先由一人沿送葬路线喊叫,村里人听见喊声后,禁止

开着大门,以免鬼魂误入。下葬前,请巫师祭穴。巫师口念咒语,手提柴刀向棺木猛砍三刀,表示死者离家后,只能为活人赐福纳吉,不许作祟捣乱。

3. 传统节庆

(1)盘王节。又称跳盘王,各地瑶族节期不一,一般在每年农历十月十六日举行。盘王节节期一般为三天两夜,也有长达七天七夜的。活动内容有跳长鼓舞,瑶族男女青年身着盛装唱盘王歌、爱情歌、生产歌等,欢庆丰收,祭祀祖先。

(2)芦笙节。又称芦笙会,是盛大而隆重的传统节日之一。因瑶族分布广泛,各地节期不一。芦笙会的主要活动是跳芦笙舞。芦笙舞的规模可大可小,歌舞相伴,场面宏大热烈,是人们切磋技艺及交流情感的大好时机。

(3)达努节。"达努"是瑶语,意为"不要忘记"。原为宗教性节日,是广西西部等地瑶族人民最隆重的传统节日。于每年农历五月二十九日举行。节期三至五天。届时,人们举行祭祀祖先、祈求丰收的各种活动。

(四)宗教信仰、禁忌

瑶族主要信奉原始宗教与道教,也有信仰佛教崇拜观音菩萨的。广西十万大山地区的瑶族还有信仰天主教的。

瑶族禁忌很多,在社会生产和生活各个方面都有体现。如在建新屋时忌在墙上打钉和踏灶,以免冒犯家神灶神等。

第十三节 朝鲜族

一、概况

朝鲜族有人口1830929人(2010年),主要分布在吉林、黑龙江、辽宁三省。其中以吉林省居多。朝鲜族有自己的语言文字,语言系属尚无定论。

朝鲜族聚居地区是我国北方著名的"水稻之乡",也是我国主要烟叶产区之一。

朝鲜族以能歌善舞著称于世,著名的民间舞蹈有农乐舞、长鼓舞、扇舞、顶水舞等。朝鲜族歌曲旋律流畅婉转、欢快明朗,如《桔梗谣》、《诺多尔江边》等人人会唱。朝鲜族最有名的乐器是伽椰琴,有12根弦,音色深沉柔和,表现力很强。

朝鲜族人民热爱体育运动。跳板和荡秋千是朝鲜族妇女喜爱的传统运动。摔跤和踢足球则是男人们的运动。延边素有"足球之乡"的美称。

朝鲜族人民非常注重礼节,尤其崇尚尊老爱幼的传统美德。晚辈对长辈必须用敬语,吃饭时长辈动筷后其余人才能就餐。父母诞辰60周年这一天,子女们还要为老人举办"花甲宴"(也叫花甲礼)。

二、民俗风情

(一)民居饮食

1.居住习俗

朝鲜族村落多半坐落在依山的平地上,房屋别具一格。屋顶四面斜坡,屋里用木板隔成单间,各屋之间有门道相通。屋内设平地炕,炕底有火道,即使是严冬,室内也温暖如春。房屋结构有砖瓦房和草房两种。

2.饮食习俗

朝鲜族以大米和小米为主要食粮,另外

门前挂辣椒的东北朝鲜民居

还有用大米制作的打糕、苏叶饼、汤饺子、赤豆包。喜欢吃辣泡菜、打糕、冷面、大酱汤、辣椒和狗肉。其中最有名的是打糕、冷面、泡菜。

在冬至,朝鲜族有吃小豆粥的习惯。此粥用小豆、大米、糯米做成。认为冬至不吃小豆粥,老得快,鬼闹身,小病不断。在元宵节,人们常吃"五谷饭"、"药饭",喝"耳聪酒"。喝"耳聪酒"是朝鲜族的风俗。正月十五早晨,空腹喝耳聪酒以祝耳聪。朝鲜族吃五谷饭由来已久,吃五谷饭意味着五谷丰登。

(二)服饰习俗

朝鲜人喜欢穿素色。于是"白衣民族"就成为朝鲜族的爱称。朝鲜族妇女衣着的民族特色尤为突出。裙子有长、短之分,长裙长及脚面,一般为中年妇女所穿;短裙短至膝盖,大多为年轻姑娘、小孩所穿。短衣朝鲜语叫"则高利",是一种斜领、无扣,用带子打结、只遮盖到胸部的衣服;长裙,朝鲜语也叫做"契玛",腰间有细褶,宽松飘逸。这种衣服大多用丝绸缝制而成,色彩鲜艳。儿童喜穿七彩上衣,袖管用七色绸缎制成,色彩绚丽,使儿童更加天真可爱。朝鲜族男子一般穿素色短上衣,外加坎肩,下穿裤腿宽大的长裤。外出时,多穿以布带打结的长袍。现在基本上不穿,改穿制服或西装。

(三)婚丧节庆

朝鲜族实行一夫一妻制,近亲、同宗、同姓不得通婚。"男主外,女主内"是一种普遍的习俗。

朝鲜族居住的多数地区流行土葬,城镇多实行火葬。举行埋葬一定要在单日,并要请风水先生选择墓地,墓地多选择在山坡的阳面,头朝山顶脚朝下。以后要连续祭祀3天,并且逢死者生日、死日、清明、端午、中秋节都要祭祀。

朝鲜族的节日基本上与汉族相同,主要的节日有春节、清明节(寒食节)、端午节、上元节(元宵节)、中秋节等。还有3个家庭节日,即婴儿周岁生日、回甲节(60大寿)、回婚节(结婚60周年纪念日)。

农历六月十五日是朝鲜族的洗头节。这一天被视为黄道吉日。清晨,男女老少都到河边洗头,传说用向东流的溪水洗头是很吉利的。

(四)宗教信仰

朝鲜族受儒家思想影响较深,信仰宗教的人较少,有少数人信仰道教、佛教、基督教新教、天主教等。

第十四节 白 族

一、概况

白族有人口1933510人(2010年),是我国西南边疆一个具有悠久历史和文化的少数民族,主要分布在云南省,80%以上聚居在大理白族自治州。

白族有本民族语言,白语属汉藏语系藏缅语族,通用汉文。

白族有悠久的文化传统,《创世纪》、《火烧松明楼》、《望夫云》等许多优美动人的传说故事一直流传至今,不少被编入戏剧上演。

白族多数人从事农业生产,善种水稻。大理雪梨、宾川橘柑驰名中外。

二、民俗风情

(一)民居饮食

1. 居住习俗

白族民居院落绝大多数坐西向东,由于这里的风向常年是西风或西南风,风力很大,正房向东主要考虑背风。民居院落为封闭式院落,组合规整。由于大理地区是多地震带,又受水灾威胁,所以,白族的居住地多选择地势较高的地方,并就地取材,以方石砌成牢固的屋基和柱石,屋架和墙壁为土木结构,梁、柱紧密衔接为一个整体,这样既能防潮也能抗震。

"三坊一照壁"①是白族民居的主要形式,装饰精细是白族民居最显著的特点。

---

① 是由三座坊和一座照壁围合成的四合院。坐东朝西的坊作正房,左右二坊为厢房,东面为照壁。照壁为一面独立的墙体。

此外,白族民居的墙面装饰颇具特色。

2.饮食习俗

平坝地区的白族多以大米、小麦为主食;山区的白族则多以玉米、洋芋、荞麦为主食。主食都以蒸制为主。

因鲜菜常年不断,白族人每餐都喜食鲜菜和各种腌菜。白族妇女大都善做腌菜,腌菜的种类很多,除腌制鲜菜外,还做豆瓣酱、豆豉、面酱。剑川、鹤庆的白族常采撷洱海的海菜花,加工烹制成各种风味菜。

白族大都喜饮酒,由于所用的原料和酿制方法不同,酒的种类很多。制酒时常用40多种草药制成酒曲,再制成各种白酒,其中以窨酒和干酒为传统佳酿。

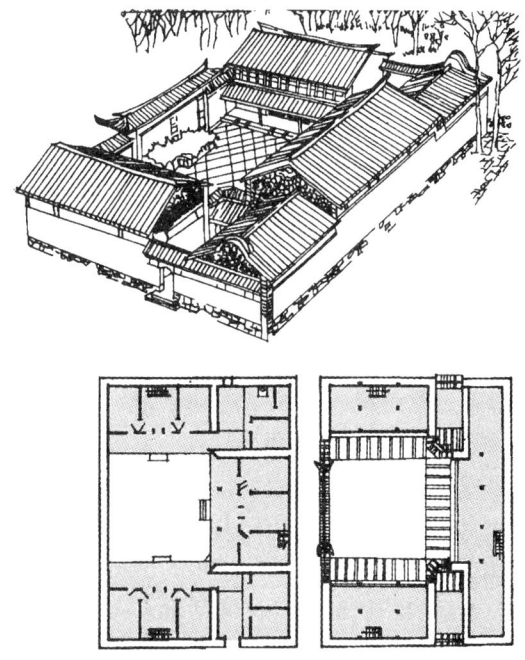

一层平面　　二层平面
云南白族的三坊一照壁民居结构

饮茶是白族人的另一嗜好,白族很注重每天清晨和中午喝两次茶。

白族的风味菜肴很多。生皮是逢年过节必备的菜肴之一,是用多种辛麻辣调料拌成的冷荤菜。毛驴汤锅是用毛驴肉烧制而成。柳蒸猪头也是白族传统名菜之一,是将猪头放在柳条架上入锅蒸制而成的。大面糕是白族中秋节特制的糕饼,用发酵面团加作料蒸制而成。

凡客人光临,必以"三道茶"款待。三道茶是最讲究的茶礼,具有一苦、二甜、三回味的特点。

(二)服饰习俗

白族人民勤劳淳朴,崇尚白色,服饰以白色为尊贵,艳素相衬,充分体现了白族在服饰方面的独特风格。

白族男子一般上身穿白衣,外披黑短褂,下穿宽腿裤,用白色或蓝色布包头。脚穿"丝线草鞋",草鞋全用麻皮和丝线编织而成。外出挎一个绣着花纹的布袋和一把长刀。

妇女服饰地区差别较大,以大理一带为例,多穿白色或浅蓝色右衽上衣,外套红色或黑丝绒坎肩,右衽结纽处系三须或五须银饰品,腰系绣花短围裙,下着蓝色或白色宽裤,足登绣花"百节鞋"。在发式上,姑娘独辫盘头,已婚妇女挽髻于脑后,洱海以东则梳"凤点头",罩以丝网,或绾以簪子,再以绣花巾或黑布包头。洱源、剑川姑娘戴小帽或编织有玉兔等图案的"鼓钉帽"和"鱼尾帽";鹤庆姑娘包蓝、黑色头巾,外挽红丝绳;已婚妇女改为黑色丝质大包头。

(三)婚丧节庆

1. 婚姻习俗

白族家庭里,儿子成婚后即与父母分居。白族同宗同姓不通婚。

白族青年男子向姑娘求婚时,姑娘如同意,要向男方送粑粑;婚礼时新娘要下厨房制作"鱼羹";婚后第一个中秋节新娘要做大面糕,以此展示新娘的烹调技艺。婚礼时讲究先上茶点,后摆四四如意(四碟、四盘、四盆、四碗)席。

背婚是云南大理白族自治州洱源县白族地区普遍流行的一种婚俗。每逢十字路口、三岔道或人员集结的地方,陪宾们便停下来,把嫁妆码成两大摞,让新郎背着新娘围着嫁妆绕"8"字。

2. 传统节庆

(1)三月街。农历三月十五至二十,白族人民举行每年一度的"三月街"盛会。它的形成距今已有1300多年的历史了,在参加物资交流的同时,还要举行对歌、跳舞、射箭、赛马、球类等比赛活动。

(2)逛桑林。逛桑林又称"绕山林"或"绕山灵"。每年农历四月二十三日,在苍山五台峰南麓的圣源寺和濒临洱海的金龟寺等处举行。逛桑林的主要内容是祈求风调雨顺、人寿年丰,也兼有"令会男女"(使男女相会)之意义。据说,此期如果有找不到意中人的男女,他(她)们只要虔诚地采摘一片桑叶或柳叶回家,藏于枕下,来年此时定有佳音。

(四)宗教信仰、禁忌

白族地区存在有多种宗教信仰。不少人信佛教、道教,少数人信仰基督教和天主教。

白族人崇拜"本主"神灵,认为它是保佑本村、本地或本境之神。本主崇拜源于龙图腾崇拜。据传大理白族"绕山灵"节,源于祭"本主"活动,人们要举行盛大庙会。巨石图腾是白族人的原始崇拜。白族对巨石的崇拜极为普遍。认为这些石头能主宰人类,管辖野兽和山神。

白族逢春分、清明、大暑、小暑、立秋等日均忌下田劳作,认为这样会伤地脉龙神,农田长势不好。为避灾荒,白族忌初一、十五劳动。白族把农家肥看成是不洁的污秽物,不许用其肥田,否则会认为能诱使食此粮食者害病。

白族人看重子嗣,禁忌常关屋门,唯恐"关门绝户"。又以为门槛是家神凭依之处,不能随意坐、踏或站在其上,尤其禁止用刀砍或者以其为砧在上边砍东西。反之,家里就会招惹灾祸,殃及人畜,亏财蚀物。

白族严禁女人从男人使用的刀、枪、马鞭、马鞍子、套马杆、犁、锄、扁担等工具上跨越,更不得用脚踢踏,否则,晦气不断,劳作无获。不许女人踩踏、跨越、坐卧男人的服装衣帽和行李,这如同女子从男人身上跨过一样,会诱发不祥,对男人不利。同样,也禁止男人由晾晒着的妇女的衣裤下面经过,如是,将视此为男人的不幸和耻辱。

白族忌以男女任何一方出生的属命之日为婚日,如男女一方有一方属马或属鼠,那么属马日属鼠日禁止结婚。白族忌讳男女双方婚日同床。白族老人死时,忌讳附近没有亲人接气,否则就是做了最对不起老人的事情。白族人将龙(辰)日、虎(寅)日列为禁葬之日。

第十五节 哈萨克族

一、概况

哈萨克族有人口1462588人(2010年),主要分布在新疆伊犁哈萨克自治州、巴里坤哈萨克自治县、木垒哈萨克自治县以及甘肃阿克塞哈萨克族自治县。

哈萨克族有自己的语言文字,哈萨克语属阿尔泰语系突厥语族,文字是以阿拉伯字母为基础的拼音文字。哈萨克语方言差别较小。

哈萨克族大部分从事畜牧业,过去哈萨克族除少数经营农业的已经定居之外,绝大多数牧民都按季节转移牧场,过着逐水草而居的游牧生活。20世纪90年代以来,相当多的牧民也由游牧转为定居。

二、民俗风情

(一)民居饮食

哈萨克族牧民住的是可以拆卸和携带的圆形毡房,称为"宇"。冬天则在冬季牧场(俗称"冬窝子")修建平顶土房。毡房一般向东开门。内部的陈设与布置都有一定的规矩,分成堆放东西和住人的部分。毡房不仅是供人住宿待客的地方,还是从事生

哈萨克族牧民在搭建帐篷

产的地方。

哈萨克族的饮食与其畜牧业生产存在着密切的关系,他们善于用牲畜的肉和奶制品做各种具有风味的食品。哈萨克族的饮食主要有茶、肉类、奶类、面类食品等。

(1)茶。是哈萨克牧民的必需品,一般吃饭被称为"长依依茶",就是喝茶的意思。同蒙古族人一样,哈萨克族人中也流传着"宁可一日无食,不可一日无茶"的说法,甚至还说"无茶则病"。

(2)肉类食品。主要是羊肉、牛肉和马肉,平时一般多吃羊肉。肉有鲜肉和熏肉。哈萨克族人把过冬的肉称为"索古姆"。哈萨克人把马肉当做肉中的上品,特别是招待尊贵的客人时,要宰两岁的马驹。

(3)奶类食品。主要是由羊奶、牛奶、马奶、骆驼奶制成,有奶油、奶皮子、奶豆腐、酸奶子等多种奶制品。

(4)面食。主食有馕,实际就是面饼,与维吾尔族的馕形式不同,是用两口小锅合在一起烤出来的。还有包尔沙克(油果子)、别斯巴尔马克(面片与肉、油和在一起煮的食品)、油饼、面条、蒸饼、面炸小饼、油馓子、抓饭等。

(二)服饰习俗

哈萨克人的服饰具有较浓厚的草原畜牧生活的特征。其服饰很多用牲畜的皮毛制成,其中使用最广的是羊皮。为了便于乘骑,哈萨克人的服饰一般都比较宽大结实、经久耐磨。衣袖长过手指头。皮大衣带布面的叫"衣什克",不带布面的叫"桶翁"。絮有骆驼毛或绵羊毛的大衣叫"库鲁",下雨天也当雨衣用。男子还喜欢扎腰带,多用牛皮做,腰带上镶嵌着金、银、珊瑚、珍珠、宝石等装饰品。左侧悬皮囊,存放杂物,右侧佩有小刀,便于随时使用。哈萨克妇女的衣服多用各种色彩图案的绸缎、条绒和棉布缝制。姑娘和少妇穿袖子上绣花、下摆带多褶的连衣裙,上身外加半截紧身黑色的坎肩。未出嫁的姑娘身穿衣领上绣有各种花纹的内衣,外穿坎肩和短袖长衣。其下摆是双层花边的连衣褶子裙,胸佩金银制的银元、钿子、珠串。新婚妇女要穿1年特制的衣服。这种衣服的帽子和衣服连在一起用红绸子缝制的(哈语称"结列克"),一看便知是个新婚妇女。

哈萨克的帽子,男女各有特色。吐马克是冬季戴的帽子。有两个耳扇,后面有一个长尾扇的四棱尖毡帽。其他还有库拉帕热(尖帽)、塔克亚(圆顶形的帽子)等。

(三)婚丧节庆

1.婚姻习俗

哈萨克族实行一夫一妻制,同一氏族的男女不能成婚。哈萨克族的家庭多为小家庭,由一对夫妻及其子女构成。男子长大成婚后一般另立毡房独立生活,但有"还子"习俗。即每对夫妇要把自己所生的第一个孩子送给男方的父母抚养。

哈萨克族的订婚仪式是结婚仪礼中的首要仪式，一般在女方家举行。届时，要宰红毛白头羊或黄毛白头羊，但严禁宰杀胸部有黑毛的羊。在哈萨克族看来，宰杀红毛白头羊或黄毛白头羊，表示以赤诚、纯洁无瑕的心来定亲。在订婚宴席上，女方主人还要特意给男方主人端送一大盆煮熟切成碎片的羊尾巴肉、羊肝和酸奶搅拌而成的食物。

2. 丧葬习俗

哈萨克族的葬礼也很隆重，丧礼严格按伊斯兰教教规进行，实行土葬。人死后，死者需白布缠身，第三天出殡，进行土葬。第七天、第四十天都要宰牲祭祀。死者生前骑乘的马在主人死后要剪去尾巴，其他任何人不能再用。牧场搬家时，要将死者的衣帽放在马背上与家人一起转移，每经过一个"阿吾勒"（由血缘关系较密切的家庭组成的游牧村落），妇女都要唱哀歌，以示悼念，一年以后再将马宰杀，以殉死者。

3. 传统节日

哈萨克的节庆礼俗都与宗教有一定联系。哈萨克主要的节日有肉孜节（开斋节）、古尔邦节和纳吾鲁孜节。其中，肉孜节（开斋节）、古尔邦节同回族的节庆习俗大致相同。

纳吾鲁孜节是哈萨克族传统节日。"纳吾鲁孜"是波斯语"年头和元旦"之意，节期在每年3月22日前后，大致在农历春分时节。这一天，各家都吃一种用小米、大米、小麦、奶疙瘩和肉混合做成的饭，主人要用亲手制作的节日食品招待客人。维吾尔族也过该节。

每逢节日和喜庆，牧民们都要在草原上举行各种骑术表演和比赛。"克孜库瓦尔"（姑娘追）是青年们最喜爱的游戏。

（四）宗教信仰、禁忌

哈萨克族信仰伊斯兰教。有关宗教信仰方面的禁忌主要是忌食猪肉和非宰杀而死的牲畜及动物的血。牲畜一般要由男性宰杀。吃饭时，不能把整个馕拿在手上用嘴啃。同时吃饭时最好戴上帽子，表示尊敬。在毡房内不许坐床，要席地盘腿坐在地毡上，不许把两腿伸直，更不能脱摔鞋子。年轻人不许当着老人的面喝酒。儿媳不能使用公公的马鞍和公公的床位，公公也不能使用儿媳的马鞍和床位。

在交谈和吃饭时，最忌讳擤鼻涕、吐痰、打哈欠、放屁等。不能当面数主人的畜群。不要用脚和棍棒追打牲畜的头部。不能跨过拴牲畜用的绳子。走路遇羊群要绕道而过。不许乘马进出羊群。不要当着主人的面追打猎犬和守门的狗。不许当着父母的面赞美他们的孩子，尤其不能说胖、俊之类的词。哈萨克人认为每礼拜二、五是不吉利的日子，不能外出。忌讳客人在毡房门前停留。要在拴马桩那里下马。最忌讳损坏或拔掉青草，因为青草是草原生命继续的象征。

第十六节 黎 族

一、概况

黎族有人口1463064人(2010年),主要聚居在海南省中部。

黎族有自己的语言,黎语属汉藏语系壮侗语族黎语支。过去黎族没有本民族文字,使用汉字,1957年创制了以拉丁字母为基础的黎文。随着国民教育的普及,黎族也通用汉文。

黎族以种植水稻为主,过去在一些偏僻的山区,还存在着一种"刀耕火种"的原始农业,黎族人民称之为"砍山栏"。黎族民间手工业很有名,主要有纺织、竹藤器编制、木器制作、制陶、酿酒等。民间手工织的"黎锦"富有民族特色。

二、民俗风情

(一)民居饮食

1. 居住习俗

海南通什黎族船形屋

黎族过去居住的是一种船形屋的古老民居。它的外形像一条被高架起来的船,门外有船头(晒台),室内间隔像船舱,整座房子用木柱支撑,离地面1.5~2米,用竹片和藤条编成架空地板,靠小梯上下。船形屋亦属于干栏式住宅中的一种。随着经济的发展和受汉族的影响,船形屋基本上已不存在。

今黎族的民居多数和汉族已无区别,有的还建起了二层或三层的钢混平顶小楼,富丽堂皇,装饰典雅别致。分布在五指山的部分黎族,目前还保留着一种房架低矮的房屋,以树干做梁柱,用竹条、藤条等缚起屋架,以茅草覆顶,泥墙,屋檐几近地面。

2. 饮食习俗

黎族一日三餐主食大米,有时也吃一些杂粮。他们有一种颇有特色的野炊方法,即取下一节竹筒,装进适量的米和水,放在火堆里烤熟,用餐时剖开竹筒取出饭,这便是有名的"竹筒饭"。若把猎获的野味、瘦肉和以香糯米和少量盐,放进竹筒烧成香糯饭,更是异香扑鼻,是招待宾客的美食。香糯米是黎族地区的特产,用香糯米焖饭有"一家香饭熟,百家闻香"的赞誉。

"雷公根"是一种黎族同胞经常食用的野菜,与河里的小鱼虾或肉骨同煮,是极为可口的佳肴。"雷公根"也可药用,能消炎解毒。"祥"是黎族的风味佳肴,只有在节庆或贵客登门时才能吃到,有"鱼茶"和"肉茶"两种。食鼠也是黎族的风俗,无论是山鼠、田鼠、家鼠、松鼠均可捕食。

黎族人喜饮酒,所饮之酒大多是家酿的低度米酒、番薯酒和木薯酒等。用山兰米酿造的酒是远近闻名的佳酿,常作为贵重的礼品。

黎族人平时喜欢嚼槟榔,常吃槟榔还有防病治病和美容的功效,故黎族同胞视槟榔为健体长寿食品。

(二)黎锦

黎锦古称"吉贝布",是黎族人采用木棉花果内的棉毛织出的一种特色花布,远在春秋时期就负有盛名,是中国最早的棉纺织品。黎族妇女通过简单的踞织机,运用直线、平行线、三角形等图案构织成富有装饰风格的黎锦,包括筒裙、头巾、花带、床单、被子等。一块富有奇花异草、飞禽走兽等精美图纹的黎锦,要经过纺、织、染、绣四大工艺才能织就。据黎族老人讲,她们织一块锦至少也得半年时间。

在不同朝代,黎锦被作为宫廷贡品送往京城。现在,作为黎家姑娘结婚嫁妆世代相传的海南东方美孚黎的经线扎染和白沙润黎的双面绣"人龙图"仍然堪称一绝。一位英国哲人讲:"中国的土布,穿暖了我们的祖先。"至今,英国皇家博物馆还展示着英国贵族所穿的礼服,它就是由从中国进口的"紫花棉织锦"做成的。

"黎锦光辉艳若云",作为"非物质文化艺术",黎锦堪称中国民族文化宝库中灿烂夺目的瑰宝。

(三)婚丧节庆

1. 婚姻习俗

黎族男女青年社交恋爱自由,和汉族通婚的比较多,离婚和再婚都很自由,传统习俗没有较大的束缚。在五指山等地黎族中,过去当女儿长大后,父母就在村寨中或村寨旁为她建"布隆闺"(用于与男子交往、恋爱之所)。当地汉族称为"寮方"。每当夕阳西下,男青年们便穿戴整齐,到远山别村的"布隆闺"去,通过对歌等来找情人。通过交往,若双方感到满意,男子就告知父母,然后托媒人带上槟榔等礼物到女家求亲;若女家同意,则开始进入订婚、结婚议程。婚礼有送亲、迎亲、饮喜酒、逗新娘、舂米、对歌、收席等仪式和习俗。

2. 传统节庆

(1)春节。与汉族过春节的情形基本一致。过春节前,家家年饭、酿年酒,舂

"灯叶"(一种年糕)。春节期间,举行各种具有民族特色的喜庆活动。

(2)"三月三"。黎族特有节日。每年的三月三这一天,具有敬老美德的黎族同胞带上自家腌制的山菜、酿好的米酒、做好的糕点去看望寨内有威望的老人;年轻的男子则结伙外出狩猎、打鱼,姑娘们烤鱼、煮饭。夜幕降临,小伙子们跳起传统的黎族舞蹈,男女青年对唱山歌,互诉衷情。相中后,男女双方吃一种嵌入糖心的"灯叶"糕饼。姑娘则把亲手编织的七彩腰带系在小伙子的腰间,小伙子也会把耳铃穿在姑娘的耳朵上或把发钗插在姑娘的发髻上。

(3)敬牛节。海南省通什、毛阳一带的部分黎族,每年三、七、十月的丑日要过牛生日,为耕牛和禾苗举行扫魂仪式,祈求五谷丰登。

(四)宗教信仰、禁忌

过去,黎族没有形成统一的宗教,各地均以祖先崇拜为主,也有自然崇拜,个别地区还残留图腾崇拜的痕迹。从事宗教活动的人,黎族称为"道公"、"娘母"。道教传入后,对黎族产生了一些影响,但只是利用了道教的一些名称、法器和形式,核心内容仍然是黎族的祖先崇拜和自然崇拜。

在黎族民间,忌讳别人当面提及自己先辈的名字,部分地区对猫禁杀忌食。

第十七节　傣族

一、概况

傣族有人口 1261311 人(2010 年),主要分布在云南省的西南部,聚居在西双版纳傣族自治州、德宏傣族景颇族自治州、耿马傣族佤族自治县和孟连傣族拉祜族佤族自治县等地区。

傣族有自己的语言文字,傣语属汉藏语系壮侗语族壮傣语支。傣族人不仅能歌善舞,而且创造了灿烂的文化,尤以傣历、傣医药和叙事长诗最为出名。

二、民俗风情

(一)民居饮食

1. 居住习俗

傣族居住习俗各地有所不同。从住房上来说,以居住干栏式竹楼或木楼为多。傣族有近水而居的习惯,且在竹楼周围种植一些热带果树和花木,富有一派诗情画意。傣族地区的佛寺和佛塔特别多,是村寨中最富丽堂皇的建筑。

傣族民居以干栏式竹楼最具代表性。竹楼分上下两层,上层有堂屋、卧室、前廊、晒台及楼梯,下层为架空屋。堂屋中设火塘,为烹饪、烧茶及待客处。卧室间为一大通间,一家数代人席地而卧,同室而寝,睡觉位置排列有序。

西双版纳佛寺富有较多小乘佛教的风格。一般由大殿、僧舍和鼓房三部分组成。建筑布局是坐西向东,取释迦牟尼成佛在东之意。德宏地区的佛寺,多数具有内地建筑的风格,多为绿瓦粉墙,重门层阶,大殿屋顶多为二层或三层檐,上小下大。屋脊正中为一尖塔,金粉贴塔。

2. 饮食习俗

傣族以大米和糯米为主食。德宏的傣族主食粳米,西双版纳的傣族则主食糯米。通常是现舂现吃,民间认为,粳米和糯米只有现吃现舂,才不失其原有的色泽和香味,因而不食或很少食用隔夜米,习惯用手捏饭吃。所有佐餐菜肴及小吃均以酸味为主。

以青苔入菜,是傣族特有的风味菜肴。烹鱼,多做成酸鱼或烤成香茅草鱼,此外还有做成鱼剁糁(用鱼烤后捶成泥,与大芫荽等调成)、鱼冻和火烧鱼、白汁黄鳝等。

傣族风味中还有苦味菜肴,较有代表性的是用牛胆汁等配料烹制的牛撒皮凉菜拼盘。

傣族地区潮湿炎热,昆虫种类繁多,用昆虫为原料制作的风味菜肴和小吃是傣族食物构成的一个重要部分。常食用的昆虫有蝉、竹虫、大蜘蛛、田鳖、蚂蚁蛋等。傣族人喜饮酒,但酒的度数不高,是自家酿制的,味香甜。茶是当地特产,但傣族只喝不加香料的大叶茶。喝时只在火上略炒至焦,冲泡而饮,略带煳味。

(二)服饰习俗

傣族的传统服饰包括男服、女服、头饰等,过去还有文身、饰齿等习俗。

(1)男服。男子一般穿大襟或对襟短衣,小袖、无领,下穿长管裤,裤脚窄小,冬季寒冷时并不穿棉衣,只用一块毛毡披在身上,白天做披毡,夜里做被盖。

(2)女服。西部德宏傣族妇女,婚前多穿浅绯色大襟短衫,有长袖和短袖两种,下着长裤,束一小围腰;婚后改穿对襟短衫,不穿裤,改穿统裙(亦称筒裙),颜色多为素色、白色的居多,也有黄、红、褐色和浅色花。统裙一般以花布为主,也有单色(黑或蓝)或是在一边上镶上红、蓝布等为花布边的。南部西双版纳等地傣族妇女装束皆既美观又华丽,上身着浅绯色的紧身小背心,下着统裙。西双版纳傣族的统裙不仅历史悠久,而且在制作、式样、艳丽等方面都独具民族特色。

(3)头饰。幼女,辫发盘绕头顶用青或绿色带束之;少女及少妇,则编发为辫围绕头周,或椎髻于顶上,多戴耳环与项链。

(4)文身。文身是傣族古老的习俗,有着悠久的历史。在傣族人的审美观念里,文身是男子勇敢的表现,此外,文身还和婚姻、宗教有很大关系,人们认为文身死后可以上天堂。

(5)饰齿。饰齿有两种形式,一种是镶牙套,即用金银片牙套戴于齿上;另一种是染齿,姑娘们到一定的年龄即开始染齿,多用植物熏烟或中草药为原料。

(三) 婚丧节庆

1. 婚姻习俗

傣族青年男女婚前有社交和恋爱自由,叫"列少",汉族称作"串姑娘"。"赶摆黄焖鸡"是西双版纳男女青年的一种恋爱方式,即姑娘把黄焖鸡拿到市场上出售,如果买者恰恰是姑娘的意中人,姑娘就会主动拿出凳子,让其坐在自己身旁。通过交谈,如双方情投意合,两人就端着鸡,拎着凳子到树林里互吐衷情;如买者不是姑娘的意中人,姑娘就会加倍要价。

傣族还有"吃小酒"的习俗,在男女订婚时,男方挑着酒菜去女方家请客,当客人散去后,男方由三个男伴陪同和女方及女方的三个女伴,共摆一桌共饭。"吃小酒"讲吃三道菜:第一道是热的;第二道要盐多;第三道要有甜食。表示火热、深厚和甜蜜。

2. 传统节庆

(1)赶花街。又称"赶新街",是新平、景谷一带的传统节日。在每年的春节后举行,共赶三个街子,10 天一次,前后共 1 个月。第一街是十一二岁的少年,第二街是十八九岁的青年,第三街是二十岁以上的已婚成年人。

(2)采花节。采花节是德宏潞西等地傣族流行的传统节日。时间在清明之日。节日当天,各村寨男女老少身着盛装,手提花篮,肩拷"筒帕"上山采花,休息时男女青年背着象脚鼓跳民族舞蹈。采花归来,用鲜花点缀房屋、赠送亲朋好友,以示友谊和祝福。

(3)泼水节。泼水节是傣族最富有民族特色的三大节日之一,也是傣历的新年,相当于汉族的春节。由于在节日期间人们相互泼水祝福,故名泼水节。节期在傣历六月六日至七月六日推移,大约相当于公历的 4 月,节日活动一般持续三至四天。届时,人们要宰杀畜禽,祈求佛祖保佑,并举行堆沙、赛龙舟、丢包、放高升、放飞灯等传统娱乐活动和歌舞晚会。

(4)关门节。傣语叫"毫瓦萨",也称"进窪"。时间固定在傣历九月十五日(公历 7 月中旬)。关门节期间,正是傣族农忙季节,所以在此期间除佛教活动外,一切活动都要停止。青年人可以谈情说爱,但不许结婚。人们不能外出,以表示对佛的虔诚,更重要的是人们集中精力搞好生产。

(5)开门节。即"出窪"。在三个月的佛教活动结束时,各村寨男女老幼都要举行盛大的集会,到佛寺去拜佛祷告、忏悔。

(6)做摆节。是德宏地区傣族中流行的一种宗教大典,被傣族视为走往佛国天堂的准备。做摆时间有一日也有数日,要视各人的财力而定。

(四) 傣族孔雀舞

孔雀舞,傣语称"戛洛勇"或"戛朗洛",意即孔雀跳。是傣族人民最喜爱的有着古老传统的广场表演性舞蹈。傣族人民所以爱跳孔雀舞,这是因为他们认为孔雀最美、最善良,是民族精神的象征。傣族人民以跳孔雀舞来歌颂自己的民族,用孔雀舞来表达本民族的理想和愿望。

经过傣族历代民间艺人的精心创造,形成了各具特色、不同流派的孔雀舞。孔雀舞有严格的程式和要求,有规范化的地位图和步法,每个动作有相应的鼓语伴奏,讲究手及手臂的造型,感情内在含蓄,舞姿有如雕塑。孔雀舞的内容多为表现孔雀飞跑下山、漫步森林、饮泉戏水、追逐嬉戏、歇枝、开屏等,表现了人和自然和谐共处的生活状态。

(五)宗教禁忌

傣族多以小乘佛教为全民信仰,但同时又保留了部分原始信仰,近代以来在一些地区又出现了基督教等宗教信仰。小乘佛教在公元 14~15 世纪传入,它对傣族的社会文化、日常生活均产生了重要影响。傣族每个男子在其一生中均要入寺生活一段时间,有的则终生为僧,认为这样才算是有教养的人。傣族的佛经多用贝叶刻写或绵纸抄写,傣族的传统文化被人称作"贝叶文化"。

居住在接近云南内地的部分傣族除信仰"万物有灵"外,还有部分群众信仰基督教,如元江、新平等地就有部分傣族信仰基督教。教徒每天要祈祷,每逢星期日要做礼拜。教徒不得吃狗肉,不得抽烟、喝酒。近年来信基督教的人又有所增加。

傣族民间的禁忌很多,在生产、生活、佛教、村寨中都有各种不同的禁忌。

1. 生产禁忌

每月初一、十五以及逢年过节都不出工劳动。撒秧、栽秧、种玉米要选吉日、忌羊日下种。本寨有人死了,当日不下田,否则会"跟死人去"。吃新谷要选日子,忌猪日、马日吃新谷。妇女不许犁田,男人不许栽秧。妇女只许割谷,不许挑谷;男人只许挑谷,不许割谷。织布机是女人的专用工具,平时,男子不得乱动乱坐。村寨中死了人,在停柩期间,全村停止生产。每月属牛日不得用牛干活,属马日不得用马干活。

2. 生活禁忌

在景谷地区,房屋中央所设的床位妇女不能坐。房屋中厅所设的床不能挂蚊帐。睡觉时必须脚朝外,即对着门。

在元江地区,年初一忌说不吉利的话。别家出殡,其他各家不能出来看,否则认为鬼会到自己家中来。

在耿马地区,家中火塘中的三脚架忌随便移动,更不能将鞋子搭在上面。屋中火塘上边是主人坐处,外来的客人不得乱坐。

在西双版纳、德宏地区,忌在家里剪指甲,认为这样不吉利。主人家有产妇未满月者,不要出去串门。忌在菜地上大、小便,认为这样不卫生。客人到主人家,未经主人允许,不得偷看主人卧室,更不能进入卧室。客人不能坐门槛,如果客人宿主人家,也只能睡在堂屋,头部不能朝着主人卧室的方向。不论自家或外人,不能在房内杀鸡。

3. 村寨之间的禁忌

未经许可,不得赶猪从他寨人家屋下经过,违者按猪的半价罚款,赔给屋主;未经许可,不得挑鸡进入他寨人家,违者罚鸡价一半给屋主;未经许可赶猪从他寨桥上过者按猪的半价罚款,交给该寨;未经许可赶牛进他寨者,按牛的半价罚,罚款交给该寨;忌进入他寨不关寨门,否则罚款3元,若因不关寨门而导致牲畜进寨或出寨(遗失或被盗或吃庄稼等)造成的后果自负;他寨人死还未埋时就闯入者,罚鸡两只,酒1瓶,钱2.5元;忌披头散发进入他寨,否则罚款1.5元;挑担子进他寨,忌扁担在他寨内折断,否则要将所挑东西的一半给该寨,无论挑什么东西都要给一半;忌只挑一头担子进入他寨,否则所挑东西全部给该寨;忌将锄头扛在肩上进入他寨人家里,否则锄头归屋主;忌将砍得的树枝叶子拖着进入他寨,否则罚款3元;忌将马拴到他寨的寨门栅栏的木桩上,否则按马的半价罚款,交给该寨;忌将裤脚卷到大腿进入他寨,否则罚酒1瓶,钱6元。

第十八节 畲 族

一、概况

畲族有人口708651人(2010年),主要分布在我国东南部闽、浙、赣、粤、皖五省100多个县的山区,其中80%分布在福建、浙江两省。畲语属汉藏语系苗瑶语族苗语支。

畲族分布零散,一般是几户或几十户聚居成村,周围是汉族村落,彼此交错杂处,也有与汉族杂居在一起。

二、民俗风情

(一)民居饮食

1. 居住习俗

畲族多住茅草房和木结构泥墙瓦房。畲族称房子为寮。畲民一家盖房,往往邀请亲友或寨中劳动力帮工。帮工的一般不计报酬,只招待饭食。请木工、泥瓦匠则须付工钱。

2. 饮食习俗

过去,畲族人普遍以番薯丝为主食,吃大米饭的极少。浙江景宁畲村有这样一种习惯,一甑要煮三种饭:白米饭招待客人,半米半番薯丝饭供老人小孩吃,番薯丝饭给年轻人吃。现今畲族地区均以大米饭为主食。

畲民喜饮酒,每逢喜庆佳节、红白喜事、结婚、生孩子、盖房等都要请客喝酒。酒有用糯米酿造的,叫"米酒",醇香浓郁,味甜可口;有用小麦酿造的,叫"麦酒",淡而无味。

畲族地区盛产茶叶,不少还是名贵品种。如浙江景宁的惠明茶、广东的凤凰茶、福建武夷山市的红茶和武夷岩茶等。凤凰茶中的乌龙茶产于畲族居住的石古坪村,是全国的名茶之一,具浓郁的山野异味,香气清润而有耐泡的特点,素有"中国奇茶"之称。

(二)服饰习俗

过去畲族男子的服装式样有两种,一种是平常穿的大襟无领青色麻布短衫;另一种是结婚或祭祖时穿的礼服,红顶黑缎官帽,青色或红色长衫,外套龙凤马褂,长衫的襟口和胸前有一方绣有龙的花纹图案,脚穿白色布袜,圆口黑面布底鞋。这两种服装现已少见,现今,畲族男子服饰已与汉族没有什么差别。

畲族妇女的服装独具特色,大多是用自织的苎麻布缝制,有黑、蓝两色,黑色居多,衣服是右开襟,衣领、袖口、右襟多镶有彩色花边。一般来说,花多、边纹宽的是中青年妇女的服装。她们均系一条一尺多宽的围裙,腰间还束一条花腰带,亦叫合手巾带。还有的是用蓝印花布缝制的,束上后别有一番风采。衣服和围裙上亦绣有各种花卉、鸟兽及几何图案,五彩缤纷。

畲族少女

畲族妇女的装饰要数发式最为引人注目。特别是已婚妇女,她们有将头发从后面梳成长筒式发髻,像一个鸡冠形的帽子扣在后脑勺上,发间用红绒线环束。有的是在头顶上放一个五六厘米长的小竹筒,把头发绕在竹筒上梳成螺形,显得很别致。梳头时,不仅要用茶油和水抹,还要掺以假发,所以显得高大、蓬松而且光亮。结婚时,小竹筒要用红布包裹,上饰以银钗、银牌,盘绕着石珠串。有的前顶还用银质头花围成环状,头花下沿有无数银球、银片之类的装饰品垂落在眼前。未婚少女的发式比较简单,只将头发梳平绕在头的周围,用红线束紧即可。不过,现在不少畲族姑娘也剪短发或梳辫子了。

畲族妇女多戴大耳环、银手镯和戒指,外出时戴精致的斗笠。斗笠是畲族著名的编织工艺品,做工精细,上面有各式细巧的花纹,用二百多条一毫米粗的细竹丝编成,造型优美,再配上水红绸带、白绸带以及各色珠子,更加精致美观,成为畲族妇女最喜爱的装饰品。

现在,畲族年轻女性的服饰变化很大,四季多穿长裤,很少打绑腿和跣足(光着脚),头饰比过去简单,一般剪短发或梳辫子。

(三)婚丧节庆

畲族的节日与汉族大致相同,如春节、元宵、清明、端午、中秋、重阳、冬至等,其中以春节、端午最为隆重,但也有本民族特有的"二月二"、"三月三"、"封龙节"等民族节日。

(1)春节。正月初一至十五为春节,是畲族人民的传统节日。节日里家家贴红,人人着新衣,到处鞭炮声,相互串门道喜,备办三牲厚礼祭祖。吃糍粑是畲族人民过春节的特色之一。节日里还举行对歌、登山比赛和打秋千等文娱活动。

(2)会亲节。农历二月二日,是福建福鼎县畲族人民隆重的传统节日。迄今已有200多年的历史。届时,浙南、闽东的畲族男女从四面八方云集在双华乡,在乡文化馆前搭起彩楼,一场诙谐有趣的赛歌会就在这里举行。入夜,家家灯火辉煌,处处歌声嘹亮,锣鼓声响彻云霄,鞭炮声震谷鸣山。

(3)"三月三"。三月三为畲族的祭祖节。届时,各家照例要蒸乌米饭吃,合家共餐,馈赠亲友,祭祀先人。

(4)封龙节。是畲族的传统节日,每年在农历夏至后"辰"日举行(福建霞浦县畲族在五月二十日举行,叫"立秋封龙")。传说这一天玉皇大帝给畲山"封龙",象征着风调雨顺、五谷丰登。是日,畲族人禁用铁器,禁挑粪桶,不事劳作。

(四)宗教信仰、禁忌

畲民十分重视祖先崇拜。每年二月十五、七月十五、八月十五为祭祖日,有的还在端午节小祭祖。祭祖乃畲族最重视的宗教生活。畲族祭祖,又称"做树头"、"做阳"、"聚头"、"学师"。这是对祖先的怀念和祭奠,也是对子孙的训勉。

过去畲民在农业生产活动中往往祈求神明保佑,风调雨顺、五谷丰登,因而产生了一些禁忌习俗。

1. 生产禁忌

正月二十日禁止做田工。三月三日不下田,否则田会断水路。"封龙节"不准动铁器,不准拿锄头下田,否则会闹水灾。立秋日不能动土,不能用牛。这一天要上山打猎,不耘禾,故云:"人歇昼,禾歇秋。"每年七月二十四日和白露两天,禁止上山采茶,否则认为茶叶会生虫。

2. 生活禁忌

除夕要扫地,初一至初四不扫地,初五早上扫地,把垃圾放在路口烧掉,叫"送年"。正月十五以前不能晒衣服,否则养不好鸡。产妇四十天内忌沾冷水,忌吃青菜及肥猪肉,少吃食盐,只吃米饭、鸡蛋、红糖、酒等。婚后回娘家要住双日,不能住单日。结婚当天,公婆不见媳妇。家有为老人预备好的寿棺,平时不能开启,否则不吉。

第十九节　纳西族

一、概况

纳西族有人口326295人(2010年),主要聚居在云南省丽江纳西族自治县境内。

早在1000多年前,纳西族创造了这个民族珍贵的文化遗产——东巴象形文字和用这种文字写成的东巴经。东巴象形文字,纳西语叫做"司究鲁究",被中外学者誉为"纳西族古代的百科全书"。纳西族有自己的语言。纳西语属汉藏语系藏缅语族彝语支。

纳西族主要从事农业,畜牧业、手工业也有发展,"丽江马"闻名全国。金沙江两岸出产多种药材和特产。

二、民俗风情

(一)民居饮食

1. 居住习俗

丽江纳西族多傍水而居,民居房屋规模视家庭人口、经济条件及地形地貌而建。住房形式有"三坊一照壁"、"四合五天井"①、"两坊房"和"一坊房"等。其中最常见、最为人们喜爱的形式是"三坊一照壁"。在外观上,厚实的封火板和别具一格的山墙构成了纳西民居建筑外观优美、浑厚的特点。封火板正中的"悬鱼",一般长80厘米,大方朴实,纳西族人视为"吉庆有余"的象征,起到盖缝及装饰作用。而呈阶梯状的外墙既起到了抗震、增加房屋稳定性的作用,又使房屋显得别致、美观。丽江著名的古城大研镇,几乎是清一色的旧式瓦房,成为独具民族特色的国家历史文化名城。

纳西族村寨都有一个平坦方整的广场,称为"四方街",这里是商业和集贸市场的中心,由此向四周延伸的小街小巷,坐落着具有民族风格的纳西族民居。

2. 饮食习俗

纳西族特别喜食牛肉汤锅和干巴。不论平坝或山区,蔬菜品种较多,四时应市,山区广种洋芋(土豆)、蔓菁和瓜豆,并以当地的土特产做成各种风味名菜。如清蒸虫草鸭、贝母鸡、天麻鸡等。其中纳西族传统名菜"酿松茸"是用松茸菌帽酿入肉泥蒸熟,是祭祖的一

云南纳西族少女服饰

---

① "三坊一照壁"的照壁如果换用一座坊,那么就成了"四合五天井"的四合院。四面各有一座坊屋,除了中央的庭院外,在四个角上还各有一个小院,当地称为"漏角天井"。这种形式的四合院称为"四合五天井"。

道专用菜肴。

纳西族人喜食腌猪肉,尤以丽江和永宁的琵琶猪最为有名,可以保存数年至十余年不变质。外出劳动携带麦面粑粑或糌粑。就餐时围桌而坐,冬天喜移至向阳地方就餐。特色食品主要有:丽江火腿粑粑、雪莲花拼盘、丽江铜火锅、丽江火烤粑粑等。

(二)服饰习俗

纳西族妇女上穿大面襟宽袖上衣和坎肩,下身着长裤,腰系黑、白蓝棉布缝制的百褶围腰。劳动或外出时还要披上羊皮披肩。纳西族的披肩制作得比较精致,羊皮上面三分之一的部分用黑粗毛呢覆盖,俗称"羊皮颈",上缀两个直径十五六厘米的绣花圆盘(现在已极少见了),称"羊皮眼"。粗毛呢的下边即紧挨白色羊皮的地方并排钉着7个直径10厘米左右的小圆盘,称"七星"。一般认为,披肩上的两个大圆盘分别代表日月,七枚小圆盘代表七颗星,象征着纳西族妇女"肩担日月,背负繁星",整日起早贪黑辛勤劳作的美德。十四根鹿皮线象征着繁星的光芒,寓意光明、温暖。这种披肩俗称"披星戴月"或"七星披肩"。七星披肩是纳西族羊图腾、蛙图腾在服饰上的表现,是古羌人游牧文化的一种遗迹。

纳西族男子多穿黑色圆领对襟上衣,下身穿宽脚裤,裤长至膝,裤口宽约三十三厘米,拼裆,多用麻布、棉布缝制。老人用黑布包头,青年用白或花布包头。男子腰间系有用羊皮缝制的羊皮兜肚,外面饰有花纹图案,用来放零星杂物。

(三)婚丧节庆

1.婚姻习俗

在云南宁蒗县永宁与四川交界的泸沽湖地区,这里的纳西族直到民主改革时,还存在着由妇女担任家长的母系家庭,并实行"阿注"(伴侣)婚。在这种家庭中,妇女是农业生产的主力,财产按母系继承。男女过着暮合晨分的"阿注"婚姻生活。由这种"阿注"关系所生的子女属于母方,男子对这些子女没有必须抚养的义务。"阿注"关系一般到中年以后都固定下来,也有一些男女通过"阿注"关系的发展建立了一个家庭。新中国建立后,旧的婚俗有所改变。

云南泸沽湖畔的摩梭人姑娘

2.传统节庆

(1)海坡会。泸沽湖一带的纳西人在农历七月二十五日这天,都要欢聚泸沽湖,参加一年一度的海坡会,人们载歌载舞,尽情娱乐,一是为女神助威,二是用隆重的仪式祭祀女神,祈求她保佑人们平安,五谷丰登,畜牧兴旺。男女青年也趁此良机,互结"阿注"。

(2)三朵节。三朵节是云南丽江一带纳西族传统节日。每年农历二月初八举行。节日期间,纳西族男女老少踏青赏花,小伙子骑上骏马,进行拔旗、拾银圆赛马活动,胜者会备受姑娘们的青睐。晚饭后,人们围坐在篝火旁,能歌善舞的纳西姑娘跳起欢快的"阿哩哩"。

(3)棒棒会。纳西族农民每年要更换一些带把柄的农具的木把,所以把这种农具交易会称为"棒棒会"。"棒棒会"于每年农历正月十五举行,以交流竹木农具为主要内容。在这里,犁耙、锄头、镰刀、竹筐、背篓、扁担等一应俱全。

(四)宗教信仰、禁忌

纳西族在漫长的历史发展过程中形成了自己的宗教——东巴教,而纳西族东部方言区永宁摩梭人信仰打巴教(一说"达巴教"),这就形成了纳西族独特的宗教文化。

东巴教是纳西族信仰的一种民族宗教,流行于以云南丽江为中心的纳西族西部方言区,因其经师被称为"东巴"而得名。东巴教没有统一的组织、教规、寺庙、宗教财产和职业教徒队伍,但其已渗透到了整个纳西族社会的物质生活和精神生活中。

以东巴教为主要内容所形成的东巴文化有重要的学术价值。东巴舞谱是世界上唯一用象形文字记载的最古老的舞谱,祭天仪俗是我国各民族中保留得最完整、最系统的原始宗教祭典。需要指出的是,东巴文化不仅指东巴经,而且包括与东巴法事活动有关的音乐、舞蹈、绘画等,它是纳西族人民享誉世界的文化遗产。

纳西族比较看重子嗣,禁忌常关屋门,唯恐"闭户绝户",又以为门槛是家神凭依之处,不能随意坐、踏或站在上面,尤其禁止用刀砍或者当做砧在上边砍东西。不准在锅灶口塘上烤脚、袜子、鞋靴;禁止将吃剩下的食物、骨头、鱼刺等扔进锅灶或火塘里;禁忌在锅灶或火塘边舂盐巴;忌讳在锅灶或火塘旁吐痰、擤鼻涕或往火上倒水;忌在火塘旁边分娩、裸露身体、大小便或摆弄被视为不洁的东西等。

第二十节　达斡尔族

一、概况

达斡尔族有人口131992人(2010年),主要分布在内蒙古自治区的莫力达瓦达斡尔族自治旗,以及黑龙江齐齐哈尔市、新疆塔城等地。

达斡尔族的生产以农业为主,兼营牧业和狩猎。历史上达斡尔族人以善于造车而闻名,被称为"草上飞"的北国名车——大轱辘车即出自他们之手。达斡尔族人民对被称为"波依阔"(与现代曲棍球运动极其相似)的体育运动情有独钟。赢得了"曲棍球"之乡的美誉,并培养了不少优秀的曲棍球运动员。

达斡尔族有自己的语言,属阿尔泰语系蒙古语族,无民族文字。

二、民俗风情

(一)民居饮食

1. 居住习俗

达斡尔族人的村落大多在依山傍水的向阳之地,住房有土木结构和砖木结构,为两间或三间,也有五间的。一般朝向南,在南面、西面开窗。门开在东侧,将房子分成内外两间,外间为堂屋,里间住人。两间房屋中,一般西屋有南西北三面连炕,长辈住南炕,儿子和儿媳妇住北炕。现在旧时三面连炕的房屋已逐渐减少,新的包括有客厅、卧室和厨房的住房居多数。

2. 饮食习俗

达斡尔族多种生产的特点,决定了他们食品种类和食用方法的多样化。米食除后来食用的小米外,传统的米食有稷子米、荞麦米两种。达斡尔族喜欢吃"稷子米"。除夕之夜吃完肉食后,习惯吃荞麦米酸奶黏粥夜宵,拌白糖、奶汁或奶油,是达斡尔族人的上等素食,也是腊八节的主食。燕麦米炒熟后再碾压成粉面、细面,称为"哈格",成粒者称"新特勒",拌上酸奶,是野外劳动或应时小吃的主要食品。

达斡尔人素有吃手把肉的习惯。在婚礼和葬礼的宴席上几乎以手把肉和片白肉为主。

由于达斡尔人沿江河而居,鱼类是他们肉食的组成部分。

在以牧为主或农牧并举的内蒙古海拉尔、新疆塔城地区达斡尔人中,奶茶是不可缺少的饮料。

(二)服饰习俗

达斡尔族的传统服装是由布匹、狍皮和羊皮等多种原料制作的。男装多为长袍,两侧开口,长袍一般是蓝色、灰色,上面的衣扣大多用皮条编成。达斡尔族妇女多穿袍,外套坎肩儿,袍有两边开口或前开口的,衣边上绣着精美的图案,穿在身上美观大方,极富民族特色。

达斡尔族女子素来注重装饰打扮,除上述艳丽服装外,还在头上插有金属簪笄和绸缎花朵。出嫁的女子还要梳两半头,佩戴各种首饰,在右侧衣襟上佩挂绣花烟荷包和手帕,以备给长辈敬烟之用。

男子参加各种典礼,必须系腰带,上佩带烟荷包和火镰,否则会被人们耻笑不重礼节。

达斡尔族人的皮帽最有特色。它是用狍子的头皮原料制成的,双耳挺立,耳边有对称的犄角,还嵌入两只眼睛。这种帽子既保暖耐用,又是猎人狩猎时的伪装。

(三)婚丧节庆

1. 婚姻习俗

新中国成立前,达斡尔族男女婚姻多由父母包办,但买卖婚姻的性质尚不严重。按照达斡尔族的婚俗,男方所送的彩礼,除留一头乳牛外(为报答父母的养育之恩),全部都要给女儿结婚带走,同时还要尽可能为女儿多陪嫁衣物。过去,达斡尔族的婚姻类型主要有指腹婚(指儿女未出生时就由父母包办定下的婚约)、娃娃婚(指在男女双方还是孩子时由父母包办的婚姻)、童养媳(女孩年幼父母双亡或是家贫无力抚养,成为童养媳)、娶女婿(女方因父母年高或缺子嗣把女婿娶到家)以及成年婚(男女到15岁时由媒人介绍、经双方父母同意成婚)等。新中国成立后,达斡尔族的婚姻发生了很大的变化。现今达斡尔族青年男女自由恋爱,婚姻自主,实行一夫一妻制。

订婚后,男方送马、牛、猪和酒等,这叫大礼,达斡尔语叫"恰安特"。结婚前一月还要送一小礼叫"托列"。礼品主要是衣服、被褥等。这时女婿和姑娘可以见面,在一起吃"拉里"粥或挂面。婚礼一般在春暖花开时举行,新郎要迎着新升的太阳去接新娘,希望家庭像旭日东升一样美好。

过去,在达斡尔族中间离婚被认为是极不吉利的事,民间有俗语:"写离婚书的那块地方,三年不长草。"今天,与其他民族一样,达斡尔族男女结婚、离婚自由。

2. 丧葬习俗

达斡尔人的丧葬以土葬为主,每个"莫昆"(家族)都建有公共墓地。过去,只有萨满的安葬根据其意愿实行风葬或火葬,孕妇实行火葬,死于天花病的儿童实行风葬,一般正常死亡者均为土葬。有本家族墓地的,按辈分先后,自北向南一代代地埋葬,夫左妻右,世代相接。在死者的一周年、二周年和三周年的忌日和春节,都要举行祭奠仪式,上坟添土烧纸。达斡尔人认为,三年以后,死者的灵魂便会离开族众和故土远去,一切祭奠活动到此结束。若是老人去世,家人三年内不贴红对联,春节要守灵位,不拜年,不参加娱乐活动。

3. 传统节庆

在达斡尔人的节庆中,以春节最为隆重。达斡尔人称春节为"阿涅",是一岁之首。除夕他们称为"布通",是迎春最为忙碌的一天,晚餐以手把肉为主。除夕之夜,家家户户的烟火使整个屯落笼罩在暮霭中,充满象征和睦吉祥的节日气氛。他们认为烟火愈旺,点燃时间愈长,愈是象征着迎来兴旺之年。在除夕傍晚还要给天神点香磕头,供祭各种糕点和酒。祈求在新的一年里保佑他们吉祥安康。

节日里,男子举行曲棍球赛、劲力赛和赛马等体育活动,中青年女子聚在一起跳"鲁日格勒舞"。节日也是民间艺人最忙碌的时候,应邀到各家说唱"乌春"(达斡尔人称叙事诗为"乌春")或讲故事。让人们欣赏本民族传统的说唱艺术。节日活动一直延续到元宵节。

元宵节,达斡尔人称为"长钦",是仅次于春节的又一节日。正月十四日晚餐和十五日早餐之丰盛,仅次于春节除夕。

"斡米南"意为"萨满的盛典",是民间重大的宗教祭典活动,每年或隔年的农历三月在萨满的家中举行,节期一天。届时,参加仪式的人要带酒、哈达和布匹等祭品和礼物。在一些偏僻的达斡尔山村,萨满的"领神"和"斡米南"仪式是最为隆重的宗教活动。"斡米南"仪式的第三天举行的"库热"仪式是向神表达达斡尔人祈求无病、无灾、人口兴旺的虔诚愿望的仪式。

此外,达斡尔族还有洁身祭(每年农历正月择日举行,为祭萨满、象征洁身驱灾的节日)、二月二、伊尔登(祭祀萨满的节日)、药泉会、库木勒玛日拜(生产节日)、端午节、千灯节、腊八节等节日。

(四)宗教禁忌

达斡尔族主要信仰萨满教,崇信众多神灵。部分人信仰藏传佛教。过去,达斡尔族萨满的产生和训练,非常隆重且富有神秘色彩。民间祭祀的神灵主要有家神和野神两类。家神有氏族神、父神、母神和祖神;野神有天神、山神、土神和河神等。

达斡尔族忌别人在自己的炕上横卧;忌手执马鞭、弓箭、刀枪等器物进入室内;忌用刀、剪等物指人;家中有病人时忌外人来。

第二十一节 鄂伦春族

一、概况

鄂伦春族有人口 8659 人(2010 年),主要分布在内蒙古自治区呼伦贝尔盟的鄂伦春自治旗以及黑龙江省和额尔古纳河、嫩江的支流、布库尔河、甘河、诺敏河等流域。

鄂伦春人过去世代以狩猎为生,过着漂泊不定、到处迁徙的生活。从 20 世纪 50 年代起开始定居下来,过着养猎并举、多种经营的生活。

鄂伦春族有自己的语言,属阿尔泰语系满—通古斯语族通古斯语支(也有学者把鄂伦春族从通古斯语族中单独列出)。无文字,现通用汉文。

二、民俗风情

(一)民居饮食

1. 居住习俗

"仙人柱"是鄂伦春族人传统的居室,圆锥形,用四根顶端带叉的木杆交叉搭成支撑架,然后再搭上几十根木杆,围成圆锥体,外面或覆盖狍皮围子或覆盖桦皮围子,门上挂狍皮或柳条门帘。易于拆卸搭建。解放后,人民政府帮助鄂伦春族建起了猎民新村,多为砖瓦结构的新房。现在,在鄂伦春新社区已建成了有自来水和供暖设备的现代住宅,花园、绿地、车房、仓库、活动中心等功能齐全。

2. 饮食习俗

鄂伦春族传统的饮食与他们的生产、生活关系密切,夏天是猎獐和狍子繁殖的季节,人们多吃獐、狍肉,还有野猪、鹿、熊肉。他们还喜欢生吃狍肉干,喝烧酒和马奶酒。小飞禽走兽也是鄂伦春人的食品。

野菜、野果、蘑菇、木耳等是猎民的日常食品。农业发展以后,他们吃粮食的机会逐步增多。而且特别喜欢吃一种烧面圈,鄂伦春语称为"布拉曼乌恩"。他们认为吃烧面圈,人会更聪明更勇敢。此外,他们还喜欢吃用野韭菜、野葱做馅的饺子。鄂伦春人的米食主要有"苏木逊"

东北鄂伦春族过去的民居——仙人柱

(稀粥)、"老考太"(黏粥)和干饭,而面食多为"高鲁布达"(面片)、"卡布沙嫩"(油饼)。

鄂伦春人的饮料主要是马奶酒和烧酒。此外,在严冬出猎之前,常喝一碗高热量的热熊油,以增强身体的御寒能力。

鄂伦春人不论在家还是在野外,每当饮酒和吃饭时,都会先敬山神和火神。

(二)服饰习俗

鄂伦春族人的服装以狍皮为主。因为狍皮不仅耐磨,防寒性能好,而且不同季节的狍皮,可以制作各种不同的衣着,主要有皮袍、皮袄、皮裤、皮套裤、皮靴、皮袜、皮手套、皮坎肩、狍头皮帽等。鄂伦春妇女加工的狍皮结实、柔软、轻便,为了适应寒冷气候和狩猎生活所创制的狍皮衣和狍帽,独具匠心,别具特色。鄂伦春族的狍头帽,戴上去很像一个狍子头,既生动又逼真,而且很保暖,非常精巧别致。女式皮袍上绣花和项圈很讲究。皮裤叫"额勒并依"。膝部饰有图案绣花。清末,鄂伦春地区随着布匹、绸缎的输入,人们逐渐改穿布料衣服,但狩猎时仍穿皮衣。现今大多数人穿布料服装。

鄂伦春族妇女善于刺绣,从头上戴的到脚上穿的,都要绣上花、鸟、鱼、虫和小动物的图案,显示了她们丰富的想象力和高超的艺术创造力。

(三)婚丧节庆

1. 婚姻习俗

过去,传统的鄂伦春族实行严格的氏族外婚制,互相通婚的氏族成员之间大多亲上加亲。家庭以父权为主。母权制残余表现在某些情况下舅父的权威作用；求婚认亲后，男方可以在女方家住，双方成年可以同居，甚至有孩子出世后，才过彩礼正式成亲。家庭财产继承权归男子。

鄂伦春族的婚姻分求婚、认亲、送彩礼和结婚等一系列的过程。男女婚嫁多由男方找媒人到女方家求婚。女方同意后，商定认亲、送彩礼的日期。结婚之日，新娘须由舅舅、伯伯等家里的亲戚相送，新郎则率领本氏族的兄弟在"乌力楞"（血缘相近的家庭公社）附近迎接。迎亲仪式后，男方家燃起篝火，开始婚宴。酒过数巡，人们唱歌、跳舞，直至深夜。最后，新郎、新娘用一个碗吃一种黏粥，并用一把刀吃一块肉，象征亲密和永不分离，而后进入洞房。

2. 丧葬习俗

鄂伦春人的丧葬主要有土葬、风葬和火葬。风葬时将尸体装入用柞木钻成的棺内，送到离"仙人柱"四五百米远的树林中，死者头朝南，放在约两米高的树杈上。也有把死者骑过的马用来陪葬的，并请萨满跳神。实行火葬的往往是得急病而死的青年及孕妇等。

3. 传统节庆

鄂伦春族的主要节日有除夕、农历新年、祭太阳、祭北斗星、元宵节、清明节、送火神、抹黑节等。春节前要进山打猎、冰上捕鱼准备过新年。腊月二十三火神上天，要供食品。除夕，家家户户祭祀祖先和北斗星，吃团圆饭，守夜。初一清晨人们忙着煮新年"谢纳温"（饺子），正月十六早上，有相互给对方脸上抹黑的习俗。

（四）宗教禁忌

鄂伦春族信仰萨满教，崇拜各种自然物，相信万物有灵，但以崇拜祖先为主。熊也是他们敬奉的内容之一。传说中，熊是人的祖先，早先人们不猎熊更不吃熊肉。

"德乐查"是鄂伦春人对太阳神的称呼，一般每年正月初一要拜此神。在鄂伦春族所供神像画的上角，都画有太阳的形象。人们发生争论或遇到不愉快的事情时都愿向太阳起誓和倾诉，以求得太阳神的庇护和保佑。

"白那查"是鄂伦春语中的山神，这也是自然崇拜的一种。鄂伦春长期过着在深山老林中游猎的生活。他们认为山中的野兽都是由"白那查"饲养和管理着的，因此崇拜山神，才能保证打猎有好运气。在山林中有时能见到大树根部被削掉一块皮，上面画着老汉的脸，这是鄂伦春人心目中山神的形象，猎人行至此处，都要下马崇敬地装烟、敬酒或取下几根马尾，系在山神像旁边的小树上。

鄂伦春人崇拜火，认为得罪了火神会遭殃，因此忌随便翻弄火，不能向火中吐唾沫，不能用脚踢火中的柴火。此外，鄂伦春人还有许多禁忌，如对猛兽不敢直呼名字，叫虎为"宝如坎"（神），或叫"木奴才文格齐"（长尾巴）；叫熊为"阿玛哈"（大爷）。在狩猎生产中也有许多禁忌，如出猎前不许告诉他人去向，打猎不能作计划,因相信野兽的肩胛骨有预知的本领。

第二十二节　高山族

一、概况

据 2010 年统计,分布在祖国大陆的高山族共有 4009 人,主要集中在河南、福建、广西等省区以及北京、南京、上海等城市。居住在中国台湾省的高山族约有41.5 万(2010 年),主要聚居在中部山区和东部的纵谷平原及兰屿岛上。台湾的高山族内部有阿美、泰雅、排湾、布农、鲁凯、卑南、邹、赛夏和雅美等不同名称。

高山族是一个能歌善舞的民族。被誉为"歌舞繁荣的社会"。其杵舞和长发舞都有很高的艺术水平。

高山族有自己的语言,属南岛语系印度尼西亚语族,没有文字,通用汉文。

二、民俗风情

(一)民居饮食

高山族的传统房屋一般用竹子做围墙,用木棍做立柱与横梁,以茅草盖顶。高山族喜欢一个宗支同住一处,每个村庄都建有未婚男子的集体宿舍——公廨。未婚男子在公廨接受生活、生理、道德方面的教育,婚后才可离开。公廨在村寨中央,公廨广场是村里人的活动中心。

高山族以稻米、粟米和甘薯为主食,烤鹿肉和酸鹿肉是高山族的风味食品。

(二)服饰习俗

高山族常用的衣料是用麻布自织的"番布"。高山族喜欢用鸡毛、鸟羽做头饰。成年男子喜欢穿鲜艳的腰裙,好穿长裙,妇女会染织各种彩色麻布,喜欢在衣襟、衣袖、头巾、围裙上面加上纤巧精美的刺绣。还喜欢用贝壳、兽骨等磨制各种装饰品。有的地区有断齿、文身、黥面的习俗。

高山族分为阿美、排湾、泰雅等部分,其服饰各具特色。泰雅、赛夏及部分阿美人,不论男女都穿着麻布裁制的无袖胴衣。有长有短,长及膝头的叫"鲁靠斯",短到肚脐的叫"拉当"。布农人和邹人男子多数用兽皮做外背心,胸前挂有方形斜折胸袋,既是装饰又很实用。排湾和阿美人则喜欢在衣服的袖、领、下摆镶上细条的衬色花边,腰部系半源裙,用黑布或鹿角作为头冠。高山族的男女都喜欢赤足,爱佩戴各种多姿多彩的头饰、耳饰、手镯、脚环和项链等,排湾人的男子头冠比女子头冠更为复杂和美观。

(三)婚丧节庆

1. 婚姻习俗

男女婚前社交自由。女子到了结婚年龄,父母就让她另室独居。男青年夜间来到姑娘住室的外边,用鼻箫或口琴吹奏倾诉衷肠的曲子,如果姑娘爱上了这个青年,就用口琴与对方相和,或直接把他请进屋谈情说爱。如果双方中意,可告知父母,行聘礼结婚。

高山族的婚姻实行一夫一妻制。排湾人是高山族的一个支系,其婚礼别具一格。婚礼那天,男方迎亲队伍个个佩刀带剑,威武神勇,由酋长、家长带领浩浩荡荡地从自家的板屋前出发到女方家去迎娶。新娘子高高端坐在结婚礼堂内的大秋千上,头上插着象征纯洁的羽毛。当新娘子荡完最后一次秋千时,新郎上前抱下她,这告示将走入人生的另一个阶段。女方家长在女儿荡完秋千后,就地点收聘礼,点收完毕就算与男方结亲了。

而台湾省东部屏东县雾台乡的鲁凯人,不仅平时喜欢长跑,就在结婚迎娶新娘时,都以长跑的形式进行。结婚那天上午,新郎带领亲戚好友,浩浩荡荡地跑到新娘家门,先递上聘礼,然后由新郎背上新娘,跑到族人为他们举行婚礼的广场上。在欢乐的歌舞声中,新郎背着新娘绕场跑两圈,表示接受族人的祝贺。婚礼结束后,新郎又背着新娘跑回家,表示新的生活开始了。

2. 丧葬习俗

高山族实行土葬,葬时要给死者穿上他生前最喜爱的衣服,多用棺材入殓。

3. 传统节日

高山族的节日往往与农事活动有关,比如播种节和丰收节,内容是祭祖、举行农耕仪式、会餐歌舞娱乐等。

阿美人每年在农历八月前后第一季稻子熟了的时候过"丰年节",举行7天7夜的庆祝活动。节日里要杀猪、宰老牛。他们平日一般不喝酒,但是到了节日就要聚在一起痛饮。喝酒时一定要唱歌跳舞。他们认为跳舞可以使祖先的灵魂得到娱乐,所以这个节日又叫"祖灵祭"。青年们把这个节日作为定情的日子,终身大事在这7天中决定,因此,这个节日也叫做"求婚节"。

排湾人有个五年一次的节日,叫"五年祭"。他们在节日里要饮酒唱歌跳舞,不同的是,他们还有一次"竹竿顶球"的活动。竹竿象征祖先长矛,那球则是敌人的脑袋。他们用这个仪式饮酒招魂,以祭祖先的战功。仪式完了,还要欢送神灵,祭神的东西是用网袋装好的酒和肉。

台东县一带的布农人,每年农历四月三十日要举行盛大的"打耳祭"活动,这是为了酬谢大自然的种种恩赐。

(四)宗教信仰、祭祀

高山族还保留原始宗教信仰和仪式,一般迷信鬼神,相信鬼魂不灭,崇拜祖先。

如排湾、鲁凯人还以百步蛇为图腾崇拜。每年举行各种祭祀活动。有狩猎祭、渔祭等。人死无棺椁,有固定的墓地。

本章小结

中国民族民俗是在长期的历史发展过程中形成的,每个民族在衣食住行、婚丧节庆、宗教信仰及禁忌等方面都有着自己的特点。民族民俗体现了该民族的地区特点和宗教特点,同时与社会经济的发展水平相适应。今天,我国各民族中一些不适应经济发展的民俗已逐渐消失。

思考与练习

1. 汉族民俗有哪些特点?
2. 试述壮族"铜鼓节"的主要活动。
3. 试述回族传统节庆与宗教的关系。
4. 维吾尔族的禁忌习俗有哪些特点?
5. 彝族传统饮食有哪些特点?
6. "那达慕会"来历如何?有哪些主要活动?
7. 藏族礼节习俗有何特点?
8. 瑶族妇女的发式和头部装饰有何特点?
9. 试述朝鲜族的服饰特点。
10. 傣族村寨之间有哪些禁忌?
11. 案例分析题

(1) 婚俗民风

北方少数民族送彩礼仪式别开生面。如,哈萨克族在送彩礼这一天,未婚夫在一群小伙子的陪同下,骑马驮着彩礼前往女方家。在离女家三五百米的地方,未婚夫要下马回避。这时女方前来迎接的年轻人,接过未婚夫的乘骑,驮着彩礼向自己家飞奔而去。女方的父母、亲朋好友在毡房外,热情欢迎男方宾客,未婚夫则在女方妇女的陪同下来到女方家门口。这时,一群德高望重的老年妇女,向未婚夫身上撒喜食(如糖果、奶疙瘩等食物),然后女方家宰羊招待所有的来客。

请问:[1]哈萨克族送彩礼仪式的特点有哪些?

[2]假如你是一位旅游服务人员,参加该民族婚礼时应注意什么?

(2) 民族识别

假如你是一位旅游服务人员,在你带来的团队中有身穿下列服饰的人员,请你识别一下是哪个民族,并简要分析他们代表的民族的服饰特性。

[1]旗袍马褂

[2]白衣民族

[3]牧区的冬装多为皮衣,也有以绸缎、棉布做衣面的。夏季一般穿布类。长

袍身段肥大,袖子长。衣服颜色爱用红、黄、深蓝色。男女长袍下面均不"开衩",都喜爱用红绿绸缎做腰带。

[4]男子习惯戴白帽和黑帽,妇女戴黑、白或绿色的帽子。

[5]男子穿的长袍叫"袷袢",右衽斜领,无纽扣。系腰带,宽短袖,外衣长及过膝。妇女则喜穿色彩艳丽的连衣裙,外套黑色的对襟背心或西装上衣。

第三章

世界民族概述

本章导读

本章是了解世界民族基本情况的入门篇,主要按亚、非、欧、美、大洋洲的顺序。介绍了各地区的民族人口、分布、种族、语言、宗教以及民族形成的过程。种族、民族的流动、融合,形成了当今世界民族的格局,这是本章所要阐述的主要问题。

第一节 亚洲民族概述

一、地理、国家和人口

(一)地理

亚洲位于东半球的东北部,东边濒临太平洋,北边相邻北冰洋,南边到印度洋,西边到地中海。陆地面积约为4400万平方公里,约占世界陆地总面积的29.4%。地形起伏大,中部高,四周低。山地、高原、丘陵约占全洲面积的3/4;平均海拔950米,是世界上除南极洲外地势最高的洲。

亚洲的气候从南到北跨热、温、寒三个气候带。北部气候寒冷,降水稀少;东部是温带季风气候,夏季高温多雨,冬季寒冷干燥;中西部属温带大陆性气候,多沙漠、少雨水,昼夜温差大;南部终年炎热。亚洲动植物资源丰富,矿藏十分丰富。

世界古代文明四大发祥地,有三个地方位于亚洲:它们是两河(幼发拉底河、底格里斯河)文明、印度河文明和黄河文明。这些古代文明对亚洲古代民族的形成发展起了重要作用。亚洲是世界上最先驯化动物、培育植物的地区。据研究,大麦、小麦源于西亚;水牛和猪最早驯养于东亚;山羊、绵羊和马最早驯养于西亚。农业上的人工灌溉也起源于亚洲。中国的四大发明闻名世界。

亚洲地区的居民和民族对人类古代文明作出了不可磨灭的贡献。在整个世界古代史上,亚洲在社会经济、文化科技方面处于领先地位。只是到了近、现代,亚洲由于外部和内部的原因落伍了。第二次世界大战结束后,亚洲各国先后独立,走上了各自发展的道路。

(二)国家和人口

亚洲有48个国家和地区,据2000年中国人口和计划生育委员会统计,有人口36.84亿。

亚洲国家大多为多民族国家。如印度尼西亚,国内有上百个民族;中国、越南和菲律宾,拥有50多个民族;缅甸、伊朗和阿富汗有30多个民族。在亚洲,还有一些民族被国界所分割,民族地域相连,政治上却分属不同的国家,例如,库尔德人分布在伊朗、伊拉克、叙利亚和土耳其四国交界地区;旁遮普人居住在印度和巴基斯坦边界线两侧;俾路支人居住在伊朗、阿富汗和巴基斯坦三国相邻的地区;阿拉伯人分居在西亚好多个国家。

从民族结构来看,亚洲国家大体可分以下四类:

一是民族成分比较单纯的国家,如朝鲜、日本、孟加拉国及大多数阿拉伯国家,主体民族都占全国人口的95%以上;

二是少数民族人口较少的国家,如中国、越南、缅甸、柬埔寨、斯里兰卡、伊拉克、叙利亚和土耳其等,主体民族约占全国人口的70%以上;

三是少数民族人口较多的国家,如老挝、马来西亚、巴基斯坦、阿富汗和伊朗等,主体民族约占全国总人口的50%以上;

四是有两个以上较大民族的国家,如印度、菲律宾和印度尼西亚等,国内民族众多,但没有一个民族的人口超过全国总人口的半数。

二、亚洲民族的形成与发展

人类进化发展的历程,可追溯到300多万年以前。人类最早的发源地在非洲、东部。原始社会是人类发展的第一阶段,迄今为止,整个社会时代已占到人类发展的99.8%的时间。到距今五六千年前,地球上才开始有部分人类进入文明社会。

现代民族形成于资本主义上升时期,所以将资本主义的开始作为分界线——资本主义以前的民族统称为古代民族,之后的则称为现代民族。严格地讲古代民族,还应分为原始社会的民族、奴隶社会的民族和封建社会的民族。生活在原始社会的原始民族,是人类最早形成的民族,系由部落发展而成,一般先由部落结合成部落联盟,然后再进而发展为民族。当人类进入阶级社会以后,氏族和部落开始逐渐消亡,许多古代民族也就在这期间开始形成。原始社会结束的时间在世界各地不一,至今个别地方、有的民族仍然停留在原始社会阶段。

世界各地的早期古代民族,由于各种历史原因,在其发展的过程中,结果也各有不同。从各大洲的历史情况来看,许多古代民族很早就从历史舞台上消失了,这分两种情况:一是比较弱小的民族被比较强大的民族强迫同化了;另一种是社会发展阶段比较落后的民族被比较先进的民族自然同化了。

人类在世界五大洲的扩散和分布,是一个渐进的、缓慢的迁徙过程。早期,人类凭借种种掌握的劳动工具、技术知识和物质文化,活跃在亚、非、欧三大洲所有适合人们生存的地区。不久,又有一些群体先后迁徙到美洲和大洋洲大陆,成为那里的早期民族。

亚洲是世界古代民族形成与发展的摇篮之一。早在公元前3000年至公元前2000年之间,西亚、南亚和东亚的新石器文化体系发展为对人类历史具有深远影响的三大文明中心,即西亚的两河流域文明、南亚的印度河流域文明和东亚的中国黄河流域文明。三大文明地区的民族都以定居农业为经济基础,并建立了早期的政治和城市文明,并且都进入文字时代。创造三大文明的民族是多种族、多部落长期融合的结果。

西亚两河流域早期的民族应是苏美尔人。据研究,其语言是高加索语系和达罗毗荼语系的混合体,甚至还受到阿尔泰语言和闪语的影响。后来,阿卡德人(巴比伦北部,讲闪语)、埃兰人(居伊朗高原西南部,属达罗毗荼语系)、阿摩利人(闪语民族)、赫梯人(印欧语系民族)、希伯来人(闪语民族)、阿拉米人(来自今叙利亚地区,闪语民族)、波斯人(印欧语系伊朗语族民族)相继在这里崛起并强大;与此同时,亚历山大帝国、罗马帝国也征服过这个地区。7世纪,阿拉伯人兴起,不久他们征服并统一了西亚地区。再后来,又有蒙古人、土耳其奥斯曼帝国征服西亚。到16世纪西方殖民者到来之前,西亚的民族格局已基本形成。

在南亚,最早的居民被认为是澳大利亚人种的维达人和尼格利陀人,他们是黑色人种。不久,操达罗毗荼语的人居于这里,并创造了著名的印度河流域文明(又称哈拉巴文化)。约在公元前2000年中叶,起源于亚欧大陆北部草原地带的一支雅利安人(欧语系居民)进入南亚,将达罗毗荼人部分同化,部分赶到印度南部。公元前1000年中叶后,又先后有波斯人、希腊人、安息人、塞种人、大月氏人、突厥人、阿拉伯人、蒙古人来到这里。经过长期的战争和迁徙,到16世纪西方殖民者到来之前,南亚地区的民族格局也基本形成。

在东亚,黄河流域的夏朝于公元前16世纪为商朝所代替。公元前11世纪,商又被周朝所灭。秦汉时期,汉族逐渐形成,由于其强大的农业经济和较为发达的文化以及人数众多等因素,在其发展过程中,像滚雪球似的不断融合了其他民族,使其不断发展壮大;同时,其经济文化又不断影响着东亚乃至东南亚的许多民族。中国的少数民族基本上是分布在汉族周围,受汉族文化影响在长期历史过程中而形成。东亚的日本人、朝鲜人等民族在长期的封建社会中也受到汉文化的影响。

据研究,东南亚的最早居民应为澳大利亚人种维达类型的黑人。到新石器时期,不断有新的移民从北方涌入。约公元前后,马来族系和孟高棉族系已具雏形。马来族系的居民主要分布在海岛地区,属南岛语系;孟高棉族系的居民占据大陆的大部分地区,属南亚语系。中古时期,汉藏语系民族涌入,泰人征服孟人而占据湄南河流域;缅人征服孟人和骠人而占据今缅甸地区;越南人征服占人,并脱离中国。

东南亚地区的民族格局大体形成。

亚洲民族是历史上许多民族（定居农业的、游牧的）、种族（蒙古人种、澳大利亚人种、欧罗巴人种）长期混合的结果。"二战"以来，亚洲各国相继独立，进入了建立现代民族国家的时代。

三、人种和民族

（一）人种

亚洲的人种十分复杂，世界三大人种在这里均有分布，此外，还有一些混合类型。

蒙古人种。蒙古人种在亚洲主要分布在东亚和东南亚，又可分为北、南、东三支。蒙古人种的北支主要分布在中国长城以北和昆仑山脉以北，包括阿尔泰语系各民族。蒙古人种的南支主要分布在昆仑山脉和长江以南地区，与北支相比，其皮肤、头发和眼睛的颜色都要深一些，身材较矮。从语言上来看，南支除中国南方（长江以南）汉族人外，还包括藏缅语族、壮侗语族、苗瑶语族、越芒语族、孟高棉语族和印度尼西亚语族的众多民族。蒙古人种的东支介于北、南两支之间，其体质特征也是如此。东支主要分布在昆仑山脉以东和长江以北，包括中国北方汉族人，以及朝鲜人和日本人。

欧罗巴人种。在亚洲只有南支中的印度—地中海类型，主要分布在南亚和西亚。从所操语言来看，包括有印欧语系伊朗语族和印度语族各民族、闪含语系闪语族部分民族，以及阿尔泰语系操突厥语族语言的部分民族。

尼格罗—澳大利亚人种。分布在亚洲的主要有三个类型，即维达类型、尼格里陀类型和巴布亚类型。维达类型的民族主要分布在印度的中部和东部、斯里兰卡、马来半岛以及印度尼西亚个别地区，有维达人、部分比哈尔人、塞诺人、托亚拉人等。尼格里陀类型主要分布在安达曼群岛、马来半岛、菲律宾和印度尼西亚东部，有安达曼人、塞芒人、阿埃塔人和塔皮罗人等。巴布亚类型主要分布在印度尼西亚东部，包括西伊里安的巴布亚各族。

除三大人种以外，亚洲还有三种混合人种类型：一是阿伊努人类型，兼有蒙古人种和尼格罗—澳大利亚人种的体质特征；二是达罗毗荼人类型，兼有欧罗巴人种和尼格罗—澳大利亚人种体质特点；三是中亚人种类型，兼有欧罗巴人种和蒙古人种的体质特征。

（二）民族

亚洲是世界上民族和民族人口最多的一个洲。在全世界两千多个民族中，亚洲约占一半；全世界人口上百万以上的民族共有305个，亚洲占1/3；全世界人口上千万以上的民族共有65个，亚洲占有32个。在亚洲，人口在百万以上的民族有90多个，约占亚洲总人口的97.4%；人口上亿以上的民族有4个；即汉人、印度斯坦人、孟加拉人和日本人。

亚洲国家大多为多民族国家,各民族的社会、经济和文化发展很不平衡。有一些经济文化发展比较落后的民族,正在被国内经济文化较发达的主体民族所同化,或是与周围比较发达的少数民族相融合,或是由几个较小的民族结合为一个较大的民族。如在菲律宾和印度尼西亚,国内不少民族在体质(马来人种)、语言(南岛语系)、文化(宗教相同)上彼此很相近,因而他们相互之间的同化和融合过程正在以不同层次、不同方式进行。与此同时,在亚洲一些国家和地区,民族发展的程度有相当差异。有的民族内部比较统一,地方差异较小,民族意识较强;有的民族内部尚未统一,地方差异较大,民族结合的过程还在进行;有的民族则处于分化过程中,即由一个古老的民族发展为现代若干民族。如西亚古老民族阿拉伯人,由于所分属国家不同以及所受他族影响不一,彼此之间已出现某些差异。他们由于语言的差异(现已有沙特、叙利亚、伊拉克和南方阿拉伯等多种方言)、宗教派别的不同以及其他差异,正在以国家为单位逐渐发展成不同的现代民族。

四、语言和宗教

亚洲民族的语言和宗教十分复杂,这与各个民族所在的地域、相互间的迁徙、影响等有一定关系。

(一)语言

亚洲民族的语言主要分属七大语系,即汉藏语系、印欧语系、南岛语系、达罗毗荼语系、南亚语系、阿尔泰语系和闪含语系。其中,讲汉藏、达罗毗荼和南亚三大语系语言的人,除少数移民外,全都分布在亚洲。

在亚洲,属于汉藏语系的民族人数最多,共约12.8亿(1990年),约占亚洲人口的42.9%。主要分布在中国和东南亚,少数分布在南亚东北部。汉藏语系分汉、藏缅、壮侗和苗瑶4个语族。讲汉语的民族主要有汉族、回族、满族等,主要分布在中国和东南亚。讲藏缅语的民族主要有藏、缅、彝、羌、克伦、景颇、尼瓦尔族等,分布在中国、中南半岛和喜马拉雅山区。讲壮侗语的民族,主要有壮、傣、侗、水、黎、泰、掸、岱、侬、老挝等族,分布在中国、越南、缅甸、老挝和泰国。讲苗瑶语的民族,主要有苗、瑶两个民族,分布在中国南方及越南、老挝和泰国的北部山区。

属于印欧语系的民族,共约9.3亿多人,约占亚洲人口的28.4%。印欧语系在亚洲主要有印度和伊朗两个语族。其中,操印度语族语言的民族有8.3亿多,主要有印度斯坦人、比哈尔人、马拉地人、古吉拉特人、孟加拉人、奥里雅人、旁遮普人、阿萨姆人等,分布在南亚北部;操伊朗语族语言的民族共约0.84亿,主要有普什图人、伊朗人、库尔德人、塔吉克人等,分布在西亚和中亚。

南岛语系是亚洲第三大语系,使用人口约2.5亿,占亚洲人口的7.9%。主要民族有马来人、爪哇人、马都拉人、他加禄人、比萨扬人和米南卡保人等,分布在东南亚各岛国。我国台湾省的高山族的语言也属于南岛语系。

属达罗毗荼语系的民族共约2亿多人,约占亚洲人口的6.6%。主要民族有泰卢固人、泰米尔人、马拉雅兰人和坎纳拉人等,分布在南亚的南部。

属南亚语系的民族共约8400万,约占亚洲人口的2.7%。南亚语系分越芒、孟高棉、马六甲、崩龙—佤、蒙达和尼科巴6个语族,主要民族有越人、芒人、孟人、高棉人、塞诺人、塞芒人、德昂人、佤人、蒙达人、桑塔尔人和尼科巴人等,分布在越南、柬埔寨、缅甸、中国西南、中南半岛、印度中部山区及尼科巴群岛等地。

阿尔泰语系所属各民族在亚洲共约8100万人,约占亚洲人口的2.6%。阿尔泰语系分满—通古斯语族、蒙古语族和突厥语族。操满—通古斯语的民族主要有满、锡伯、赫哲、鄂温克、鄂伦春等,分布在中国东北和新疆。操蒙古语族语言的民族主要有蒙古、达斡尔、东乡、保安、莫戈尔等,分布在中国、阿富汗和蒙古国。操突厥语族语言的民族主要有维吾尔、哈萨克、吉尔吉斯、乌孜别克、阿塞拜疆和土耳其等,分布在中国西北、中亚、伊朗、阿富汗和土耳其。

闪含语系中只有闪语族在亚洲,主要民族是阿拉伯人和犹太人等,分布在西亚。

除七大语系外,还有巴布亚语和高加索语系,操这些语言的民族人口约占亚洲人口的0.1%,主要分布在印度尼西亚东部、东帝汶和高加索地区。

此外,在亚洲还有一些语言的系属尚未确定,或是孤立语言。它们是日语(使用人口1.23亿)、朝鲜语(使用人口6500多万)以及阿伊努语(日本)、安达曼语(印度)、布里什语(克什米尔)。

(二)宗教

亚洲是世界三大宗教佛教、基督教和伊斯兰教的发源地。除世界性宗教外,亚洲还有一些影响较大的地地区性宗教。

佛教。佛教于公元前6世纪至公元前5世纪起源于印度。公元前3世纪向周边国家传播,先后传入东亚、东南亚和中国等地区。佛教分为上座部和大众部两派,后来大众部的一些支部演变形成为大乘佛教,而贬称上座部为小乘。喇嘛教则是由大乘佛教中的一支密教与西藏地方宗教相结合而形成。

据1984年统计,亚洲佛教徒共约2.44亿,约占世界佛教徒总数的96%。在亚洲,信奉大乘佛教(又称北传佛教)的民族主要分布在中国、朝鲜、日本、越南;信奉小乘佛教(又称南传佛教)的民族主要分布在斯里兰卡、缅甸、老挝、柬埔寨、泰国,以及中国云南省部分地区;信奉喇嘛教的民族主要分布在中国的西藏、青海、内蒙古等地以及尼泊尔、锡金、不丹、蒙古人民共和国、俄罗斯西伯利亚地区和印度北部等。

基督教。基督教于公元1世纪在西亚形成,公元初曾传入印度、斯里兰卡等亚洲国家。但基督教大规模传入亚洲,则是公元16世纪随着欧洲殖民者的侵略扩张而来。

据1984年统计，亚洲约有基督教徒8600万人，占世界基督教徒总数的9%。信仰基督教的民族，在亚洲主要分布在菲律宾、塞浦路斯、黎巴嫩和东帝汶等国。

伊斯兰教。伊斯兰教于公元7世纪形成于西亚阿拉伯半岛，其教徒被称为"穆斯林"。8世纪后，伊斯兰教在亚洲迅速传播，后来又传播到非洲和欧洲。伊斯兰教主要分逊尼和什叶两大教派。

据1984年统计，亚洲有伊斯兰教徒共约4.3亿人，占世界总数的80%。目前，伊斯兰教在西亚和中亚的多数国家是主要宗教，只有以色列和塞浦路斯除外。在西亚，信仰伊斯兰教的民族主要分布在沙特阿拉伯、叙利亚、伊拉克、科威特、伊朗、阿富汗、土耳其、也门等国；在中亚，有乌兹别克斯坦、哈萨克斯坦、吉尔吉斯斯坦、塔吉克斯坦、土库曼斯坦；在高加索地区有阿塞拜疆；在南亚，信仰伊斯兰教的民族主要分布在巴基斯坦、孟加拉、马尔代夫；在东南亚，信仰伊斯兰教的民族主要分布在印度尼西亚、马来西亚、文莱。此外，在印度、缅甸、泰国、新加坡以及中国也有部分民族信仰伊斯兰教。

印度教。印度教起源于古代印度雅利安人的婆罗门教，公元9世纪取代佛教成为印度的国教。目前，印度教徒主要分布在南亚地区。据统计，印度教徒在印度占全国人口总数的83%，在尼泊尔占85%，在斯里兰卡占18%。此外，在东南亚的马来西亚、印度尼西亚等地也有部分印度教徒。

印度泰姬陵

耆那教。耆那教于公元前6～前5世纪产生于印度，其基本教义是业报轮回、灵魂解脱、非暴力和苦行主义。耆那教于公元4～13世纪曾在印度广泛流行，13世纪以后随着伊斯兰教在印度的传播，信徒渐少。近代以来，耆那教传入了斯里兰卡、阿富汗、伊朗、中亚等地。

锡克教。锡克教自16世纪以来流行于印度，尊那纳克为教祖，奉《格兰特·

沙哈卜》为主要经典。教义主张业报轮回,在神面前人人平等,个人灵魂只有与神结合才能解脱,提倡修行。锡克教徒主要分布在印度旁遮普等地,其教徒又被称为"锡克人"。

犹太教。犹太教大约于公元前11世纪产生于西亚,奉耶和华为"唯一真神",认为犹太人是耶和华的"特选子民"。其经典除《圣经》外,还有公元2~6世纪编纂的口传律法《塔木德》。犹太教徒在亚洲主要分布在以色列。

神道教。神道教为日本的民族宗教,形成于公元5~6世纪。该教教义受中国儒教伦理思想和佛教教义影响较大。信仰多神,特别崇拜作为太阳神的皇祖"天照大神",并认为天皇是"天照大神"的后裔。明治维新后,为了巩固皇权,日本曾以神道教的神社神道作为国家神道。今神道教作为日本的民间宗教,在社会上仍有一定影响。

此外,在东北亚一些满—通古斯语族的民族还保留着对萨满教的信仰。在南亚、东南亚,不少狩猎—采集部落和部分刀耕火种的民族,还保留着自然崇拜、精灵崇拜以及祖先崇拜的古老信仰。这些民族大多生活在海岛内地、大陆高山林区等偏僻地区。例如加里曼丹岛上的达雅克人、伊班人;苏门答腊岛上的巴廷人、库布人;中南半岛上的塞诺人、塞芒人、拉瓦人等;印度半岛上的桑塔尔人、贡德人、卡西人、蒙达人等。

在亚洲,宗教因素对民族生活的影响是相当大的,特别是当宗教信仰成为维系民族感情的纽带和区分民族差别的重要标志时,其作用和影响更加突出。随着科学技术的进步和人们文化教育水平的提高,宗教对民族的影响在有些国家已逐步缩小。

第二节 欧洲民族概述

一、地理、国家和人口

(一)地理

欧洲全称欧罗巴洲,位于东半球的西北部,北临北冰洋,西临大西洋,南隔地中海与北非相望,东部与亚洲大陆相连,以乌拉尔山、乌拉尔河、高加索山脉、博斯普鲁斯海峡、达达尼尔海峡与亚洲分界。土地面积为1016万平方公里,约占全球陆地总面积的7%,是世界第四大洲。欧洲也是世界上平均海拔最低的一个洲,平均高度只有300米。平原约占欧洲总面积的60%,大多在海拔200米以下。欧洲的海岸线曲折复杂,长约37900公里;半岛和岛屿较多,占全洲总面积的1/3以上。

由于受北大西洋暖流的影响,欧洲一些地区虽已进入北极圈内,但并不太冷,基本上属于温带气候。北欧及俄罗斯北部地区属于寒带气候,在那里冬季严寒而又漫长。

(二)国家和人口

欧洲大陆东起俄罗斯境内的乌拉尔山脉,西到葡萄牙的罗卡角,南到西班牙的马罗基角,北至挪威的诺尔辰角。全洲共有人口7.28亿(2000),约占世界人口的11.99%。

欧洲共有45个国家和地区,分别是瑞典、芬兰、挪威、冰岛、丹麦、荷兰、法国、德国、比利时、摩纳哥、英国、爱尔兰、安道尔、瑞士、奥地利、卢森堡、列支敦士登、俄罗斯、白俄罗斯、乌克兰、摩尔多瓦、拉脱维亚、立陶宛、爱沙尼亚、匈牙利、罗马尼亚、波兰、捷克、斯洛伐克、西班牙、葡萄牙、意大利、圣马力诺、马耳他、希腊、阿尔巴尼亚、保加利亚、塞尔维亚和黑山、克罗地亚、斯洛文尼亚、马其顿、波黑(波斯尼亚和黑塞哥维那)。此外还有3个地区,即梵蒂冈、直布罗陀、法罗群岛。

欧洲国家在现代民族的形成和发展上,早于其他洲。早在19世纪中叶,在近代历史时期,随着资本主义的兴起和发展,在欧洲西部形成了一系列的民族国家,即许多大民族的分布地域与国界大体一致或接近,只是在民族交界地区民族成分比较混杂一些。所谓"民族国家"是指人数较多而经济文化又比较发达的民族而言。至于那些人数较少而又长期受排挤的民族,则全都未能建立自己的民族国家。这种情况在西欧多有存在,而在东欧更为典型。在西欧地区形成民族国家的同时,东欧则形成了一些多民族国家。所以,今日东欧国家的民族构成要比西欧国家较为复杂一些。

二、欧洲民族的形成与发展

与世界其他各洲相比,欧洲民族文明起点并不是世界上最早的,但欧洲民族后来的发展过程却比较活跃。欧洲是欧罗巴人种的主要分布地区,也是印欧语系民族分布的主要地区。欧洲现代民族也是历史上许多民族相互混合的结果。

早在公元前3000年,伊比利亚人就分布在欧洲大西洋沿岸地区、比利牛斯半岛和不列颠岛等地。早在公元前5世纪前,古希腊人就创造了辉煌的希腊文化。公元前5世纪,伊利里亚人分布在巴尔干半岛西部。公元前10世纪,克尔特人分布在今法国、比利时、卢森堡、荷兰南部、瑞士西部一带。公元前3000~前1000年,芬人(又称芬尼人)分布在今波罗的海沿岸及北欧一些地区。古希腊人是欧洲文明的奠基者,其文化对欧洲各民族的影响源远流长。公元前后,希腊文化的继承者罗马人兴起并强大。不久,强大的罗马帝国相继征服了西欧广大地区,所征服地区在文明和语言上逐渐罗马化——即语言上改操拉丁语。在后来的历史过程中,日耳曼人曾灭亡西罗马帝国,并建立了许多日耳曼人国家。但先进的罗马文化和语言反而将日耳曼人所同化。这就形成了西欧大多数民族至今仍操罗曼语(拉丁语)的原因,只有个别民族如希腊人(希腊语)、巴斯克人(古伊比利亚语演变而来)、阿尔巴尼亚人(古伊利里亚语演变而来)及爱尔兰人(克尔特语)还沿用其先民的语言。今天,罗曼语族主要民族有法兰西人、意大利人、西班牙人、葡萄牙人、罗马尼亚人等。

在中欧地区,古老的日耳曼人一直活动在这里。公元5世纪前后,大批日耳曼人西迁到西欧罗马帝国境内,有部分进入不列颠岛及北欧地区。进入西欧的日耳曼人大多被罗曼化;不列颠岛上的居民语言上多数被日耳曼化;北欧地区被日耳曼人征服后,多数地区也日耳曼化。这就形成了后来中欧、不列颠岛、北欧多数地区印欧语系日耳曼语族的民族。部分没有被日耳曼化的民族,则形成了后来的乌拉尔语系中的芬兰—乌戈尔语族诸民族。今天,主要有芬兰人、萨阿米人、爱沙尼亚人等。今天,日耳曼语族诸民族主要有德意志人、英格兰人、荷兰人、瑞典人、丹麦人、挪威人、佛拉芒人等。

在东欧地区,公元初即活动着古斯拉夫人,他们长期处于与欧亚古代文明中心隔离的状态。今波兰维斯瓦河河谷为斯拉夫人的故乡。公元4~6世纪,部分斯拉夫人南迁,来到巴尔干半岛。他们同化了当地的伊利里亚人和色雷斯人,成为后来南斯拉夫各民族的先民。向东迁徙的斯拉夫人,后来形成了东斯拉夫各民族,即今天的俄罗斯人、乌克兰人和白俄罗斯人。在原先故地周围发展的斯拉夫人形成了后来的西斯拉夫诸民族,即波兰人、捷克人和斯洛伐克人等。

欧洲现代民族大多数是在15~17世纪形成。在经历了封建君主专制、资本主义经济的发展、文艺复兴和宗教改革等,欧洲大多数民族现代民族的语言、文化特征最终形成,而人文主义对欧洲民族的心理素质有一定影响。

三、人种和民族

(一)人种

欧洲各民族基本上都是白种人,在人种学上属欧罗巴人种。欧罗巴人种又分为南北两支,在各支中还可以分为一些不同的类型。

欧罗巴人种的北支可分为大西洋—波罗的海类型和白海—波罗的海类型。据研究,欧罗巴人种起源于高加索地区,后来向南迁徙的人群逐渐形成了南支,向北迁徙的人群逐渐形成了北支。南支的形成早于北支,大约在中石器时代,随着冰川的后退,人们逐渐向北迁徙,最后到达北海、波罗的海和白海的沿岸一带。由于越往北,日照越弱,人体各部分的色素逐渐减退,从而形成了世界上肤色最白的人种类型。欧罗巴人种曾广泛地分布于从不列颠岛到乌拉尔山脉一带。后来,由于蒙古人种自东向西推进,越过乌拉尔山,逐渐渗入北欧的白种居民之中,使他们形成了某些新的体质特征,形成了白海—波罗的海类型,而有别于未受蒙古人种影响的大西洋—波罗的海类型。

大西洋—波罗的海类型人种的体质特征,主要是身材高大、皮肤白皙;金发碧眼,头发细软呈波浪状,胡须和体毛发达;鼻子较长,鼻梁隆起。主要分布在北欧各国以及英、法、德、荷兰、比利时等国的北部,多为日耳曼语族,也有一部分罗曼语族。

白海—波罗的海人种类型与大西洋—波罗的海类型相比,身材略低,皮肤和头发、眼睛的颜色都很浅;脸形较宽,头发细软呈波状,胡须和体毛中等浓密;鼻子较短,鼻梁较直为凹形。这部分人主要分布在波罗的海的南岸和东岸,直到乌拉尔山一带,其代表为芬兰人,还包括北部的俄罗斯人和白俄罗斯人、立陶宛人、拉脱维亚人、卡累利阿人、维普斯人以及伏尔加河沿岸的一些民族。

欧罗巴人种的南支可分为地中海类型和巴尔干—高加索类型。

地中海类型的体质特征是:皮肤和头发、眼睛的颜色很深,呈褐色或黑色;头发呈波状,有的卷曲;胡须和体毛发达;颧骨不太明显,面庞较窄,中部突出;鼻子高大,鼻梁平直或隆起;身材中等或偏高。在欧洲,主要分布在西南部,西班牙人是这种类型的典型。此外,还分布于意大利和法国的南方(以及北非、西亚和南亚次大陆北部),包括有葡萄牙人、意大利人、南法兰西人以及其他罗曼语族的民族。

巴尔干—高加索类型与地中海类型相比,身材较高;鼻梁更高,鼻尖多呈鹰嘴状;肤色均为暗白色,有的甚至为褐色。主要分布于中南欧,即巴尔干半岛、高加索地区以及奥地利南部、意大利北部、希腊北部等一些地区的民族。

在南支与北支之间还有一个过渡类型,一般称作中欧类型或阿尔卑斯类型。其体质特征介于欧罗巴人种南支和北支两者之间:皮肤、头发、眼睛的颜色比南支浅,比北支深;身材比南支高,比北支矮;其余特征则与南北两支类型大体相同。分布地域主要从莱茵河到伏尔加河的中欧和东欧广大地区,包括北法兰西人、北奥地利人、捷克人、斯洛伐克人、匈牙利人、西乌克兰人和南白俄罗斯人以及中部地区的俄罗斯人等。

(二)民族

除近代以来进入欧洲各国的移民以及高加索地区外,欧洲共有80多个民族,包括西欧、东欧和俄罗斯的欧洲部分。其中人口上亿的民族只有俄罗斯族(1.2亿);上千万的民族有13个,按人口数量依次为:德意志人(8415万)、意大利人(6534万)、英格兰人(4772万)、法兰西人(4740万)、乌克兰人(4515万)、波兰人(4270万)、西班牙人(2950万)、罗马尼亚人(2070万)、匈牙利人(1450万)、葡萄牙人(1335万)、荷兰人(1280万)、希腊人(1165万)、捷克人(1057万);人口在500万以上的有白俄罗斯人(946万)、保加利亚人(872万)、塞尔维亚人(863万)、瑞典人(810万)、加泰隆人(729万)、奥地利人(722万)、佛拉芒人(693万)、爱尔兰人(573万)、丹麦人(514万)、苏格兰人(501万)。

与亚洲、非洲相比,欧洲国家的民族结构不太复杂,大多数国家中主体民族人口所占比例较大。在欧洲,主体民族占全国总人口90%以上的国家有20多个,他们是:德国(德意志人 99.6%)、意大利(意大利人 97.7%)、波兰(波兰人 98.2%)、挪威(挪威人 95%)、瑞典(瑞典人 90%)、丹麦(丹麦人 97%)、荷兰(荷兰人 94.5%)、阿尔巴尼亚(阿尔巴尼亚人 98%)、奥地利(奥地利人 91.5%)、芬兰(芬兰人 93.6%)、卢森堡(卢森堡人 90.5%)、希腊(希腊人 98%)、斯洛文尼亚(斯洛文尼亚人 90%)、冰岛(冰岛人 96%)、爱尔兰(爱尔兰人 96%)、匈牙利(匈牙利人 96%)、马耳他(马耳他人 95%)、圣马力诺(圣马力诺人 90%)、葡萄牙(葡萄牙人 99%)、法国(法兰西人 90%)、捷克(捷克人 90%)。主体民族占全国总人口 70%、90% 的国家有:罗马尼亚(罗马尼亚人 89.47%)、保加利亚(保加利亚人 85.5%)、英国(英格兰人 77.5%)、西班牙(西班牙人 70.6%)、俄罗斯(俄罗斯人 81.5%)、乌克兰(乌克兰人 74%)、白俄罗斯(白俄罗斯人 80%)、斯洛伐克(斯洛伐克人 85.3%)、瑞士(德意志瑞士人 74%)、克罗地亚(克罗地亚人 86%)。

在欧洲,按人口的民族结构来划分,大体可分为以下三类:

一是民族成分比较单纯的国家。在欧洲,约有一半以上的国家属于民族成分比较单纯的国家,如德国、波兰、意大利、挪威、丹麦、冰岛、爱尔兰、葡萄牙、匈牙利、马耳他等,主体民族人口在全国人口中均占 95% 以上。

二是一些国家拥有较多的少数民族人口,如法国、罗马尼亚、芬兰、保加利亚等。

三是还有一些国家属于多民族国家,如瑞士、西班牙、比利时、英国、俄罗斯、波斯尼亚和黑塞哥维那(简称波黑)、马其顿等国。在这些多民族国家中,有的是少数民族人口众多,有的则是拥有两个以上的主体民族或人数较多的民族。例如,在英国除主体民族英格兰人外,还有一定数量的苏格兰人、威尔士人、爱尔兰人和盖尔人;在比利时,有佛拉芒人和瓦隆人两个主体民族;在瑞士,有德意志瑞士人、法兰西瑞士人、意大利瑞士人和雷托罗曼人;在西班牙,有西班牙人、加泰隆人、加利西亚人和巴斯克人;在波黑,有

法国巴黎凯旋门

"穆斯林"、塞尔维亚人、克罗地亚人;在马其顿,有马其顿人、阿尔巴尼亚人;在俄罗斯,除主体民族俄罗斯人外,还有一定数量的鞑靼人、乌克兰人、楚瓦什人、巴什

基尔人、白俄罗斯人、莫尔多瓦人等。

欧洲各国民族结构自近代以来缓慢地发生着变化,产生这种变化的因素主要有:一是各民族的人口自然增长率,即民族人口的出生率和死亡率不一。在人口自然增长率方面,在东欧各国人口自然增长率为最高,略高于7%,南欧次之,将近6%;而北欧和西欧都是1%。经济发达的国家民族出生率、死亡率和人口自然增长都很低,有的国家甚至出现负增长,如德国、比利时和北欧一些国家。二是移民现象。由于西欧和北欧多数国家经济发达,生活水平高,劳动力缺乏,由此成为吸引现代移民的地方。由于移民,这些国家的民族结构开始发生变化。

四、文字语言

(一)文字

欧洲各民族使用的文字有共同的特点,即都为拼音文字。在印欧语系中,希腊字母是欧洲拼音文字的鼻祖,希腊文明至今仍为欧洲人引以自豪和崇拜。所以,希腊文使用由古希腊字母演变而成的现代希腊字母。除斯拉夫语族以外,印欧语系各语族的文字均使用拉丁字母。这就为各民族语言文化交流提供了方便。德意志人、奥地利人、德语瑞士人等虽然在口语上方言差别较大,但在书写上他们均使用标准德文。荷兰语和佛拉芒语原先在书写上存在一些差别,从1946年起他们采用了共同的拼写规则,使书面语基本一致。其他语系的欧洲各民族的文字,也都采用拉丁字母。马耳他岛上的马耳他语也使用拉丁字母拼写,这也是在阿拉伯语中唯一使用拉丁字母作为文字的。

斯拉夫语族各民族在书面语言上各有差异,这也是他们缺乏西欧民族的那种趋同意识。西斯拉夫各民族使用拉丁字母;东斯拉夫各民族使用由斯拉夫字母演变而来的基里尔字母。南斯拉夫各民族则分别使用两种字母:塞尔维亚人、马其顿人、黑山人、保加利亚人使用基里尔字母;克罗地亚人与塞尔维亚人操同一种语言,却使用拉丁字母。这一方面表明这是由于历史上他们长期处于不同的地域、相互之间经济文化联系不太紧密,而民族矛盾却比较尖锐;另一方面也表明,各斯拉夫民族使用不同的字母与他们不同的宗教信仰和外来文化影响有关。一般来说,使用拉丁字母的西斯拉夫民族和南斯拉夫民族均信奉天主教,受西欧文化影响较大。与此相反,使用基里尔字母的东斯拉夫各族和一些南斯拉夫民族都信仰东正教,历史上则受拜占庭文明影响较大。

(二)语言

欧洲民族的语言分属五大语系,即印欧语系、乌拉尔语系、高加索语系、阿尔泰语系和闪含语系。其中,印欧语系占主要地位。

印欧语系是欧洲民族的主要语言,据统计,在欧洲操印欧语系的各民族人口约4.56亿,占全欧洲总人口的95%以上。欧洲的印欧语系主要有三大语族,即罗曼语族、日耳曼语族和斯拉夫语族。操这三大语族的民族,人口占全欧洲的90.2%。此外,还有几个小语族,即克尔特语族、希腊语族、列托—立陶宛语族和阿尔巴尼亚语族。

属斯拉夫语族的民族主要分布在欧洲的东部和东南,据统计,有人口7893万,占全欧总人口的16.4%。斯拉夫语族又分为东、西、南三支。属东斯拉夫语支的民族,有俄罗斯人、乌克兰人和白俄罗斯人。主要分布在俄罗斯、乌克兰、白俄罗斯境内。属于西斯拉夫语支的民族,有波兰人、捷克人、斯洛伐克人和索布人,主要分布在波兰、捷克、斯洛伐克及德国东南部。属于南斯拉夫语支的民族主要有保加利亚人、塞尔维亚人、克罗地亚人、斯洛文尼亚人、马其顿人、黑山人。此外,还有波黑境内的穆斯林,亦称波斯尼亚人。

属罗曼语族的民族约有1.77亿人,占欧洲总人口的36.8%。罗曼语族分西支和东支。属于西支的民族,有意大利人、法兰西人、意语瑞士人、法语瑞士人、瓦隆人、西班牙人、加泰隆人、葡萄牙人、雷托罗曼人、卢森堡人、科西嘉人,主要分布在西南欧。属于罗曼语族东支的民族,有罗马尼亚人、摩尔多瓦人、阿罗蒙人(分布于塞尔维亚和马其顿之间的山区),主要分布在东欧和东南欧。

属日耳曼语族的民族约1.77亿人,占欧洲总人口的37%。日耳曼语族又分为西支和北支。属于西支的民族,有德意志人、奥地利人、德语瑞士人、弗里斯人、英格兰人、苏格兰人和奥尔斯特人,主要分布在中欧和西欧。属于日耳曼北支的民族,有丹麦人、挪威人、瑞典人、冰岛人和法罗人,主要分布在北欧。

属克尔特语族的民族,有736万,占全欧洲总人口的1.5%。克尔特语是欧洲一种古老的语言,早在公元初就分布在不列颠岛和西欧的高卢地区(包括今法国、比利时、卢森堡以及荷兰南部、瑞士西部和意大利北部)。古代的克尔特人后来大多被罗马化(拉丁化)或日耳曼化了,仅有少部分人还操这种语言。今天操克尔特语语言的民族主要分布在爱尔兰、英国部分地区以及法国的布列塔尼半岛。克尔特语族又分为盖尔语支和不列颠语支,属盖尔语支的民族有爱尔兰人和英国西部山区的盖尔人;属不列颠语支的民族有威尔士人和布列塔尼人。

希腊语族所属民族的人口数量为954.万,占欧洲总人口的1.9%。希腊语是欧洲古老的语言之一,同早期的希腊文化一样,它对欧洲各民族的语言产生了很大的影响。欧洲许多民族的语言中都含有希腊语词汇,拉丁字母也是由希腊字母改变而成。希腊语在历史的长河中一脉单传给了希腊人。与希腊语族相似,阿尔巴尼亚语族也是印欧语古老的语言之一。阿尔巴尼亚语是古代巴尔干半岛广泛使用的色雷斯—伊利里亚语族唯一保存下来的语言。由于阿尔巴尼亚人长期生活在交通闭塞的山区,因此阿尔巴尼亚语得以保留下来。属于列托—立陶宛语族的民族主要分布在波罗的海沿岸,他们是立陶宛人和拉脱维亚人。

属乌拉尔语系的民族人口在欧洲有1821.5万,占欧洲总人口的3.8%。这些民族主要分布在匈牙利、爱沙尼亚、芬兰、俄罗斯等国境内,有匈牙利人、爱沙尼亚人、芬兰人、萨阿米人以及俄罗斯境内的卡累利阿人、莫尔多瓦人、马里人、科米人、乌德穆尔特人等。

属阿尔泰语系的民族在欧洲有219.5万人,占全欧人口总数的0.5%。他们主要分布在保加利亚、罗马尼亚、前南斯拉夫、摩尔多瓦以及俄罗斯境内,有土耳其人、鞑靼人、巴什基尔人、楚瓦什人等。

属高加索语系的民族主要分布在俄罗斯境内的北高加索地区,大多在山区,经济发展迟缓,人口数量较多。他们是阿瓦尔人、列兹金人、卡巴尔达人、阿迪盖人、车臣人、印古什人、达格斯坦人等。

属闪含语系的欧洲民族主要是分布在马耳他岛上的马耳他人,这种语言与阿拉伯语中的马格里布方言相近,并受到意大利语、英语和希腊语的影响。

居住在西班牙与法国交界的比利牛斯山山区的巴斯克人的语言比较特殊。巴斯克人是伊比利亚半岛上最古老的居民,至今仍保留着自己古老的语言。据研究,巴斯克语在世界语言中处于孤立状态,目前尚未发现它与任何其他语言有亲缘关系。此外,在欧洲国家中分布很广的犹太人和吉卜赛人,前者的本民族语言为闪含语系闪语族中的希伯来语,后者的本民族语言为印欧语系印度语族中的吉卜赛语。实际生活中,二者大多使用所在国语言。

由于民族杂居和在发达的商品经济条件下人际交往的需要,欧洲还有不少民族,特别是一些人口较少的民族使用双语或多种语言。在英国、法国、西班牙、俄罗斯等国的少数民族,一般除使用本民族语言外,大多都会说该国通用的主体民族语言。此外,在瑞士人、卢森堡人、摩纳哥人、安道尔人、马耳他人、阿尔萨斯人中也都有着类似现象。在欧洲,还有一些民族在长期的发展过程中放弃了本民族语言,而改用交际功能更大的语言。如犹太人大多已不用希伯来语,只说所在国的通用语言。在英国,相当多的爱尔兰人、威尔士人只用英语;在法国,布列塔尼人大多数已改操法语,只有少数农村居民将布列塔尼语作为口语。这类现象主要出现在经济发达的西欧国家。

五、宗教

在欧洲民族中,最主要的宗教是基督教。欧洲绝大多数民族信仰基督教的三个分支,即天主教、东正教和新教。

基督教于公元初创立于西亚。基督教诞生初期,在罗马帝国统治的西亚地区,曾遭到统治者的反对和镇压。基督教教义宣称人与人之间应忍让、宽容,罗马统治者认为这有利于帝国的统治,于是转而承认和支持基督教。到公元4世纪时,基督教遂成为罗马帝国的统治宗教。

1054年,基督教分裂为两大教派:一是由罗马教皇直接控制的、以拉丁语地区为中心的天主教;一是以东罗马帝国首都君士坦丁堡(今伊斯坦布尔)为中心的东正教。

东正教自称"正教",因以东派为主体,故称东正教。东正教在宗教仪式中使用希腊语(同时也允许使用地方民族语言),因此又称"希腊正教"。16世纪末,俄罗斯正教会在莫斯科大公支持下,宣布脱离君士坦丁堡,成为使用古斯拉夫语的俄罗斯正教。18世纪,东欧一些国家的正教会也相继宣布脱离君士坦丁堡而自立。

16世纪,天主教在经历了漫长的发展之后,由于教义烦琐,教会腐败,已日益不适应人们经济生活和宗教生活的需要,终于发生了巨大的变化。1517年以德国教士马丁·路德(1483~1546)为代表,在欧洲掀起了宗教改革运动,产生了新的教派——路德派、加尔文派以及英国圣公会。

16世纪,继马丁·路德以后,成功地进行宗教改革的是法国人约翰·加尔文(1509~1564)。1541年,加尔文在日内瓦创建立了一种新的教会组织——"长老会"。此后,加尔文教派广泛传播于瑞士、法国、荷兰和苏格兰等地。今天,信奉加尔文新教的民族主要有荷兰人、德语瑞士人以及部分法兰西人、英格兰人。

英国圣公会是欧洲16世纪宗教改革运动中产生的第三个新宗教派别。16世纪前期,英国国王亨利八世(1509~1547)为了摆脱罗马教廷对英国宗教事务的干预,借教皇不批准其离婚案为由,自上而下发起了一场宗教改革。宣布英国国会为英国教会的教首,实际上剥夺了教皇任命的权力。

总之,欧洲16世纪的宗教改革的意义远远超过了宗教领域,改革的各项主张和措施不仅涉及基督教的宗教信仰、礼拜仪式、组织机构,还涉及社会伦理、国家政治、财政税收等一系列问题。16世纪宗教改革以及此后的文艺复兴运动,对欧洲各民族挣脱中世纪基督教的思想桎梏走向现代民族起到了重要作用。

当前,在欧洲信奉天主教的民族主要分布在西欧和西南欧。他们是罗曼语民族中的大部分意大利人、西班牙人、葡萄牙人、法兰西人、瓦隆人;日耳曼语民族中的奥地利人、部分荷兰人、佛拉芒人、小部分德意志人、卢森堡人;斯拉夫语民族中的波兰人、捷克人、斯洛伐克人、克罗地亚人、斯洛文尼亚人、多数西乌克兰人和部分白俄罗斯人。此外,还有爱尔兰人、巴斯克人、大部分匈牙利人、小部分阿尔巴尼亚人以及马耳他人也是天主教徒。

东正教主要分布在东欧、东南欧(巴尔干半岛),其主要民族有三个东斯拉民族——俄罗斯人、乌克兰人、白俄罗斯人;大部分南斯拉夫民族——保加利亚人、塞尔维亚人、黑山人、马其顿人。此外,还有希腊人、罗马尼亚人、摩尔多瓦人、加告兹人以及俄罗斯境内的卡累利阿人、乌德穆尔特人、科米人等。

新教主要流行在北欧、中欧和不列颠岛。信奉路德教派的民族主要有瑞典人、挪威人、丹麦人、冰岛人、苏格兰人、大部分德意志人、部分拉脱维亚人和爱沙尼亚人;信奉加尔文教派的民族主要有荷兰人、德语瑞士人;信奉英国圣公会的主要是英格兰人。

在欧洲还有极少的一些民族信仰伊斯兰教,这主要在东南欧。阿尔巴尼亚人是欧洲唯一信奉伊斯兰教的主体民族。在波斯尼亚—黑塞哥维那(简称波黑),有一个由斯拉夫人形成的信仰伊斯兰教的民族集团,人口统计中被称为穆斯林,亦称波斯尼亚人(又称波黑穆斯林)。在保加利亚、希腊、罗马尼亚还有一些信奉伊斯兰教的土耳其人。此外,在俄罗斯的欧洲部分也有一些信奉伊斯兰教的小民族。他们大多分布在伏尔加河流域和北高加索等地,如鞑靼人、巴什基尔人、阿迪盖人、车臣人、印古什人等。

欧洲的犹太人仍然信仰犹太教。

今天,在欧洲国家,越来越多的人放弃了宗教信仰,成为无神论者。在天主教占绝对优势的意大利,多数青少年对烦琐的宗教仪式已不再感兴趣,只是婚礼还在教堂举行。做弥撒已成为中老年人的事。据统计,在英国、法国,已有 1/3 的居民不再信教。在荷兰,1971 年人口普查中统计,大约 20% 的人自称为无神论者,其首都阿姆斯特丹有 50% 的居民承认没有宗教信仰。在德国,据统计从 1962~1986 年,去教堂做礼拜的人减少了 36%。不少地方礼拜天教堂里空空荡荡,信徒寥寥无几。

第三节 非洲民族概述

一、地理、国家和人口

非洲全称阿非利加洲,位于东半球的西南部,土地面积 3020 万平方公里,约占世界陆地面积的 20.2%,是世界第二大洲。非洲气候炎热,赤道几乎横贯中间。北非的撒哈拉沙漠是地球上面积最大的沙漠,而中非的尼日利亚、刚果一带又有大片的热带雨林。东非的大裂谷在非洲之角、东非和南部非洲的东部形成阻隔交通的深谷地堑、人迹罕至的林带及众多的湖泊。

据 2000 年统计,非洲现有人口 8 亿,仅次于亚洲、美洲位居第三。非洲现有 53 个独立国家,按地理位置分为北非、东非、西非、中非和南非。

二、非洲民族的形成与发展

非洲是人类最早的发源地。早在 300 多万年以前,在东非裂谷地带就留下了早期人类活动的足迹。在公元前 4000~3000 年间,今浩瀚无垠的撒哈拉大沙漠还是一片森林繁茂、大河奔流的沃土。在撒哈拉中部和东北部产生了著名的塔西里文化,创造这一文化的居民包括有欧罗巴人种地中海类型的民族、苏丹尼格罗人的祖先以及部分科伊桑人。这期间,赤道人种的古老支系尼格罗人大致分布在以刚果盆地为中心的广大赤道西非洲雨林地区;科伊桑人种则分布在非洲南部、东部以及非洲三角。公元前3000年以后,由于撒哈拉地区逐渐沙漠化,该地区的原住居民便开始向四周迁徙。大部分居民北迁到地中海沿岸,形成了日后的柏柏尔人的先民;大部分尼格罗人则逐渐向南扩散。其中,有一部分东迁到尼罗河流域,他们与当地居民创建了古埃及文明。这些古埃及人与当地的闪米特人混合,加速了埃塞俄比亚混合人种的形成。同时,闪米特人不断从西亚进入非洲,促使苏丹格罗人向南迁徙。这是非洲民族历史上第一次大迁徙。

约公元前1000年,分布在今尼日利亚、喀麦隆和乍得等地区的班图尼格罗人开始向南、向西、向东迁徙。向南者到达尼格利罗人分布的热带雨林地区;向西者到达塞内加尔河和冈比亚河下游地区;向东者到达尼罗河和大湖地区。班图人的南迁又引起了赤道非洲和南部非洲原有土著居民(尼格利罗人和科伊桑人等)的迁徙。公元后,又有部分古罗马人、日耳曼人(汪达尔人)以及阿拉伯人从欧洲和西亚迁入非洲。在民族大迁徙中互相混合,又形成新的民族;而古老的民族人数越来越少,被迫到东部、南部一些热带雨林中去。到15世纪欧洲人入侵非洲大陆前,非洲的民族格局大体形成,即北非和东非地区的闪含语系民族、苏丹尼格罗人、班图尼格罗人以及马达加斯加岛民族(主要是欧洲移民、南亚移民和非洲黑人的混血后裔)。后来,在南非又形成了以欧洲移民为主体的两个新兴民族。

三、人种和民族

(一)人种

非洲是黑色人种的故乡,全洲有2/3的人口为黑人。非洲居民主要由黑色人种(赤道人种,又称尼格罗—澳大利亚人种)、欧罗巴人种和混血人种组成。尼格罗人种按肤色和语言的差异,又可分为苏丹尼格罗人种和班图尼格罗人种。

苏丹尼格罗人种。主要分布在撒哈拉以南、赤道以北,包括西非几内亚湾沿岸到埃塞俄比亚高原边缘地带广大地区。他们是非洲身材最高的人种集团。分布在中、西非的17个国家内,约占非洲人口的34%。较大的民族有阿散蒂人、约鲁巴人、富尔贝人、曼丁戈人。

班图尼格罗人种。主要分布在东非、赤道以南的中非和南非的广大地区,其人口约占非洲总人口的30%。主要民族有南非的祖鲁人、科萨人、中非的巴卢巴人、东非的尼亚姆韦人和吉库尤人等。

分布在北非和撒哈拉地区的居民大多属欧罗巴人种地中海类型。主要民族有阿拉伯人和柏柏尔人,分布在埃及、苏丹、利比亚、突尼斯、阿尔及利亚和摩洛哥等国,占非洲人口的21%。分布在南非的英裔非洲人和阿非利坎人亦为欧罗巴人种。

埃塞俄比亚人种是尼格罗人种与欧罗巴人种的混合体,大多分布在埃塞俄比亚高原和红海沿岸地区,主要有非洲三角的闪米特人和库希特人,其人口占非洲人口的8%。

俾格米人种和科伊桑人种为非洲赤道人种的两支古老支系。俾格米人种又称尼格利罗人种(是尼格罗—澳大利亚人种的一个种族类型,在非洲的被称为尼格利罗人),为世界上身材最矮小的种族(成人平均身高仅为140~142厘米),主要分布在刚果民主共和国、刚果、加蓬、喀麦隆、中非共和国、卢旺达、布隆迪、安哥拉等8国,人口有25万左右。科伊桑人种为非洲古老的民族,分布在卡拉哈里沙漠和东部非洲一带。有两支:一为布须曼人,二为霍屯督人,人口约有25万。

在马达加斯加岛上居住的马尔加什人,基本上属于蒙古人种,与非洲大陆种族截然不同。他们是古代从印度尼西亚迁来的马来人的后裔,在长期的历史发展过程中逐渐混入了班图尼格罗人种和欧罗巴人种(阿拉伯人、波斯人、印巴人等)的某些成分。

(二)民族

据统计,非洲现有民族500多个,民族成分构成比较复杂。民族单位众多、大小差别甚大是非洲民族的一大特点。既有人口多达数千万的现代民族,又有人口仅为数百人的原始部落,至于各种不同类型的过渡型民族(介于部族与民族之间),为数就更多了。再加上欧洲列强两次瓜分非洲大陆,人为地肢解了许多民族共同体,造成了数以百计的跨界民族。这使得民族地域和政治疆界很不一致,从而使非洲的民族状况更加复杂。

据1998年统计,非洲500多个民族中人口上千万的民族有9个。他们是:埃及人(3936万)、豪萨人(1844万)、约鲁巴人(1578万)、阿尔及利亚人(1465万)、摩洛哥人(1407万)、富尔贝人(1392万)、伊博人(1334万)、安哈拉人(1120万)和加拉人(1062万),其人口占非洲总人口的1/3;人口在百万以下的民族有82个,其人口约占非洲人口的52%;而其余15%的非洲人口中,则包括500多个民族。

按历史文化划分,非洲民族可分为三大地域。一是北非和东北非地区。这里的民族所操的语言,基本上属于闪含语系,大体可分为闪米特人、柏柏尔人和库希特人三大族系。在使用闪米特语系语言的民族中,以操阿拉伯语的民族为数最多,如埃及人、利比亚人、突尼斯人、阿尔及利亚人、摩洛哥人、苏丹阿拉伯人、毛里塔尼亚人等;使用其他闪米特语言的民族都分布在埃塞俄比亚境内,主要有安哈拉人、蒂格雷人、古拉格人等。柏柏尔人各族都是少数民族,他们分散在北非的沙漠绿洲和偏远山区,主要有卡比尔人、里夫人、施卢赫人、塔马齐格特人、图阿雷格人、姆扎比人等。相比较而言,库希特人是一个较大的族系,分布于北非之角和部分东非地区。主要有加拉人、索马里人、锡达莫人、奥梅托人、贝扎人、阿高人、萨霍人、阿法尔人、卡法人、伊拉库人等。

苏丹尼格罗人分布地区为非洲民族第二个历史文化区,这里人口上千万的民族有4个,人口上百万的民族有22个。该地区民族使用的语言主要属尼日尔—科尔多凡语系,部分属于尼罗—撒哈语系和闪含语系。就国家而言,在尼日利亚、刚果(金)、苏丹、坦桑尼亚和喀麦隆等国,即尼日尔河中下游、刚果河流域、大湖地区和尼罗河上游地区。主要民族有图库洛尔人、沃洛夫人、约鲁巴人、伊博人、富尔贝人、豪萨人、桑海人、卡努里人、图布人、努比亚人、丁卡人等。

班图尼格罗人分布地区为非洲民族又一个大的历史文化区。该地区主要民族有尼亚卢旺达人、隆迪人、马夸人、巴刚果人、祖鲁人、马拉维人、绍纳人、科萨人、卢巴人等。班图各族在语言文化、历史沿革、社会传统等方面都比较接近。

在非洲各岛国,除马达加斯加岛的马尔加什族外,大多为新兴民族。不少是欧洲移民和非洲黑人以及欧洲移民、非洲黑人和南亚移民混血的后裔。主要有佛得角人、圣多美人、印裔毛里求斯人、塞舌尔人、留尼汪克里奥尔人和科摩罗人等。此外,欧洲移民在非洲大陆作为民族存在的有两个,即阿非利坎人(荷兰移民后裔,旧称布尔人)和英裔非洲人。

四、语言

非洲民族的语言十分复杂,种类多达600多种,绝大多数则没有文字。就目前而言,按地区划分,非洲语言基本上分为四大语系:

一是尼日尔—科尔多凡语。这是非洲最大的语系,有一半以上的非洲居民使用该语系的诸语言。该语系包括两个语族:科尔多凡语族和尼日尔—刚果语族。属科尔多凡语族的民族,人口只有46万,主要分布在苏丹共和国科尔多凡省东南的努巴山区。属尼日尔—刚果语族的民族则相当庞大,包括5个语支:贝努埃—刚果语支、西大西洋语支、克瓦语支、曼德语支及沃尔特语支。使用民族遍布撒哈拉以南广大地区。

二是闪含语系。主要包括5个语族:闪米特语族、柏柏尔语族、库希特语族、科普特语族和乍得语族。使用闪米特语族的绝大多数为阿拉伯人,占非洲人口的20%。使用柏柏尔语族的民族多为北非的土著居民,多数人分布在沙漠绿洲和比较偏僻的山区。使用库希特语族的民族,大部分分布非洲之角和东部非洲,人数超过2000万。使用乍得语族的民族主要分布在撒哈拉以南、西苏丹与中苏丹一带之间,主要为豪萨语。人数已超过3000万,成为西非最大的民族语言共同体。使用科普特语族的民族人数较少,仅限于埃及的科普特人。

三是尼罗—撒哈拉语系。该语系包括6个语族:沙里—尼罗语族、桑海语族、撒哈拉语族、马巴语族、富尔语族和科马语族。使用沙里—尼罗语族的民族大多分布在苏丹南部,乌干达和肯尼亚的北部,中非、乍得、埃塞俄比亚和刚果民主共和国境内。使用桑海语族的民族主要分布在尼日尔河中游一带。使用撒哈拉语族的民族主要分布在乍得湖地区和撒哈拉中部。使用马巴语族的民族仅限于乍得东部的马巴人。富尔语族由苏丹东部一带的富尔人使用。科马语族由生活在苏丹和埃塞俄比亚的交界地区的科马人使用。

四是科伊桑语族。使用该语系语言的民族,大多生活在非洲西南部卡拉哈里沙漠一带。多是一些古老的非洲民族,主要有布须曼人、霍屯督人、达马拉人、桑达维人和哈察人。

马尔加什语主要是马达加斯加岛和科摩罗岛上的部分民族使用,这种语言与非洲大陆诸语言截然不同,属产生于亚洲的南岛语系印度尼西亚语族。

此外,由于过去欧洲殖民者的长期占领,欧洲语言对非洲大陆有一定影响。在非洲许多独立国家中,仍以前宗主国的语言为官方语言。在非洲:以英语、法语为官方语言的国家分别有14个;以葡萄牙语为官方语言的国家有5个;以西班牙语为官方语言的国家只有赤道几内亚;喀麦隆同时以英语和法语为官方语言。

五、宗教

非洲几乎每个民族都有自己的宗教信仰和相应的祭祀礼仪。其宗教信仰大体可分为两类:一是"世界性的宗教",如伊斯兰教、基督教等;二是当地的各种传统宗教。宗教信仰作为一种意识形态,对非洲民族来说,即是每个民族的内聚力,又是其民族文化的一种主要标志。它可以使不同的民族接近,又可使它们分离。宗教信仰对非洲民族的影响相当大。

基督教早在公元1世纪就传入非洲。15世纪以后,随着欧洲殖民者的扩张,基督教随之大规模而来。据20世纪80年代初统计,非洲有基督教徒1.2亿人,占全洲总人口的20%。其中天主教徒5200万,他们是佛得角、圣多美—普林西比、赤道几内亚、加蓬、留尼汪、塞舌尔各国的主要居民;在布隆迪、卢旺达、刚果民主共和国、乌干达、安哥拉等国占人口的1/3~1/2。基督教新教徒在非洲约5000万,其中36%在东非和中非。基督教新教徒占南非和纳米比亚各国人口的40%;占博茨瓦纳、莱索托、加蓬、喀麦隆、马拉维、马达加斯加等国家人口的25%~33%。基督教新教徒人数最多者为南非(1000多万),其次为尼日利亚(900多万)及刚果民主共和国(400多万)等。信仰基督教的居民多是一些新兴民族、外来移民以及非洲民族中的知识分子、上层人员。除乌干达人、巴刚果人以外,很少有整个非洲土著民族信仰基督教的。

伊斯兰教于公元7世纪时开始传入北非,8世纪传遍马格里布,并延伸到撒哈拉南沿。据20世纪80年代初统计,全非洲穆斯林达1.89亿。其中,46%的在北非和东北非;32%的在西非;18%的在东非;3%的在南部非洲和中非。就穆斯林在各国居民中的人口比例而言,穆斯林占索马里人口的99.8%,占阿尔及利亚的99.6%,占摩洛哥的99%,占埃及的91%,占毛里塔尼亚的90%,占尼日尔的85%,占几内亚的81%,占塞内加尔的80%,占苏丹的72.3%,占马里的65%,占乍得的60%,占尼日利亚的46%,占埃塞俄比亚的28%。非洲穆斯林中99.8%为逊尼派;什叶派教徒计约15万。

今日非洲,大多数居民仍保持着传统信仰。据20世纪80年代初统计,非洲尚有2亿多居民保持着传统信仰。这些民族多是当地土著民族,他们保持着祖先世世代代流传下来的民间信仰。人们崇拜万物有灵,祭祀祖先,保持着图腾崇拜、魔法和巫术;不少民族还保留着与人的生老病死相关的各种禁忌,以及割礼、文身等。在非洲保持传统信仰人数最多的国家为尼日利亚,其次为利比里亚、加纳、苏丹、肯尼亚、坦桑尼亚、乍得、中非共和国等。随着非洲社会的发展,基督教、伊斯兰教的影响则呈上升趋势,传统宗教的信徒在日渐减少。此外,在非洲还有印度教徒120万,居民多为印度移民后裔,大多集中在毛里求斯、南非、肯尼亚、坦桑尼亚等国。信仰犹太教的居民在非洲约有35万,主要分布在南非(15万)、摩洛哥(10万)、突尼斯(5万)、埃塞俄比亚(3万)等国。

第四节 美洲民族概述

一、地理、国家和人口

(一)地理

美洲全称亚美利加洲。1492年哥伦布来到这里,误认为是亚洲。不久,意大利人亚美利哥来到这里,经考察,发现不是亚洲,而是一块"新大陆",并绘制了一幅新地图。后人用他的名字命名新大陆,称作"亚美利加洲"。

美洲面积为4200万平方公里,约占地球陆地总面积的28%。若以自然地理划分,以巴拿马运河为界,可分为北美洲和南美洲;若以语言文化划分,人们又以格兰德河(美国和墨西哥边境河流)为界,划分为北美洲和拉丁美洲。中美洲是指墨西哥以南至南美洲大陆以北的美洲地区。西印度群岛是指位于南北美洲之间的加勒比海之中,由巴哈马等群岛组成包括大小几千个岛屿。

北美洲大陆以高原山地为主,地形的总体特征是:东部是山地和高原区;中部是平原地区;西部是山地和高原区,东北是格陵兰岛。著名的山脉有落基山脉、海岸山脉、阿拉斯加山脉、内华达山脉、喀斯喀特山脉等,著名的河流有密西西比河、育空河、马更些河、纳尔逊河、圣劳伦斯河、哥伦比亚河、科罗拉多河和格兰德河等。密西西比河平原一带为世界著名的农业区。北美洲大部分地区属北温带,农业主要分布在中部平原。麦类、玉米、棉花的产量在世界上占有重要地位。畜牧业很发达。森林面积约占全洲的1/3。

南美洲海岸较平直,总长28700公里。西部为狭长的安第斯山脉纵贯南北;东部是巴西高原、圭亚那高原、巴塔哥尼亚高原等,其中巴西高原为世界上面积最大的高原(500多万平方公里);中部是平原地带,著名的有亚马孙平原、拉普拉塔平原和奥里诺科平原等。其中亚马孙平原是世界上最大的冲积平原。亚马孙河是世界上流域面积最大的河,全长6500公里。南美洲气候温暖湿润,以热带为主,雨量充沛。南美洲矿藏资源丰富,石油、铜、铁、硝石等储量均居世界前列。森林面积占全洲面积的50%以上,占世界森林总面积的23%。渔业资源丰富,巴西、智利和秘鲁沿海为世界著名的渔场。

(二)国家和人口

美洲有人口8.25亿(2000年)。全洲划分为50个行政区域。北美洲除美国、加拿大两国外,还有英属百慕大、丹(麦)属格陵兰岛及法国海外省圣皮埃尔和密克隆群岛三个殖民地。

北美洲人口主要集中在美国(2.75亿)和加拿大(3080万)。南美洲人口分布很不均匀,在东南沿海、安第斯山一些高原地区、太平洋沿岸大部分地区、墨西哥和中美洲的中部高原地区以及西印度群岛,人口比较稠密。

二、美洲民族的形成与发展

考古资料表明,美洲也不是人类的发祥地。美洲的土著居民是印第安人、因纽特人和阿留申人(阿留申岛的居民),都为蒙古人种。大约3万年前,印第安人从东北亚开始迁入北美洲,随后扩散到南美洲。稍后,因纽特人也从亚洲迁到北美洲。

15世纪末,哥伦布发现美洲后,欧洲殖民者纷至沓来。他们征服了印第安人,并将他们大肆屠杀。今天,美洲地区的印第安人即劫后余生者的后代。不久,欧洲殖民者又从非洲贩运来大批黑人奴隶;再后来,又从亚洲运来部分契约劳工。这样,世界三大人种均在美洲落户,其中,白人占绝大多数。从语言上看,北美地区主要是原英国殖民地,居民主要操英语;南美洲(包括墨西哥)绝大多数地区为西班牙殖民地(巴西为葡萄牙殖民地),居民大多数操西班牙语(巴西人操葡萄牙语)。中美洲海地、苏里南原为法国、荷兰的殖民地,两国居民分别

玛雅文化遗址——墨西哥齐琴伊扎城邦的神庙

使用法语、荷兰语。

美洲绝大多数民族为新兴民族,即一二百年间所形成。欧洲殖民者对美洲地区的压迫剥削,引起了美洲当地的土生白人、黑人、印第安人的强烈反抗。从18世纪后半期到19世纪后半期,在反抗宗主国统治的过程中,美洲各地的土生白人、黑人和印第安人拿起武器进行独立战争。在战争过程中,这些共同区域、共同语言、不同肤色的人们形成了共同的民族心理。独立战争后,这些新兴民族基本形成。主要有美利坚人、墨西哥人、危地马拉人、巴西人、阿根廷人、秘鲁人、智利人等22个民族。

美洲是个移民地区。除新兴民族、印第安人、因纽特人、阿留申人外,美洲还有相当一部分未被主体民族所同化的民族,如犹太人、德意志人、波兰人、华人、日本人、印度人等。

美洲民族特别是新兴民族的形成有着自己的特点:一是民族形成过程相对短;二是种族成分的多样性;三是民族文化的混合性。

三、民族和种族

据考证,美洲至今尚未发现类人猿早期化石和人类早期旧石器遗址,即处于人类发祥地之外。美洲的早期的原始居民是两三万年以前从亚洲迁入的。1492年哥伦布首航美洲后,欧洲移民纷至沓来,同时运来大批非洲黑奴,后来又有众多的亚洲劳工前来。经过五百多年的相互交往和重新组合,逐渐形成了占今日美洲人口绝大多数的新兴民族。美洲的种族由于土著居民与外来移民之间的混血,其成分十分复杂。

(一)种族

美洲众多的民族特别是新兴民族的形成,实际上包含印第安人、欧洲白人和非洲黑人三种主要的种族成分。每一种种族成分内部并不是单一的,而是包含了众多民族的民族成分,以及众多的语言和文化成分。美洲民族的种族大致可分为以下五大部分。

一是印第安人。这是美洲地区早期的土著居民,人种上属蒙古人种印第安类型。

二是白人。美洲的白人主要是欧洲移民及其后裔。早期,移入北美大陆的人主要来自英、法两国;移入拉美的白种人主要是西班牙人和葡萄牙人。后来,欧洲其他国家的移民也纷纷到来,并相互结合。

三是黑人。美洲的黑人主要来自西部非洲,是在殖民地时期被欧洲殖民者当做奴隶贩运而来。今日美洲的黑人从体质特征上看,要比非洲黑人肤色稍浅,这是因为他们程度不同地混有一些白人的成分。

四是亚洲人。亚洲人不是一个人种学概念,同是亚洲人,有的是白种人(如印度人等),有的是黄种人(如华人等)。在美洲,人口占绝大多数的白人和多数国家将亚洲人看做是一个部分。迁入美洲的亚洲人中,日本人、华人、印度人和爪哇人较多。日本人主要分布在巴西、美国等地;印度人主要分布在苏里南、圭亚那等地;爪哇人主要分布在苏里南;华人则主要分布在美国、加拿大、巴西、古巴等地。

五是混血人种。混血人种是指在殖民地时期,美洲的印第安人、白人和黑人由于长期接触和共同生活,他们之间的混血也就不可避免。这样,就产生了混血人种。混血人种的后裔再混血的现象又不断增加。到今天,混血人种在美洲已是一个人数众多的群体。在北美,由于当地印第安人人口原本不多,遭到英国殖民者驱赶和屠杀劫后余生的又不是太多,所以印第安人和英国人混血的很少。与此同时,由于大量使用奴隶,黑白混血人则相当多。在拉丁美洲,不同种族间的混血则十分普遍,据统计,各类混血人现约占全拉丁美洲总人口的47%。在中美洲,混血人成为各国居民的主体。例如,在墨西哥、洪都拉斯和萨尔瓦多,混血人高达90%以上。各类混血人均有专门的社会称呼。印第安人和白人的混血后裔称作"梅斯提索",又称"印欧混血人";黑人和白人混血的后裔被称作"穆拉托",又简称"黑白混血人";印第安人和黑人的混血后裔被称作"桑博",又简称"印黑混血人"。这三类混血人是第一代混血人,即原发性混血人。混血人从第二代开始又会产生各类继发性混血人,有的各自又有名称。在美洲,肤色白的人大多数社会、经济地位比较高;与此相反,肤色越深者,人们的社会、经济地位越低。

(二)民族

据1995年统计,美洲约有大小民族500多个,其中人口在百万以上的民族有29个,约占全美洲人口的95%。人口上亿的民族有两个:美利坚人(1.85亿)和巴西人(1.3亿);人口上千万的民族有9个:即墨西哥人(8025万)、哥伦比亚人(2933万)、阿根廷人(2600万)、委内瑞拉人(1500万)、克丘亚人(1287万)、秘鲁人(1210万)、智利人(1135万)、古巴人(1080万)和英裔加拿大人(1073万)。

美洲大多数民族是近500年以来,由美洲当地的印第安人、欧洲白人和非洲黑人这三部分逐渐结合而形成的一系列新兴民族。其特点是:一是形成时间与亚、非、欧各大陆的古老民族相比较短,没有经过氏族、部落、部落联盟等古老民族所经历的民族过程。二是在语言上,大多数新兴民族的语言分属印欧语系的两大语族:拉丁语族和日耳曼语族。三是在拉丁美洲多数国家,种族成分上基本上是印(印第安人)、白(欧洲白人)和黑(非洲黑人)人三种人种的混血后裔,只是在各类人种成分的混血程度上有所差异。

美洲大多数国家是多民族国家。例如美国和巴西各有100多个民族;加拿大、墨西哥和阿根廷各有50多个民族;玻利维亚、委内瑞拉、秘鲁、哥伦比亚和智利各有20多个民族。在美洲多数国家中,其居民可分为3种民族类型:

一是由不同民族成分结合而成的主体民族。一般是一个国家一个;但有些国家也存在着两个。例如,在加拿大有英裔加拿大人和法裔加拿大人两个主体民族;在秘鲁,有秘鲁人(1210万)和克丘亚人(1020万);在玻利维亚,有玻利维亚人(312万)、克丘亚人(240多万)和艾马拉人(158万);在厄瓜多尔,有厄瓜多尔人(550万)和克丘亚人(570万)。

二是由未被主体民族同化的各国移民所组成的少数民族。构成这些少数民族的,主要是所在国较晚时期或近年来迁来的移民本身及其二三代后裔;还有一些是较早期移民的后裔。其中有些民族长期保持着本民族的语言和文化,很少被其他民族同化。例如犹太人、吉普赛人、波兰人、华人、日本人、印度人等。这样的少数民族,在美洲许多国家几乎都有,只是民族和人口的数量各有不同。

三是由未被主体民族同化的土著居民所组成的少数民族。这就是美洲原先的土著居民——印第安人、因纽特人和阿留申人。因纽特人和阿留申人基本上还分布在故地,印第安人则是早期殖民者到来后的劫后余生者,现在大多分布在南北美洲的不少国家。其中,墨西哥最多,其人数达880多万(1995年)。

四、语言

美洲民族的主体是新兴民族,从文化上看,他们绝大多数都以欧洲文化为基础,并不同程度地吸收了印第安人和黑人的文化成分和因素,从而形成了各具特色的民族文化。在语言上,美洲绝大多数新兴民族的语言分属印欧语的两大语族:即拉丁语族和日耳曼语族。美洲各民族在文化语言上欧洲成分占绝对优势,这主要是殖民地时期欧洲白人作为统治者,他们的文化语言也占有统治地位。

据1995年统计,美洲共有人口7.74亿多,其中讲印欧语系语言的人(包括主体民族和少数民族)有7.2亿,约占全洲人口的92.8%。使用印第安语言的人有4600万,约占美洲总人口的6.1%。此外,讲其他语言(主要是外来移民)的人有850万,约占美洲总人口的1.1%。

在美洲,50多个国家和地区的官方语言中有英语、法语、西班牙语、葡萄牙语、荷兰语、丹麦语,以及印第安语中的克丘亚语、艾马拉语、爱斯基摩语。其中,以英语为官方语言的国家和地区有23个,以西班牙语为官方语言的国家有18个,以法语为官方语言的国家有5个。有些国家的官方语言有两种或两种以上。如秘鲁的官方语言是西班牙语和克丘亚语;波多黎各的官方语言是西班牙语和英语;加拿大的官方语言为英语和法语;玻利维亚的官方语言有西班牙语、克丘亚语和艾马拉语;格陵兰岛的官方语言为丹麦语和爱斯基摩语。由于长期的民族混合和大量的不同民族的移民到来,美洲民族的语言中都混有一些其他语言的词汇。如美国英语与英国英语有一定差别,拉丁美洲的西班牙语和葡萄牙语也不同于以前宗主国的语言,而是含有大量的印第安人和非洲语言的借词和成语。

从民族来看,讲英语的民族主要有美利坚人、英裔加拿大人、百慕大人、牙买加人、圭亚那人等10多个民族,人口将近3亿。讲法语的民族主要有法裔加拿大人、海地人、马提尼克人、瓜德罗普人和法属圭亚那人等。讲荷兰语的有苏里南人。在美洲民族中,讲西班牙的民族最多,有墨西哥人、危地马拉人、古巴人、哥伦比亚人、智利人和阿根廷人等20多个民族,人口总计有3亿。讲葡萄牙语的只有巴西人。

有关美洲土著民族的语言,至今在语言学界尚未达成一致的分类法,不同学者所作的分类,彼此间相差很大。有的划分为几十个语系,有的则为几百个语系不等。这主要有爱斯基摩—阿留申语系。爱斯基摩语主要分布在美国的阿拉斯加、加拿大的北部和格陵兰岛;阿留申语分布在北美西北的阿留申群岛。印第安语言是土著民族中使用人数最多的语言,共有200多种,有的学者划分为19个语系。其中使用人数较多的有克丘亚语(1290万)、艾马拉语(218万)、马雅—索克语系(267万)、阿兹特克—塔诺语系(149万)等。

此外,在美洲移民集团的语言也达100多种,这主要是在一些本民族移民比较集中的地区。如日语主要分布在巴西及北美一些日本人集中的城市;德语和意大利语主要集中在巴西、玻利维亚、巴拉圭和阿根廷;犹太人所讲的希伯来语主要集中在美国、巴西和阿根廷;汉语主要集中在北美一些主要城市以及墨西哥、古巴、巴拿马等地。

五、宗教和民族问题

(一)宗教

在欧洲殖民者来到以前,土著居民大多信仰各种原始宗教。随着欧洲殖民者的到来,他们所信仰的基督教也在美洲大陆传播开来,并成为占主要地位的宗教。后来,亚洲、非洲等地的移民迁来,也带来本民族原先所信奉的宗教。

基督教是美洲大陆最主要的宗教。其中又分为新教徒和天主教徒。在加拿大,两派教徒人数差不多相等。在美国,新教徒约占2/3,天主教徒约占1/4以上。在拉丁美洲,天主教徒占绝大多数。据统计,拉美共有天主教徒3.6亿人(1990年),约占拉美总人口的80%以上。而以英语为官方语言的国家和地区居民多为新教徒,约有1500万。

在苏里南、圭亚那、法属圭亚那以及特里尼达和多巴哥这些印度移民较集中的地区,居民多数信仰印度教和伊斯兰教。在犹太人较集中的地区多信奉犹太教,这主要在美国、加拿大等。亚洲移民特别是华人、东南亚移民多信佛教。

除此以外,在美洲一些印第安人比较集中的地区,还存在着原始宗教;也有部分印第安人信奉天主教及其他宗教。信奉原始宗教的印第安人中间,普遍存在着万物有灵观念、巫术观念、图腾崇拜、自然崇拜、祖先崇拜等。

(二)民族问题

与亚洲、非洲相比,美洲的民族问题不是太多或那么严重,但在有些地区民族之间的关系紧张问题依然存在。

一是加拿大魁北克地区法裔加拿大人要求独立的问题。1995年10月,在全民公决投票中,只要再多几千张票就会使加拿大分裂。今天,随着加拿大经济的发展,魁北克地区经济的发展以及法裔加拿大人在语言、文化各方面所受到的尊重,长期困扰着加拿大政府的这一民族问题得到缓和[①]。

二是种族问题,比较集中的是美国的黑人问题。20世纪以来,美国黑人为反对种族歧视进行了长期斗争。从60年代到80年代,美国黑人的民权和社会地位比一百年前有了很大进步和提高。但是应该看到,无论是参政或是受教育、就业等,黑人在美国各民族中的比例仍然很低。此外,还有巴西的黑人问题以及圭亚那黑人(黑人在圭亚那占多数,且掌握政府主要部门和工业、文化方面的主要部门)和印度人的民族问题。

三是土著人问题。美洲的土著民族主要包括印第安人、因纽特人和阿留申人,民族关系和民族问题最严重、最复杂的是印第安人问题。印第安人主要分布在加拿大、美国、墨西哥、巴西、玻利维亚、秘鲁、哥伦比亚等国,由于各国印第安人的实际情况以及各国政府对待印第安人的有关政策各有差异,所以民族关系和民族问题的解决程度也有所不同。

四是移民问题。美洲大陆是世界上移民最多的地区。不同移民集团的存在,是美洲国家普遍面临的一个民族问题。据统计,18世纪末,全美洲总人口约2500万,其中印第安人约有800万,黑人约有500万~600万,欧洲移民后裔及各类混血人约有1200万。到1985年,全美洲人口共有6.7亿。除人口的自然增长外,外来移民是美洲人口增长的主要因素。移民问题主要是其文化适应与文化冲突问题。进入美洲的移民,一方面必须掌握移居国的语言和文化,另一方面又对自己的母语和民族文化难以割舍。随着时间的推移,移民越来越多地融入了主体社会。总体来说,在美洲大陆移民集团与主体民族的民族关系是和谐的,问题和矛盾处于次要地位。

第五节 大洋洲民族概述

一、地理、国家和人口

大洋洲位于太平洋西南部和南部、赤道南北的广大海域里,包括1万多个大小

[①] (美)克林·尼克森:《魁北克人对分裂主义感到厌倦》,原载《波士顿环球报》,转引《参考消息》2002年9月1日。

岛屿,陆地面积 897 万平方公里,约占地球总面积的 6%,是世界上面积最小的一个洲。

大洋洲有人口 3100 万(2000 年),占全球人口的 0.5%,是世界上人口最少的一个洲(除没有国家固定居民的南极洲)。今有 15 个国家和 9 个地区。全洲 65% 的人口在澳大利亚大陆。大洋洲的现代居民主要由两个部分组成,即土著居民和外来居民。土著居民有 600 多万,约占总人口的 22.6%,多属尼格罗—澳大利亚人种;外来居民有 2190 万,约占总人口的 78.4%,多属欧罗巴人种,有 30 多种民族成分。此外,还有少数居民属于蒙古人种,主要包括华人、爪哇人、菲律宾人、马来人、越南人等,共约 50 多万,仅占全洲人口的 2%。

从地图上可以看到,在大洋洲 15 个国家和 13 个地区中,只有澳大利亚(768 万平方公里)、巴布亚新几内亚(约 46 万平方公里)和新西兰(约 27 万余平方公里)三国面积较大。其余 12 个国家中,土地在 1 万平方公里以上的只有所罗门群岛(2.98 万)、斐济(1.83 万)和瓦努阿图(1.19 万)。像萨摩亚只有大约 3000 平方公里;汤加和基里巴斯还不到 700 平方公里;最小的图瓦卢只有 26 平方公里。从居民人数来看,除澳大利亚、新西兰、巴布亚新几内亚三国外,其余 12 国只有斐济人口近 80 万,所罗门群岛近 30 万,萨摩亚、瓦努阿图和汤加三国共 20 余万。12 国总共 260 余万人。图瓦卢(面积 26 万平方公里)和瑙鲁(24 万平方公里)人口都只有 1 万。至于那 13 个地区总共只有 2.3 万平方公里,人口不到 70 万人(不少是所属国家的军事人员和基地服务的后勤人员),不少岛上没有常住居民,且相距甚远。所以说,"小国寡民"和"小族寡民"是大洋洲民族的特点。

二、大洋洲民族的形成与发展

大洋洲的民族主要分外来移民(欧、美、亚洲)和土著民族两大部分。土著民族按种族划分又可分为澳大利亚人种、美拉尼西亚人种、波利尼西亚人种和密克罗尼西亚人种四部分。美拉尼西亚人种是澳大利亚人种的一支;波利尼西亚人种是蒙古人种和赤道人种的混合类型;密克罗尼西亚人种则较为复杂,西部的与马来人相近,东部的接近波利尼西亚人,南部的接近美拉尼西亚人,中部的则是三者的混合类型。

大洋洲由于所处的特殊的地理位置和生态环境,使它不可能成为人类的发祥地。考古资料表明,大洋洲最早的居民是从北面的亚洲地区迁徙而来。

早在 4 万年前,亚洲大陆的人类还处于旧石器时期。根据地质资料,当时澳大利亚大陆和新几内亚岛连接在一起,亚洲中南半岛和大巽他群岛连接在一起。这两大片陆地之间有两三个不大宽阔的海峡相隔,这对东南亚地区的澳大利亚人种的居民迁徙大洋洲不会构成大的障碍。据考证,最早迁入澳大利亚的原始人经由两条道路:一是经新几内亚,一是经东帝汶群岛。约在 1 万年前,由于冰期结束,海水上涨,原有的陆桥已被淹没。所以,以后很少再有原始部落迁入澳大利亚了。迁往澳大利亚的人早先分布在北部,尔后向大陆的各个地区扩散。到18世纪欧洲殖民者到来之前,澳大利亚大陆共有30万人,分为500多个部落,几乎遍布于大陆上所有适宜人类生存的地区。今天,澳大利亚土著人约26万,即他们的后裔。

大洋洲的海岛主要包括美拉尼西亚群岛、波利尼西亚群岛和密克罗尼西亚群岛等。约在4万年以前,居住在南亚和东南亚的原始澳大利亚人种中的尼格利陀类型人,迁徙到今美拉尼西亚群岛;稍晚一些,又有东南亚巴布亚类型的居民(据人类学家推断,他们可能是澳大利亚人种中的维达人和尼格利陀人的混合类型)迁来。以上两批移民均发生在冰河时期。冰河时期以后,最早在5000年以前,有美拉尼西亚人迁来。稍后,最早约2500年前,又有波利尼西亚人迁入。距今5000年前,有东南亚部分原始马来人迁来。这些先后迁入美拉尼西亚群岛的居民相互混合,逐渐形成了美拉尼西亚人。今天美拉尼西亚人约有96万,分布在所罗门群岛、瓦努阿图、新喀里多尼亚和斐济等海岛。他们即上述移民的后裔。

约在2500年以前,东南亚海岛的部分古马来人(蒙古人种南下后与当地澳大利亚人种和原始马来人混合的后裔)迁入波利尼西亚群岛。这部分移民已掌握了航海技术,他们乘船东进,部分与沿途的美拉尼西亚人、巴布亚人发生混合,大部分则继续东进,来到今天的波利尼西亚群岛。后来,随着人口的增殖,他们逐渐向四处扩散。北边为夏威夷,西南至新西兰,东南到复活节岛(智利)。今天的波利尼西亚人约90多万人,包括夏威夷人、塔希提人、汤加人、毛利人、复活节岛人、萨摩亚人等。他们即上述移民的后代。

密克罗尼西亚群岛与美拉尼西亚、波利尼西亚群岛相比距离亚洲大陆最近。据研究,密克罗尼西亚人的祖先全部由东南亚迁徙而来。时间最早在4000年前,后来,又不断有新移民加入。从体质上来看,东部居民与波利尼西亚人较接近;西部居民与印度尼西亚人较接近;南部居民与美拉尼西亚人较接近。今天,密克罗尼西亚人约有40万,包括密克罗尼西亚联邦人、马绍尔人、帕劳人、北马里亚纳群岛人、查莫罗人、瑙鲁人、基里巴斯人等。他

澳大利亚北部地区艾利斯泉城中传统装束的土著人

们即上述移民的后裔。

大洋洲的外来移民主要是欧美移民,其次是亚洲移民。16世纪前期,欧洲人开始到来。到20世纪初,大洋洲被英、德、法、美等国瓜分,其中,英国占有今澳大利亚、新西兰等国。大洋洲在殖民地时期形成了两个以欧洲移民为主体的新兴民族:英裔澳大利亚人和新西兰人。今天,除英裔澳大利亚人和新西兰人外,大洋洲所有新独立国家中均以土著居民为主体民族。

三、种族和民族

(一)种族

当代大洋洲的各族人民,从种族结构上来看,已包括了世界上三大人种的成分,即欧罗巴人种、蒙古人种和尼格罗—澳大利亚人种。

生活在大洋洲的外来居民主要是欧美移民,其次是亚洲移民。总的来说,欧美移民属于欧罗巴人种,如果再细分,还可分为北欧、中欧和南欧各个类型,以及与其他人种的混合类型。大洋洲居民中的两大民族——英裔澳大利亚人和英裔新西兰人属欧罗巴人种的北欧类型(又称大西洋—波罗的海类型)。

亚洲移民在大洋洲人口中所占比例不大(不足5%),从种族来看,其中的印度人、巴基斯坦人、阿拉伯人、土耳其人等属于欧罗巴人种的南支,即印度—地中海类型;而华人、日本人等属蒙古人种东亚类型;越南人、高棉人、马来人和印度尼西亚人属于蒙古人种南亚类型。

考虑到体质特征和种族类型,同时为了兼顾居民文化和地理分布,人类学家一般将大洋洲的土著民族分为澳大利亚人、美拉尼西亚人、波利尼西亚人和密克罗尼西亚人。

澳大利亚人种类型的主要体质特征为:皮肤黝黑,身材修长,鼻翼很宽,嘴唇较厚,胡须浓密,眉背突出,头发黑且呈波浪状。在大洋洲属这一人种类型的民族,主要是澳大利亚土著居民。今天,在他们中间差不多约有一半人已不同程度地混有欧洲白人的血统。

美拉尼西亚人种与澳大利亚人种类型相比,前者比后者身材略矮、头发为卷曲状(后者为波纹状)。属于这一类型的民族主要分布在巴布亚新几内亚、所罗门群岛、瓦努阿图、新喀里多尼亚和斐济,人口共约500多万。若从体质上加以细分,还可以区分为美拉尼西亚本支、巴布亚型、尼格利陀型和新喀里多尼亚型。

波利尼西亚人种类型属于蒙古人种和赤道人种的混合类型,其体质特征亦介于二者之间。在大洋洲,属于这一类型的民族主要有毛利人、汤加人、萨摩亚人、塔希提人、夏威夷人等,约100多万人。

密克罗尼西亚人种类类型的民族主要分布在赤道以北的马里亚纳群岛、贝劳群岛、加罗林群岛和马绍尔群岛等岛屿。

(二)民族

大洋洲的现代居民主要由两部分组成,即土著居民和外来居民。在2900万人口中,土著居民有600余万,约占总人口的21.6%;外来居民有2200余万,占总人口的78.4%。土著居民即世居当地的人们,外来居民主要是18世纪以来以英国人为主迁徙来的移民后裔,以及近百年来其他国家来的移民。就民族而言,土著居民主要有毛利人(45万)、巴布亚人(343.4余万)、美拉尼西亚人(109万)、澳大利亚土著居民(26万)、波利尼西亚人(6万)、斐济人(37万)、密克罗尼西亚人(6万)、马绍尔人、瑙鲁人、基里巴斯人(又称通加鲁人)、图瓦卢人(1万)、萨摩亚人、汤加人、塔希提人(11.5万)等;外来居民主要有英裔澳大利亚人(1470万)、英裔新西兰人(264万)、斐济印度人(40万)、英格兰人(95万)、苏格兰人(27万)、爱尔兰人(8.7万)、意大利人(30万)、希腊人(17万)、德意志人(12万)、荷兰人(10万)、波兰人(6万)、华人(43万)、犹太人(7.2万)、印度人、马来人、美国人等。

四、语言和宗教

(一)语言

大洋洲现代居民使用最多的为印欧语系诸语言,约占全洲人口的76%以上。在独立的15个国家中,有14个国家以英语为官方语言或通用语言。目前,以英语为母语的居民人数已达1800多万,约占全洲总人口的60%。英语在大洋洲居民中占主要地位。在外来居民中,只有2%左右的人还使用汉藏语系、闪含语系、乌拉尔语系、南亚语系、阿尔泰语系诸语言。

大洋洲土著居民语言可分为三大系统:即澳大利亚诸语、巴布亚诸语和南岛诸语;而南岛语系诸语中,又可分为美拉尼西亚语、波利尼西亚语、密克罗尼西亚语族。使用澳大利亚诸语的民族主要是澳大利亚土著人;使用巴布亚诸语的民族主要分布在新几内亚岛等地,目前使用这种语言的居民约有300多万人。南岛语系分为四大语族,即印度尼西亚、美拉尼西亚、波利尼西亚和密克罗尼西亚语族。后三大语族几乎全分布在大洋洲。在大洋洲,使用美拉尼西亚语族语言的民族主要有美拉尼西亚人、斐济人以及新喀里多尼亚、瓦努阿图、所罗门诸岛上居住的部分民族等;使用波利尼西亚语族语言的民族主要有毛利人、汤加人、萨摩亚人、塔希提人、夏威夷人、波利尼西亚人等;使用密克罗尼西亚语族的民族主要有瑙鲁人、马绍尔人、加罗林人、通加鲁人、特鲁克人等,共约二三十万人。

(二)宗教

在宗教信仰方面,大洋洲居民信奉基督教的为大多数,特别是在外来居民中。外来居民中,欧裔白人大多信奉基督教;亚洲来的移民信奉着印度教、伊斯兰教、佛教、神道教等。大洋洲的土著居民绝大多数还保持着早先的传统信仰,如图腾崇拜、巫术等。

本章小结

据多数学者估计,当代世界约有大小民族两千左右。在世界民族之林中,既有历史悠久的古老民族,也有不同类型的新兴民族。所有这些民族都有着各自的经济、文化特点,都对人类社会发展和世界文化宝库作出了自己的贡献。

思考与练习

1. 亚洲国家民族结构有哪些特点?
2. 亚洲有哪些种族?分布状况如何?
3. 亚洲民族的宗教信仰特点是什么?
4. 试述当今非洲民族分布概况。
5. 欧洲国家的民族结构有哪些特点?
6. 印欧语系有哪些语族?现分布状况如何?
7. 美洲民族的种族有哪些特点?
8. 美洲民族问题主要表现在哪些方面?
9. 简述大洋洲民族的种族特点。

第四章

世界部分民族的民俗

本章导读

本章按亚、非、欧、美、大洋等各洲顺序,介绍了我国的主要旅游客源国和向我国开放的主要旅游目的地国的人口民族、民俗。民俗是一个民族在长期历史过程中形成的,它与该民族所处的自然环境、经济基础、宗教信仰等有重要关系。民族不同,民俗各异,这也是民族重要的标志之一。

第一节 亚洲民族的民俗

亚洲地域辽阔,有着古老的历史文明,大多数民族都经历了氏族、部落联盟等民族形成发展的过程。今天,亚洲不少民族是当地古代民族发展的延续,其种族、语言、宗教、文化等有着各自的特点。

亚洲民族曾经创造了世界四大古代文明中的三大文明(两河文明、印度河文明和黄河流域文明),有着辉煌的古代文化。今天,亚洲是世界经济增长速度最快的地区。亚洲辉煌的古代文明遗址、众多的民族民俗文化、复杂的气候地貌以及众多的名胜景点,正在吸引着越来越多的境内外游客光临。

本章按地理位置的不同选取了几个有代表性的旅游客源国逐一进行介绍。东亚:日本、韩国;东南亚:越南、泰国、新加坡、马来西亚、菲律宾、印度尼西亚;南亚:印度、巴基斯坦、尼泊尔、马尔代夫;西亚:沙特阿拉伯、土耳其。

一、日本

(一)简况

日本,意即"日之本",是"太阳升起的地方"之意,全称为日本国。日本位于东北亚,是太平洋西侧的岛国,土地面积有37.77万平方公里,由北海岛、本州、四国、九州4个大岛和3900多个小岛组成。日本东濒太平洋,西隔东海、黄海、朝鲜海峡、日本海与中国、朝鲜、韩国相望。日本地貌奇特,境内多山地、多地震、多火山、多温泉、多森林、多河流、多湖泊。首都东京。国花为樱花。

日本属世界经济发达国家,经济规模仅次于美国、中国,居世界第三位。钢铁、汽车、电子、造船、电器等工业居世界前列。主要城市有东京、大阪、横滨、神户、名古屋等。1972年日本与中国恢复邦交。

(二)人口与民族

日本有人口1.2761亿(2010年),城市人口占78%。日本属于

日本富士山

民族结构比较单一的国家,主体民族为大和族,即日本人,占全国人口的99.3%。

日本人在人种上属蒙古人种东亚类型。日本的少数民族有阿伊努人,约2.5万,为日本最古老的居民,其人种为蒙古人种与尼格罗—澳大利亚人种的混合类型。今主要分布在北海岛和千岛群岛。

日本是单一语言国家,通用语言是日语。日语在世界语言分类中处于特殊地位,语言及词汇与南岛语语言相近,语法结构则与朝鲜语及阿尔泰语系满—通古斯语相近。

日本人主要信奉大乘佛教和神道教。阿伊努人保留有万物有灵和祖先崇拜等古代信仰。此外,日本还有少数朝鲜人、华人、美国人、英国人、加拿大人等。

(三)民风民俗

1.饮食习俗

在饮食方面,日本人一般不吃肥肉和猪内脏,也有不吃羊肉和鸭子肉。口味偏爱甜、酸和微辣味。喜爱中国京、沪、粤、闽、淮扬菜以及不太辣的川菜。对绍兴酒及茅台酒极感兴趣。日本人忌讳客人吃一碗饭就够(象征无缘),忌用餐时整理头发。日本料理十分有名,种类也很多,除有名的生鱼片、河豚鱼、天麸罗(油炸鱼虾蔬菜)、寿司(饭团)、荞麦面团之外,还有关东料理、京都料理、大阪料理等各具特色的地方风味。

2.居住习俗

受地理气候条件的限制,为了利于抗震、防风、防潮,日本的房屋多为木结构,并以平房和二层小楼居多。日本式的住宅又称和式住宅,多为左右拉门,屋内铺面只略高于房间地面,上面放有草席和坐垫,以供起居之用。人们进屋必须脱鞋赤

脚,以保持室内清洁。和式住宅一般房间都比较小,室内设有壁龛,供居家祭祀之用。现在,和式住宅在农村占绝大多数,城里多为西式住宅。

3. 服饰习俗

和服是日本民族的传统服装,它是在中国唐代服装的基础上,经过1000多年的演变而形成的别具特色的民族服饰。和服的种类繁多,男女差别特别明显。男式和服色彩比较单调,偏重黑色,款式较少,腰带细,附属品简单,穿着方便;女式和服缤纷艳丽,腰带很宽,而且种类、款式多样,还有很多的附属品。穿和服时讲究穿木屐、布袜,还要根据和服的种类,梳理不同的发型。女式和服有婚礼和服、成人和服、晚礼和服、宴会和服及一般礼服。

4. 婚姻习俗

日本人的婚姻形态基本有两种,即"嫁人婚"和"赘入婚"。嫁人婚指的是娶新娘,这是一种在男方家举行的结婚仪式,新房自始至终设在男方家的婚姻,为日本最主要的婚姻形式。赘入婚亦称"婿赘婚",但不是娶新郎,是在女方家举行成婚仪式。

5. 社交礼仪

在人际交往方面,人们见面脱帽鞠躬。初次见面应带足名片,循职位高低、资历深浅顺序与日本人交换名片。交换名片应行鞠躬礼并说客套话,接到名片后应仔细读后再收藏。与日本人相处,切忌有伤面子的语言和动作。他们不轻易流露感情,视愠怒和急躁的言行举止为粗野。交谈中不宜评论日本国内政治问题和男女平等等问题。与日本人合影,不可三人一起合影(视左右被人夹为不幸预兆)。日本人十分注重等级,如在公开场合送礼,必须每人一份,但礼品应有档次之分,收到礼物不当面打开。

6. 禁忌

日本人最忌讳数字"4"(和"死"同音),也忌讳数字"9"(和"苦"同音)、"6"(强盗的标记)和"13"(4加9等于13)。最忌讳绿色(不祥之色)。不喜欢紫色(悲伤色调)。遇不幸的事送礼惯用黑色或灰色。日本人喜欢红色(象征吉祥)和黄色(阳光的颜色),也喜欢用红白相间或金银色相间的颜色。忌讳荷花图案(用于祭奠),讨厌狐、獾、金眼猫或银眼猫的图案。不喜欢淡黄色或白色的花卉和花卉图案。常人不得使用菊花图案(皇室专用),喜欢樱花、乌龟、仙鹤图案,也喜欢松、竹、梅图案。忌送夕阳风景图画。

7. 文艺节庆

在新年期间,日本人要举行为期7天的庆祝活动。松和竹一向被视为忠诚和长寿的象征,放在门口成了看家护院的门神。有的户主要在门前拉一条绳子,权当抵御妖魔鬼怪的最可靠的守护神。12月31日夜,庙宇的钟要敲108下,宣告新年的到来。庆祝活动结束前,大城市要举行一种仪式,把活动用的各种装饰物投进中央广场的篝火中烧掉。

歌舞伎、能、木偶净琉璃并称日本三大国剧。书道、花道、茶道和日本民族风格的绘画——大和绘、浮世绘非常有民族特色。

日本的传统运动中有被称为"国技"的相扑,日本传统的武术——柔道也闻名遐迩。

二、韩国

(一) 简况

韩国全称大韩民国,位于亚洲大陆东北朝鲜半岛的南半岛。东邻日本海,西与中国山东省隔海相望。韩国有面积9.9万平方公里,境内3/4是山地。国旗为长方形,底色为白色,中间为圆形太极图案。国徽为圆形,上有五瓣木槿花。国花为木槿花。首都为首尔。

韩国经济比较发达,政府高度重视发展旅游业,提出"全体国民旅游要员化,整个国土旅游资源化,旅游设施国际标准化"的目标。韩国海陆空交通均较发达。全国已形成铁路网和高速公路网。主要城市有汉城、釜山、光州、大邱、仁川等。1992年8月韩国与中国建立外交关系。

(二) 人口与民族

韩国有人口5000万(2011年),是世界上人口密度最高的国家之一。中国儒学作为一种处世哲学在民间有广泛影响。韩国为单一民族国家,只有朝鲜族这一个单一民族。韩国约有2500万人信仰宗教,佛教为比较流行的宗教,其中,66%的人信奉大乘佛教,6%的人信奉基督教,4%的人信奉天主教。

(三) 民风民俗

1. 饮食习俗

多数韩国人喜欢辣、香、蒜味,喜欢中国的川菜。一般不爱吃羊肉、肥猪肉和鸭子,厌恶香菜,厌油腻,熟菜中不喜欢放醋,也不爱吃放糖或花椒的菜肴。

2. 服饰习俗

在韩国,传统民族服装和新式流行服装并存。老年男人多穿民族服装,个别老人还头戴黑纱斗笠,身穿长袍。中年以上的妇女喜欢穿民族衣裙,也喜欢穿带钩的韩国妇女胶鞋。近年来,老年妇女所穿的民族服装不仅颜色鲜艳,而且大多是带花的绸缎。目前,在韩国按传统仪式举行婚礼时,新郎、新娘仍穿传统的民族婚礼服。青少年在平时仍穿各式现代服装。

3. 婚姻家庭

韩国传统的家庭观念很强,同一家族还在续家谱,同一族源的家族内部禁止通婚。但近年来,几世同堂的传统式家庭结构开始解体,子女成婚后另立门户,由长子赡养父母。凡有祭祀活动及节日时,一般都团聚在长兄家。

几个世纪以来,韩国法律一直禁止同姓同宗的男女通婚,其目的在于避免近亲结婚,但在现实生活中,寻找终身伴侣时不同姓同宗不容易。韩国李、金、朴、崔几大姓就几乎占全国人口的一半多,这样,很难不碰上同姓同宗的恋人。但此前韩国几万对同姓同宗夫妇,得不到法律的承认。1999年10月7日,韩国政府正式废除了同姓同宗禁婚制度。

4. 社交禁忌

在人际交往方面,韩国人见面和分手时行鞠躬礼。男子也行握手礼,但女性一般不与男子握手。韩国深受儒教影响,重男轻女:出门、上车时妇女让男子先行;聚会致辞以"先生们、女士们"开头;在宴会等社交场合,男女分开活动。韩国人特别尊重长者:在长者面前吸烟要获允许;与长者谈话要摘去墨镜甚至眼镜。在正式的场合不应叉腿坐。女子发笑时要掩嘴。进入住宅或韩式饭店时要换鞋。与韩国人交谈,应回避韩国国内政治、与朝鲜的关系、与日本的关系、男主人妻子等话题,但韩国人喜欢询问个人情况。韩国人收受礼物时均用双手,接受礼物不当面打开,不要用外烟做礼物(持有或抽吸外烟要罚款)。韩国人忌讳数字"4"(与"死"同音),喜欢单数,不喜欢双数。

5. 文艺节庆

在韩国,公历和农历并用,直到目前仍把农历正月初一、正月十五、清明节、端午节、中秋节(秋夕节)作为民族的传统节日。除此之外,还有"八一五"光复节、檀君节等。信仰宗教的人还有宗教的节日和仪式。

韩国的传统舞蹈分为宫廷舞、民俗舞、假面舞、仪式舞、新创作舞等。韩国的戏剧起源于史前的宗教形式,包括假面剧、木偶戏、曲艺、唱剧、话剧5类。韩国有一种独特的曲艺,称"盼哨里",译意是"板声音",有12种唱调,至今还在流传。

在宴会上,用餐时要请长者先吃,对主人头一二次敬菜要推让,第三次才接受。宴会主人则要坚持敬三次菜。他们喜欢相互斟酒、喝交杯酒。年轻人则要先向老人和长辈斟酒。妇女要给男子斟酒,不给其他妇女斟酒。为他人斟酒时,要右手持酒瓶,左手托前臂。受酒者应举起自己的酒杯。拒喝别人的酒是不礼貌的表现,如不胜酒力,可在杯中剩点酒。韩国人原谅喝醉酒的人。吃饭时不能把菜盘吃完(否则意味主人准备不足)。饭后喜欢唱歌,邀请唱歌不应拒绝。

三、越南

(一)简况

越南全称越南社会主义共和国,位于亚洲中南半岛东部,土地面积有32.9万平方公里。越南为多山之国,山地和高原占全国面积的3/4。属热带、亚热带季风气候,高温多雨,湿度较大。首都河内。国花为荷花。货币为越南盾。

(二)人口与民族

越南有人口8616万(2008年),城市人口约占24%。全国90%的居民集中在红河和湄公河两个三角洲及沿海地区。越南是多民族国家,有54个民族,人种均属蒙古人种南亚类型。主要民族有越人、芒人、岱人、泰人、侬人、华人、高棉人、占人、苗人、瑶人等。越语为越人的语言,亦为官方语言。其余民族大多用汉藏语系壮侗语族、苗瑶语族、藏缅语族语言,有部分少数民族使用南亚语系孟高棉语族和南岛语系语言。越南各民族大多信奉大乘佛教,其中掺杂道教影响和祖先崇拜。部分人信奉基督教新教、天主教及高台教。

(三)民风民俗

1. 饮食习俗

越南菜在中南半岛国家中最具特色,做饭时要用南洋地区特有的香料,如柠檬草、罗勒、薄荷、芹菜及新鲜的莱姆果以及著名的蘸酱鱼露等作为调料。越南菜注重辣和酸。此外,越南每个地方也都有各自的独特风味,例如北部有河粉、蟹汤粉、螺汤粉、烤肉粉、仿狗肉、冻肉、烤鱼肉、螺蒸姜汁、豆面糯米饭、木鳖糯米饭、瘦肉团子、猪腿等;中部有猪腿粉、瓜类、炙虾烩饼片、占米糕、夫妇饼、粉糕、苏州饼等;南部则有生鱼酸汤、石钵鱼、椰汁猪肉、春卷、煎饼、塘虱鱼葫芦瓜汤、猪头酸瓜等。越南菜最大的特色是尽量保持原汁原味,例如菜桌上最常见的青菜几乎都是生吃的。

2. 服饰习俗

古代时,越南的京族人穿各种套头的衣服和长裙。进入现代,越南城市的男子多穿西装,妇女穿花色窄袖衣袍。越南妇女的长袍上身束腰,突出身段,使女子显得婀娜多姿,下摆舒展,开衩至腰际,活动方便。越南妇女穿长袍时,还穿一条黑色或白色的宽腿拖地长裤。妇女喜戴项链、手镯、戒指,多留披肩长发,或用发夹束于脑后。

3. 家庭

越南人注重孝道。在家庭中,子女孝敬祖父母和父母是不可缺少的意识。对死去的先人,越南人崇拜甚笃,因而十分重视对祖先的崇拜信仰,世代承袭,形成规模。人们认为,亲人虽然死去,但他的灵魂仍然存在,对后人还起着保护和督促作用,主宰着人们的一切活动。人间许多灾害祸福,都要依靠先灵庇佑与解脱。

4. 祖先崇拜

越南人每家每户都设有神龛、神台、神位,他们视祭祀供奉祖先为重大之事,用以感激祖先的养育之恩。许多家庭尽管宗教信仰不同,但供奉祖先是不可忽略的。春节来临前,必须重新布置祭坛,插上香烛,摆上供品。春节三天期间,祭坛总是香火缭绕,合家吃团圆饭前,家长和族人都要祭拜。

越南人对祖先的崇拜还表现在忌名上。平时,子孙忌提到祖辈、父辈的名字,如果现实生活中一些名词与祖辈、父辈的名字相重,要回避或用同义词代替。孩子小的时候,父母不让其知道先祖的名字,以防孩子乱喊,对先祖不敬。如果被别人指着他先祖的名字奚落或辱骂,他就会认为是受了奇耻大辱,而激起深仇大恨。近年来,忌名在城市已少见,但在农村,这一习俗仍保持。

5. 节庆礼仪

越南也使用公历与农历，除了国家法定的节日如元旦、国际劳动节、国庆节等外，越南也过清明节、端午节、中元节、中秋节、重阳节、春节等。与中国人一样，农历的春节是一年之中最盛大的节日。越南有一句民谣"肥肉姜葱红对联,幡旗爆竹大粽粑"。意思是,春节到了,要为过节准备丰盛的肉菜,做好粽粑,门口贴上大红对联,高高的幡旗随风飘扬,爆竹鸣响。从这句民谣中,可见越南人对春节的重视程度。在新年与旧年交接之时,越南人也有守岁的习惯。除夕夜,人们通常睡得很晚,合家等待新年钟声敲响第一下那神圣的时刻。在农村,家家户户都在忙着煮粽粑,孩子们围着锅台,焦急地等待粽粑煮熟。供桌上,香火缭绕,摆满了各式供品。当新年的钟声敲响时,一家之主率领全家祭拜神灵,然后再祭拜土地。越南人认为,每年上天都要派一名神来看管人间。除夕神灵交接,祭拜神灵是迎新神送旧神,祈求神灵保佑全家老少四季平安。

除夕夜,越南人还有"求禄"风俗。一般有两种"求禄"方式:一种称为"采禄"。通常从寺庙祭祀返回时,老百姓采摘下一根带有绿叶的树枝带回家,寓意为采集天地神灵赐给的福禄。回家后插在祭坛前,直到树叶枯残为止。另一种叫做"香禄"。不少人在寺庙祭祀时点一把香,站在祭坛前祷拜,然后把点着的香带回去供奉在祖先祭坛或王爷祭坛的香炉上。据越南民间传说,香火象征兴旺发达。为此,返回时,常常遇上刮风,香火燃烧加快,人们认为这预示着一年万事如意。

越南人也过灶君节。灶君也称为"灶神"（灶王爷），他的任务是客观地记录下这个家庭所发生的事。每年腊月二十三是灶君节。这一天,灶君要去拜谒玉皇大帝,报告在人间的所见所闻。腊月二十三,人们供奉灶君,有的地方还供上一条活鲤鱼,传说鲤鱼是灶君上天的坐骑。供毕,人们将鲤鱼往江河或湖泊里放生,鲤鱼将化为龙送灶君上天。

中秋节是越南人较为重视的节日。节日晚上,越南人除了吃月饼、赏月、观花灯、舞狮子外,在农村,青年男女还举行对歌,越南人称为"唱军鼓调"。军鼓调多以情歌对唱为主,也是日常生活内容。相传古代时,越南军队常以击军鼓对歌供士兵娱乐,后传入民间。所谓的军鼓实际上是一只木桶或洋铁桶,在村头立两根柱子,用麻绳或钢丝绳将桶绷紧后固定在柱子上,用棍子敲打绳子使其发出咚咚的响声,男女双方各站一边,边敲边对歌。一些青年男女通过对歌建立感情,确立恋爱关系。

6. 传统艺术

越南传统艺术和民间佳节是越南民族珍贵的历史文化宝藏,从民间的节庆和仪式中也可以看到民间的艺术风格。常见的有:抛绣球、翱翔歌舞、香山盛会、黑婆山春节庙会、天后圣母庙会等。

越南的传统戏剧有叭剧、嘲剧和改良剧。叭剧是越南最古老的剧种,过去被统治阶级视为高雅的"阳春白雪",其内容和形式都带有很多中国京剧的痕迹,可能来自中国的京剧。嘲剧是15世纪越南北部平原民间自发产生的一种文艺形式,在人民群众中有很深的影响,特别是在农村,流行很广泛。改良剧是20世纪初才在越南南部出现的一种年轻的剧种。它渊源于南部的才子佳人音乐,并吸收了叭剧的表演动作,是在众多传统剧目的基础上发展起来的。

水上木偶戏是越南独具特色的艺术,磨漆画和磨漆制品是其民间传统文化艺术的瑰宝。

四、泰国

(一)简况

泰国全称泰王国,土地面积51.3万平方公里。泰国原名暹罗国。"泰"在泰语中意为"自由"、"光明"。泰国位于亚洲中南半岛中南部。属热带季风气候,终年暖和、四季如夏。泰语为国语,属汉藏语系壮侗语族壮傣语支。首都曼谷。国花为睡莲。

(二)人口与民族

泰国有人口6740万(2010年),人口最密集的地区是湄南河三角洲地区。泰国是一个多民族国家,全国有30多个民族,绝大多数讲汉藏语系语言。主要民族有泰人、老挝人、华人、马来人及讲孟高棉语族语言的民族等。泰国以佛教为国家。盛行小乘佛教,信徒占全体居民的95%。马来人信奉伊斯兰教逊尼派。华人信奉大乘佛教。另外,还有部分居民信奉基督教,山区一些少数民族仍保留原始信仰。

泰国曼谷大王宫玉佛寺金塔

(三)民风民俗

1.饮食习俗

泰国人在饮食方面一是喜辣,二是去饭馆用餐。泰国人不喝热茶,最喜欢喝一种独特的饮料——冰茶,即在滚烫的热茶中放进一块冰块,即使在烈日下,喝上一杯,也会非常舒畅。泰国人喜欢吃用绿叶包成的鸡蛋那么大的多角形食品——花汁粽子,用糯米粉制成,味道清香甘美。忌食牛肉、海参,不喜欢酱油,不爱吃红烧菜肴、甜味菜、香蕉等。他们偏爱辛辣味,喜欢中国的粤菜、沪菜、京菜、川菜。

2. 婚姻习俗

泰国的婚姻法定为一夫一妻制。婚姻要经历提亲、定亲、行婚礼的过程。结婚仪式均在双月,婚礼要由僧侣主持。新婚之夜之前,要举行净身仪式,即新郎新娘在新居进行沐浴,"以洗清所有的罪恶"。在泰国,在腊伲族中,男青年追求少女要弹"比亚"(一种乐器),由它做"红娘",当双方决定成亲时,男青年要以20个铢、一对蜡烛、一束蒌叶和一束槟榔去求婚。婚后丈夫住在妻子家,这称为"比亚传情"。

3. 丧葬习俗

泰国人死后实行火葬。信仰佛教的人认为,死亡是"幸福生活的一个插曲",葬礼应"呈现喜悦"之景象,故泰国有的民族以打鼓吹笙送葬,有的民族则是以敲锣、唱歌和跳舞来祝颂死者的。

4. 宗教信仰

泰国以佛教为国教,忌对佛教、佛像、寺庙和和尚有不敬的言行。路遇和尚要主动让路,乘车应主动给和尚让座,不得向和尚赠现金。泰国用的是佛历纪年,佛祖释迦牟尼涅槃之年公元前543年为佛历纪年之始,如佛历2535年即公元1992年。月、日通行的仍是公历。几乎家家都供奉佛像,人人身上都挂有一个小佛像,其目的在于"消灾纳吉"。几乎每个家庭都有用木头刻制的小佛庙,庙内供奉"家灵"。在东部和西北部一带,则普遍供奉"村灵",就是全村设一座小庙,供奉一位守护神。村灵是泰国固有的,家灵则是高棉人传过来的。

5. 社交禁忌

泰国人见面和分手时,习惯稍低头,行合十礼(对儿童、佣人、小贩、服务员、劳工等除外)。商人、知识分子也流行握手礼,但男女间不握手。除和尚外,任何人不能触摸别人的头部。长辈在座,晚辈必须处于长辈头部的下面。切忌用左手服务或用左手吃东西。切忌拍打对方肩膀。切忌拿东西从别人头上掠过。切忌用手指人(可用下巴指人)。进门不能踩门槛。泰国家庭一般席地而坐,以脚底对着人都是不礼貌的。更不能用脚踢门、用脚给人指东西。睡觉时不能头朝西。参观时,男人须打上领带,女士则严禁穿长裤和短裤。与泰国人交谈要回避政治、王室等话题,不要赞美别人的婴儿(以免引起恶鬼的注意),但可询问个人情况。公开批评别人被视为冒犯行为,私下批评也要讲究艺术。在社交聚会上,不要与已婚妇女谈话太久,以免冒犯其丈夫。

泰国人忌用红色签名或刻字(泰国人写亡人的名字用红色),紫色、黑色为丧礼服装。

6. 文艺节庆

泰国主要的节庆有万佛节、宋干节、吠舍法节、水灯节等。泰国以优美典雅的古典舞蹈和丰富多彩的民间舞蹈著称于世。古典舞蹈分"宫内"和"宫外"两种。宫内舞的观赏者是国王和宫廷官员,典雅细腻,有严格的规范与程序。宫外舞以平民百姓为观众,较自由风趣。民间舞蹈有丰收舞、长甲舞、蜡烛舞等。

五、新加坡

(一)简况

新加坡全称新加坡共和国,位于东南亚的马来半岛南端,由新加坡岛和周围50多个小岛组成。"新加坡"在马来语中为"狮子之城"之意,别名星洲,是一个岛国。总面积647.5平方公里。气候属热带雨林气候,终年高温多雨。首都为新加坡市。国花为热带兰花。

(二)人口与民族

新加坡公民和永久居民377.1万,常住人口507.6万(2010年),全体为城市居民,是全球城市人口比例最高的国家。新加坡是一个多民族国家,境内有20多个民族。主要有三大民族:即华人、马来人和印度人(印度人大多为泰米尔人)。此外,还有人数不多的阿拉伯人、苏格兰人、荷兰人、阿富汗人、犹太人、菲律宾人、缅甸人等。官方语言有英语、马来语、华语、泰米尔语。新加坡居民的宗教信仰十分复杂,世界三大宗教在这里都有信徒。华人大部分信奉佛教,少数信奉基督教;马来人信奉伊斯兰教逊尼派;印度人多数信奉印度教,少数人信奉伊斯兰教、锡克教及基督教。

(三)民风民俗

1. 婚姻礼仪

各族的婚礼各不相同。华人结婚要选黄道吉日,时髦的华裔新娘在婚礼中端出一只小小的瓷制茶杯给新郎的父母,当公婆从新娘手中接下茶杯的时候,就表示新娘已被接纳到这个家庭中来了。马来人举行婚礼几乎邀请全村人来参加,来宾们酒足饭饱离去时,手上都握着一个煮熟的蛋,表示多子多孙的意思。印度人的婚礼在庙里伴着宗教的圣歌和祷告举行,显得十分肃穆。新娘的身上包裹着一件挂满珠宝的丝绸,丈夫则跪在妻子的面前。婚礼的高潮是新娘戴上用茉莉花和兰花编成的沉重的花环时,宾客们向新人身上抛洒花瓣,在芬芳的花香中,完成了隆重的结婚仪式。

2. 禁忌

新加坡人视数字"4"、"6"、"7"、"13"、"37"和"69"为消极数字。尤忌数字"7"。

3. 社交节庆

在新加坡,风俗习惯和节日因种族及宗教信仰而异。华人基本上保持了中国的传统习俗。马来血统的人及伊斯兰教徒两人相见行双手握礼。斋月时,白天不进食,晚上方可吃东西,开斋时要庆祝一番。印度血统的人见面时合掌致意,妇女额头上点檀香红点,男人扎白色腰带。平时进门脱鞋,社交活动和饮食只用左手,以牛为圣,不吃牛肉等。

新加坡印度人最隆重的节日是屠妖节(一般在公历10月或11月间,无月亮的夜晚),家家户户在住屋的周围点上蜡烛、油灯,迎接守护神和幸运女神等,还打扫房屋,清算一年的账目和个人恩怨。

此外还有历春节、清明节、端午节、中元节(俗称鬼节)、卫塞节(在农历四月十五日,是佛祖释迦牟尼的诞辰、成道及涅槃纪念日)、开斋节、哈芝节、圣诞节、耶稣受难节与复活节等。

六、马来西亚

(一)简况

马来西亚位于东南亚,总面积32.9万平方公里,包括马来亚、沙捞越和沙巴。"马来西亚"在马来语中为"黄金"之意,马来半岛盛产黄金,故称为黄金半岛。马来西亚气候属热带雨林气候,终年炎热,雨量充沛,无四季之分,仅有旱季与雨季之别。马来西亚盛产橡胶、锡、棕油、木材、胡椒等。首都吉隆坡。国花为扶桑。

(二)人口与民族

马来西亚有人口2825万(2010年)。马来西亚的主要民族有马来人、华人、印度人、爪哇人及原住居民属澳大利亚人种尼格利陀类型的塞诺伊人、塞芒人等。马来语为国语,英语和华语也很广泛使用。马来西亚有一半多的居民信奉伊斯兰教,属逊尼派;1/3的居民信奉佛教;少数人信奉印度教或基督教。在沙捞越和沙巴,当地各族居民仍保持传统信仰。

(三)民风民俗

1. 居住习俗

在马来西亚的乡村或城市郊区,住宅为"浮脚楼":房顶用树叶铺盖,墙和地板用木质材料建成,地板离地数尺,可以防潮、防蛇、防鼠害。还有一种与浮脚楼相似但很长的住屋,叫长屋,它中间有一个走廊,走廊两边是住户房间。长屋的居民由民主选举的屋长管理。

2. 饮食习俗

马来人多为穆斯林,不食猪肉、死肉、动物类血液和贝壳类食品,禁烟、酒。喜欢喝咖啡、红茶等饮料,也爱嚼槟榔。喜爱吃带辣的菜及咖喱牛肉。马来西亚是食客的天堂。形形色色辛辣的马来食品色香味俱全,此外还有种类繁多的中餐、南北印度风味美食以及越南与葡萄牙美食。

3. 服饰习俗

马来西亚人普遍穿蜡染花布做的长袖上衣,被称为"国服"。男子穿无领长袖衣,色彩鲜艳,质地薄而凉爽,适宜当地的炎热气候。下身围一"纱笼",女子穿"克巴亚",即无领长袖连衣裙。马来人的习惯是,在公共场合不论男女衣着不得露出胳膊和腿部。

4. 婚姻习俗

马来西亚的婚姻多是男子入赘女家,也叫"倒插门"婚姻。婚礼后,新郎留在新娘家,但和新娘分开居住,第三天后才洞房花烛夜。7天以后,小夫妻双双去男家探亲,然后双双回到女方家生活。但近年来新娘在男方家居住的现象在城市里已相当普遍。

5. 社交礼仪

马来人的见面礼十分独特,互相摩擦一下对方的手心,然后双掌合十,摸一下心窝互致问候。对女士不可先伸手要求握手,不可随便用食指指人。忌讳摸头(认为是一种侵犯和侮辱行为),除了教师和宗教仪式外,任何人不可随意触摸马来人的背部(意味厄运来临)。同马来人握手、打招呼或馈赠礼物不可用左手。马来人待客热情,对主人的款待,客人必须吃一点,否则主人认为是对他(她)不尊敬。马来人相互拜访时,衣冠必须整齐,如果是穿着拖鞋,首先必须脱掉,放在门口,因为马来人的内厅是供祈祷的地方。

6. 文艺节庆

农历春节是居住在马来西亚的华人的最隆重的节日,节日的习俗和中国春节大致相同。此外还有佛祖释迦牟尼诞辰节——卫塞节,又叫灯节;印度人的新年——屠妖节,又称光明节;还有穆斯林的一个重大节日——吉哈节,又名古尔邦节。

马来西亚有悠久的历史和文化。政府努力塑造以马来文化为基础的国家文化。大约在公元初年,马来西亚就流传着许多为人民所喜爱的故事。印度人移入后,便有人把印度史诗《摩诃婆罗多》和《罗摩衍那》译成古爪哇文。

马来西亚的舞蹈分为五种形式,即剧院舞蹈、古典舞、宫廷舞、民间舞和现代舞。音乐分为传统和现代两种。传统音乐是由本土与中东乐器奏出的"加佐"音乐。耍陀螺是马来西亚民间传统的体育项目。

七、菲律宾

(一)简况

菲律宾全称菲律宾共和国,位于亚洲东南部,由7000多个岛屿组成,有人居住的岛屿有1000多个。菲律宾总面积29.97万平方公里,最大的岛屿是吕宋、棉兰老等。菲律宾属于季风型热带雨林气候,具有温度高、降雨多、湿度大、台风多等特点。菲律宾盛产椰子,出口量占世界第一,故有"椰子之国"的美称。首都马尼拉。国花为茉莉花。

(二)人口与民族

菲律宾有人口9400万(2010年),全国90%的居民集中在吕宋、棉兰老、萨马等11个岛上,菲律宾是一个多民族国家,有90多个民族,主要有比萨扬人、他加禄人、伊洛卡诺人、比科尔人、摩洛人、华人等。官方语言为他加禄语和英语。菲律宾

90%的居民信奉基督教,其中绝大多数为天主教徒;摩洛人信奉伊斯兰教;华人信奉佛教;山地部分少数民族保留了当地的传统信仰。

(三)民风民俗

1. 社交礼仪

菲律宾人的姓名大多为西班牙语姓名,顺序为:教名、母姓首字、父姓。与专业技术人员交往时要称呼他们的职称(工程师、建筑师、律师、教授等)。交谈时要避免菲国内政治纷争、宗教、菲律宾近代史等话题。但菲律宾人喜爱打听私人情况。谈话时要小声。老人受到尊重,要先向长者问候、让座,不能在老人面前抽烟。菲律宾人对个人尊严很敏感,坦率和直言被视为鲁莽。社交活动遵守时刻被视为过分热衷,一般迟到15~30分钟。饮酒过量被认为是贪婪。受礼不能当面打开。宴会后常请客人唱歌,拒绝是很不礼貌的。

2. 饮食习俗

菲律宾人的副食以鱼、海味、猪肉为主。大多数食品味道清淡。

3. 婚姻习俗

菲律宾人多是自由恋爱结婚。在农村,男青年往往用歌声向他倾爱的姑娘求爱,并赠以花束,花的颜色以白色和桃色为佳,茶色和红色属禁忌之色。

穆斯林的婚礼由父母决定。男方通过媒人向女方家庭提出求婚,并交付聘金。婚礼仪式由伊斯兰阿訇主持。少女十二三岁,便被视为已到结婚年龄。

土著人的婚俗多种多样。伊洛卡诺人的婚约主要有两种方式:父母主婚和试婚。试婚期间,如果不能生育,随时可以分开。巴交人允许多偶婚,多半由父母包办。经常是表兄弟姐妹之间通婚。阿埃塔人男子求婚,以弓箭射中女子在远处安置的竹筒为准。未射中者,说明男子无力养活妻子,求婚目的就难以达到。

4. 特殊习俗

内库利特居民不分男女老少都喜欢文身。孩子到12岁,就在两臂、胸部及背部刺上许多图案。随着年龄的增长,身上的图案会越来越多。

巴扎人常年生活在海上,以船为家,生于斯死于斯,几乎与外界隔绝。部族内可以通婚。近亲配偶行婚礼时要向海神祈求消灾免难。

5. 文艺节庆

菲律宾主要的节日有圣周节(每年3月15日后的第一个星期日),是菲律宾天主教徒为纪念耶稣上十字架而举行的宗教庆祝活动。还有圣伊斯多节。

菲律宾民间流行斗鸡比赛。斗鸡大体可分为天然斗鸡、本地混种斗鸡和进口斗鸡三类。还有一种"蒙地诺"斗鸡,是美国、古巴、西班牙和本地鸡杂配而成的,战绩最好。

八、印度尼西亚

(一)简况

印度尼西亚位于亚洲的东南部,是世界上最大的群岛之国,有大小 17508 个岛屿。面积 190 万余平方公里。国内多大山,又有"千岛之国"、"火山之国"之称。首都雅加达。国花为茉莉花。

(二)人口与民族

印度尼西亚有人口 2.3 亿(2009 年),居世界第 4 位,是东南亚人口最多的国家。印度尼西亚以印度尼西亚语为国语,属南岛语系印度尼西亚语族。印度尼西亚为多民族国家,全国约有 100 多个民族。主要民族有爪哇人、巽他人、马都拉人、印尼马来人、米南加保人、亚齐人、巴塔克人、巴厘人、华人及阿拉伯人、印度人等。印度尼西亚国内居民中有 84% 的信奉伊斯兰教,属逊尼派;其余的信奉基督教、印度教、佛教及当地部落信仰等。

(三)民风民俗

1. 饮食习俗

印尼人忌食猪肉,不饮酒,一般不吃带骨刺菜肴。吃饭时不用左手拿餐具或食品。喜辛辣、酸甜食品。喜欢中国的川菜。

2. 服饰习俗

印尼人女子的日常上衣长而宽敞,对襟长袖,无领,多配以金色大铜扣。大爪哇族和巴厘族的女性上衣十分简单,下身是称作"纱笼"的长裙。男性穿衬衫式上衣及长裤型纱笼。现在随着时代的发展服装已发生了重大的变化。巴希尔族人从不着衣,并且有文身的习俗。马鲁古群岛的男性只在腰间系上树叶编成的短蓑衣。还有些民族着野生植物纤维制成的原始种族的服装。巽他族的医生有戴帽子的习惯,每当他治愈一个病人,就在帽子上插上一根美丽的羽毛。帽子插满羽毛后,就放在石雕像上展览。

3. 婚姻习俗

印尼许多乡村的习惯是女人娶男人,爪哇岛上早婚很普遍,并且很快又离婚。多拉查族的男子求婚时必须首先向女方家赠送一头水牛,在女方接受后,便正式举行求婚仪式。米南加保人在行婚礼之前,女方要单独举行"凤仙花会"。达雅克族人结婚要举行两次仪式,第一次是宗教仪式,第二次是传统仪式,观舞是婚礼仪式的主要内容。当婚礼结束,新娘新郎及家人使劲往客人身上泼水,用以祝福客人"一路平安"。

4. 社交礼仪

在人际交往方面,与印尼人交谈要回避当地政治、社会主义、宗教等话题,但他们喜欢谈论自己的家庭,喜欢打听个人情况。他们注重面子,有分歧时不宜公开辩论。爪哇人在社交场合接送礼物要用右手,对长辈则用双手,切忌单用左手。米南加保人实行男嫁女娶。受伊斯兰教的影响,对乞丐不能嫌弃。印尼绝大多数人信奉伊斯兰教,忌讳带有猪、龟图案物品,忌讳猪制品和酒。但是崇拜蛇(蛇是善良、智慧、本领的象征),也偏爱茉莉花(茉莉花是纯洁和友谊的象征),喜爱带蛇或茉莉花图案的商品。

5. 传统艺术

印尼的民间神话传说、宗教信仰和古典史诗,是古代爪哇和苏门答腊艺术创作的主要源泉。

印尼典型的民间乐器有:佳美兰、杭格隆、克郎庄等。印尼的一些歌曲,诸如《宝贝》、《棱罗河》、《星星索》等,在我国流传很广。

印尼巴厘岛居民以舞蹈著称于世,被称为"舞之岛"。巴厘舞蹈扎根于印度教信仰,讲究手腕和指尖的动作,分为两种:一种是宗教舞,庄严肃穆;另一种是民间舞,活泼灵巧。除此之外还有"隆梗舞"、"盘烛舞"、"基伯拉舞"、"甘朗布洛舞"、"欢乐舞"、"马望望舞"等。

九、印度

(一)简况

印度位于亚洲的南部,是南亚次大陆最大的国家。面积 297.47 万平方公里。与巴基斯坦、中国、尼泊尔、锡金、不丹、缅甸和孟加拉国为邻,濒临孟加拉湾和阿拉伯湾。属热带季风气候,气温因海拔高度不同而异。

印度是世界四大文明古国之一,公元前 2000 年前后创造了印度河文明。1947 年 8 月 15 日独立。1950 年 1 月,印度共和国成立。首都新德里。国徽仿照印度历史上著名的孔雀王朝(约公元前 324～公元前 187 年)阿育王时代佛教圣地鹿野苑石柱柱头狮首雕像的形象而制定。主要城市有新德里、加尔各答、孟买等。国花为荷花。1950 年 4 月同中国建交。

(二)人口与民族

印度有人口 12.1 亿(2011 年),城市人口占 28%。全国将近一半人口分布在恒河流域及沿海地带。印度是一个多民族国家,现有 300 多个民族。属印欧语系的民族主要分布在印度的中部和东部;属达罗毗荼语系的民族主要分布在南部;属汉藏语系藏缅语族的民族主要分布在北部的边境地区;属南亚语系的民族主要分布在梅加拉亚邦、比哈尔邦、奥里萨邦等地。主要民族有印度斯坦人、比哈尔人、孟加拉人、马拉地人、泰卢固人、泰米尔人等。官方语言为印地语和英语。印度有 82.7%的居民信奉印度教,11.2%的居民信奉伊斯兰教,其余的信奉锡克教、佛教、耆那教、犹太教以及传统信仰。

（三）民风民俗

1. 饮食习俗

印度人的饮食特点是淡而清滑，喜辣味。北方地区多食肉、谷物和面包；南方地区多素食，多食米饭和辛辣的咖喱。印度家庭的基本食品为米饭、家常饼、小扁豆、作料及两三碟小菜。普通作料是干青酸辣泡菜和香菜叶。印度人不用酱油和酱类调料，但不离咖喱。多数人喜欢的饮料有红茶、咖啡、酸奶和冷开水等。多数地方禁止饮酒，尤其是穆斯林地区。

2. 服饰习俗

印度妇女中间最流行的是一种叫纱丽的服装。纱丽是一块长为五六米的长方形布料，式样、色彩和质地多种多样。纱丽不经剪裁，却适合任何身材。纱丽的穿着方式不同，体现了穿衣者的地位、年龄、职业、地域及宗教信仰等。多数妇女喜欢将纱丽搭在左肩上，帕亚人、拉贾斯坦人及古吉拉特人妇女则将纱丽搭在肩上①。印度年轻妇女还喜欢穿一种叫沙尔瓦克米兹（沙尔瓦是一种宽松的睡裤式的长裤，克米兹为一种穿在外面长及膝盖的长袍）的服装。

印度人不论男女，爱好装饰，尤其是女性常佩戴鼻环、手镯、戒指、脚铃等。此外，已婚妇女还有戴项链和涂红粉的习俗。项链是在婚礼中由新郎给新娘戴上的，表示只要夫妇不分离，女方就要佩戴终身。女子额头上的红粉也是婚礼时由新郎涂上的，涂后双方方可进入洞房。

3. 婚姻丧葬

印度人的婚姻重视父母之命、媒妁之言。其婚礼仪式相当繁杂，宗教气息十分浓厚。以前，高种姓同低种姓之间不通婚。现在，不同种姓之间的通婚现象已很普遍，尤其是在知识分子中间。但在广大农村，父母包办婚姻还属多数。按照旧的习俗，女子出嫁时，必须拿出大量的钱财作为嫁妆，过去，多是牛车、古式家具，今天则成为小汽车、电视机、电冰箱、摩托车等。这使家中有几个姑娘的父母不堪重负。在印度喀拉拉邦一些地区还存在着童婚制：即一名女孩小时与一男童举行"结婚"仪式。仪式结束后，双方各回各家，两人也不再见面。长大后，要同其他人结婚，则要另举行婚礼。

印度人的丧葬形式有火葬。火葬前，首先给死者沐浴（在印度，每年有许多老人临终前赶到恒河沐浴，认为这样可洗去一切罪孽），放置柴堆（富人用檀香木，普通人用一般木柴）之上，死者的嘴、鼻孔和耳朵上涂酥油，最后由其子女点火。此外，印度人死后也有实行土葬、水葬的。

4. 社交礼仪

印度是一个十分讲究礼仪的国度。印度教徒见面通常合掌或举手，一般对长

---

① 今天，纱丽已成为南亚地区妇女普遍流行的、富有民族特色的一种服装。

者手宜高,对平辈宜平,对晚辈宜低。对特别尊敬的长者,见面礼是吻足或摸脚跟。到印度人的庙宇或住宅做客,进门应先脱下鞋,鞠躬并行合十礼。对妇女不宜主动握手。印度人迎宾时,喜欢向客人敬献用茉莉花制作的花环,挂在宾客的脖颈上。有的送上一束玫瑰花,有的在贵宾身上撒些各种各样的花瓣,以示友好。新年到来,印度妇女都要随身携带红粉包去"拜年"。见到熟人好友,问好之后取点红粉"点"到对方前额上,祝福"吉祥如意"。

5. 禁忌

印度人由于宗教信仰不同,禁忌也各有异。普通的禁忌有:出门或途中忌蛇或猫拦路;晚上忌谈论蛇;睡觉时忌头朝北、脚朝南,民间传说阎罗王住在南方;节日或喜庆日忌烙饼;父亲在世时,儿子忌缠白头巾或剃头。朋友相见,切勿摸别人的头,尤其是小孩的头。忌用左手接东西,也不可用左手抓饭或给别人递东西。穆斯林严禁吃猪肉;少数锡克教徒严禁饮酒。印度教徒视牛为"神",严禁吃牛肉。无论在城市或农村,牛躺在大道上,或是闯入庄稼地吃庄稼,闯入副食店吃食品,都不能赶它,更不能打它。

6. 节庆

印度较大的节日有100多个,可分为政治性节日、季节性节日、历史性节日及宗教性节日。其中较典型的有:

(1)霍里节。印度教四大节日之一,又称洒红节。节期在公历二三月,印历十二月的望日举行。如同中国春节,印度全国均热烈庆祝。各地庆祝方式不一,有的地方人们见面相互洒水、洒红,有的互相祝贺并拥抱。

(2)杜尔迦节。印度教的主要节日之一,也是西孟加拉邦人最大的节日。每年从10月初开始,节期数天。主要庆祝恒河女神杜尔迦下凡。节日期间,举行庙会、演戏、跳舞和游神等活动。

(3)印度教灯节。印度教较隆重的节日之一。公历10月间举行,节期长达10天左右。节日期间,城镇张灯结彩,人们身着盛装,载歌载舞,抬神像,游行狂欢。

十、巴基斯坦

(一)简况

巴基斯坦在波斯文中意为"清真之国",位于南亚西北部的印度河流域。面积有79.6万平方公里。东邻印度,东北与中国为邻,西北同阿富汗交界,西同伊朗毗邻。印度河纵贯巴基斯坦全境。印度河流域为南亚古代文明的发祥地。巴基斯坦地处亚热带,属热带草原和沙漠气候。水果资源丰富,盛产香蕉、橘子、芒果和各种瓜类,有东方"水果篮之称"。骆驼皮和鹿皮制品、地毯等产品闻名于世。巴基斯坦是最早承认中华人民共和国的国家之一,首都伊斯兰堡。国花为茉莉花。

(二)人口与民族

巴基斯坦有人口1.97亿(2012年),大多数居住在印度河及其支流灌溉区域。城市人口占33%。以乌尔都语为国语,以英语为官方语言。巴基斯坦将全国分为四个省,即旁遮普、信德、俾路支和西北边境省,这一行政区划与国内四个大民族的分布区域基本吻合。主要民族有旁遮普人、信德人、普什图人(又称帕坦人,主要分布在西北边境省)、俾路支人、克什米尔人、布拉灰人等。

巴基斯坦以伊斯兰教为国教。国内有96%的居民信仰伊斯兰教,多属逊尼派。居民中有3%的信仰基督教,印度教徒不到全体居民的1%。

(三)民风民俗

1. 饮食习俗

巴基斯坦人大多食用牛羊肉和乳类。按照穆斯林的习惯,人们都不饮酒,在宴会上多以凉开水代酒。在巴基斯坦的外国人也不在公共场合饮酒。居民喜欢饮茶。在城市和乡村,无论男女老少几乎每天都要饮茶,尤喜牛奶红茶及冰茶。近年来,巴基斯坦流行一种自助餐。餐厅内放一长条桌,上置各种生熟牛、羊、鱼、鸡肉和青菜及调料,放火锅中涮食。吃多吃少,悉听尊便,卫生且实惠,深受人们的欢迎。

2. 婚姻习俗

巴基斯坦青年男女的婚姻一般由父母做主,且讲究门当户对。婚前,男女双方一般不见面。伊斯兰教允许一夫四妻,但一般人仍为一夫一妻。婚礼一般在城市公园里或男方家中举行,隆重而热烈。女儿出嫁时,父母一般要多给一些嫁妆;否则,会被婆家人看不起。在巴基斯坦,人们习惯近亲通婚。姑表、姨表兄妹和堂兄妹之间均可通婚。有些地方,甚至规定姑娘只能嫁给堂兄弟。据说,是为了便于继承财产,密切亲戚关系。

3. 社交礼仪

巴基斯坦人见面时要互相道安问好,并握手或拥抱,但男子一般不主动与女士握手。相见问候时一般说:"真主,赐你平安"或"真主保佑你。"有贵客来临时,巴基斯坦人喜欢以花环送客人,还将鲜花花瓣撒在客人来临的路上,以示祝福。

4. 宗教禁忌

在巴基斯坦,伊斯兰教为国教,人们都严格遵守宗教法规。穆斯林每天要举行五次礼拜。无论城镇或乡村,都可以见到白色圆顶的清真寺。清真寺里经常播放《古兰经》,穆斯林经常颂读。在一些会议或集体活动中,也常以颂读《古兰经》开始。

巴基斯坦97%以上的人是穆斯林。穆斯林妇女一般深居简出,若要外出则要穿长袍,并戴面罩,将全身蒙起来,只在眼睛处留几个小孔或"网眼"。学校中,有的男女分校。男女合校的,女生须将脸蒙起来。现在有的城市,如卡拉奇等已逐步取消了蒙面的习俗。

在公共场合,巴基斯坦男女之间一般互不来往,严禁男女当众拥抱。进入清真寺应脱鞋,忌大声喧哗,不得吸烟。巴基斯坦人视黑色为不祥颜色。忌讳别人拍打肩背,因为只有警察捕人时才拍打肩背。忌以手帕送人,民间认为手帕是擦眼泪的,是悲伤时用的东西。

5. 节庆

巴基斯坦的节日主要有:国庆节(3月23日),通常举行阅兵仪式;独立日(8月14日),巴基斯坦1947年独立;真纳(巴基斯坦国父)诞辰纪念日(1876年12月25日)。此外,民间节日主要是伊斯兰教的开斋节、宰牲节等。

十一、尼泊尔

(一)简况

尼泊尔王国位于南亚次大陆北部,喜马拉雅山脉中段南麓,故有"喜马拉雅山国"之称。尼泊尔是个多山的内陆国家,土地面积14.7万平方公里。尼泊尔属大陆性气候,南部气候温和湿润,北部山区寒冷多风。首都加德满都。国花为杜鹃花。

(二)人口与民族

尼泊尔有2660万人口(2012年),城市人口占11%。大部分集中分布在海拔1200~2500米的山间盆地,以及宽度为20~40公里的南部低洼地带。尼泊尔共有30多个民族,可分为讲汉藏语系藏缅语族的民族和印欧语系印度语族的民族两大部分。主要民族有廓尔喀人(又称尼泊尔人)、塔鲁人、比哈尔人、印度斯坦人、尼瓦尔人、达曼人等。尼泊尔语为国语,属印欧语系印度语族。尼泊尔主要盛行三大宗教:印度教(定为国教,教徒占全国居民的89%)、佛教(主要是大乘佛教,教徒占7.5%)和伊斯兰教(教徒占3%)。

(三)民风民俗

1. 饮食习俗

尼泊尔人爱吃甜的和有香味的点心,像是从糖浆里捞出来一样。饭后的奶茶是红茶煮成的,再加上牛奶或羊奶,有的会加入一点儿生姜。

2. 丧葬礼仪

尼泊尔人死后一般实行火葬。因为尼泊尔的印度教徒认为,将去世亲人的骨灰撒在流往恒河的大小支流,有助死者的灵魂得以永生。

尼泊尔人守孝期约1年,这期间男女均只可穿素服,颜色鲜艳的一律禁穿。

除火葬外还有血祭。所谓"血祭",是指每星期二与星期六上午,尼泊尔人都会扶老携幼前往附近的神庙祭拜,然后将鸡、羊、牛等交给血祭师宰杀,以它们的鲜血喷洒在卡莉女神的神像上,以祈求生子和吉祥。尼泊尔人认为卡莉女神掌管人类的生育,以牲畜鲜血祀奉,必获庇佑。

3. 社交礼仪

在人际交往方面,久别重逢时尼泊尔人晚辈对长辈要下跪吻脚,长辈在晚辈头上轻轻打一下,作为还礼。赠送礼物时一般要有三件:尼泊尔帽、廓尔喀刀和布鞋。送帽子表示对客人的尊重和爱护,廓尔喀刀被视为国刀,登程送一双鞋,意为祝客人一路平安。

4. 禁忌

尼泊尔人的主要禁忌有:

(1)在室内,游客不可以跨过尼泊尔人的脚或身体,必须绕行。

(2)一些游客喜欢骑在神像、神兽上面拍照,虽然尼泊尔人不会认为这样是冒犯神灵,但还是应尊重别人的信仰。

(3)大部分尼泊尔人进入房间时都先把鞋子脱掉,尤其是厨房和饭厅。

(4)与尼泊尔妇女行见面礼时,应双手合十(像中国人拜神),轻点头说声"Namaste",以表示祝福。

(5)历法节庆。尼泊尔同时采用5种不同的日历,包括西方人所熟悉的公历、西藏历,传统的有释迦历(由公元108年算起)、尼瓦历(从公元879~880年算起),而官方采用的是维克拉姆历,报章、机构也都采用这套历法。这是依北印度传奇人物维克拉姆帝亚国王而取名。维克拉姆历从公元前57年2月23日开始,所以公元1984年是维克拉姆历的2040年。

尼泊尔新年约在公历的4月中旬,跟公历一样,全年共365天、12个月,一周分7天,只是在名称上有别,但每周的星期六才是他们的休息日。

尼泊尔的庙会、节日很多,民间节日有100多个,其中德赛因节、因陀罗节、古鲁普尔尼马节、满月节、洒红节、光明节、冬至节、夏至节等都要庆祝一番。

十二、马尔代夫

(一)简况

马尔代夫全称马尔代夫共和国,位于亚洲的南部,为一岛国(位于印度及斯里兰卡西南约670公里的印度洋上)。马尔代夫陆地面积298平方公里,由1200多个珊瑚岛组成,其中202个岛屿有人居住,有65个岛屿已开发为休闲度假胜地。首都马累。

(二)人口与民族

马尔代夫有人口32万(2010年)。主要民族为马尔代夫人,是早期斯里兰卡人、阿拉伯人、马来人等民族混血的后裔。马尔代夫人信奉伊斯兰教逊尼派,官方语言为马尔代夫语(又称迪维希语)。此外,岛上还有斯里兰卡人、印度人、巴基斯坦人、阿拉伯人、英国人等少数外国侨民。

(三)民风民俗

1. 居住饮食习俗

马尔代夫地处热带,气候炎热潮湿,一般的居民住宅均就地取材,用椰树干做柱,用树皮、树叶编织成席子盖房顶,用珊瑚碎石砌墙。现在也有用砖、瓦和珊瑚石建造的房屋。这种房屋显得坚固、美观。马尔代夫人以大米为主食,其次是红薯、山芋等。副食主要有牛、羊、鸡、鱼(不吃无鳞鱼),其次还有蔬菜和肉类。有嚼槟榔的习惯。

2. 家庭习俗

马尔代夫人的家庭组成以男人为主。按照伊斯兰教的习惯,马尔代夫的穆斯林男子每个人可以拥有4个妻子,但实际上多妻的男人并不多,其家庭组织还是比较稳定的。家庭分为两种:一种是小家庭;另一种是大家庭。一夫多妻的丈夫分开供养每个妻子和子女,子女在血统上随丈夫,并都有财产继承权。

3. 服饰习俗

马尔代夫的男人常穿白衬衫或汗衫,并用长裙围腰。青年妇女的服装色泽鲜艳,常穿轻质的上装、长长的裙子。女孩子也穿西式短上衣。人们还常持伞上街,既可遮日挡雨,又可表明人的身份。

4. 社交礼仪

马尔代夫人讲礼貌、重礼节。他们相见时互相拉住对方的手问好。马尔代夫人淳朴、好客。朋友到家,主人会拿出家里最好的食物款待客人。马尔代夫人以伊斯兰教为国教,有许多宗教习俗,如禁酒、禁食猪肉,常食山羊肉或家禽肉、蛋类,吃得最多的是鱼。每天祷告五次等。

十三、沙特阿拉伯

(一)简况

沙特阿拉伯全称沙特阿拉伯王国,位于亚洲西南部的阿拉伯半岛,土地面积约220万平方公里。沙特阿拉伯东临波斯湾,南界阿曼、也门,西濒红海,北与约旦、伊拉克、科威特接壤。该国大部分地区属大陆性气候,昼夜温差大,内陆酷热干燥,沿海地区湿度较高。首都利雅得。沙特阿拉伯盛产石油,石油储量占世界储量的1/4,有"石油王国"之称。

(二)人口与民族

沙特阿拉伯有居民2370万(2012年),城市人口占83%。红海和波斯湾沿岸以及利雅得及东北地区,是人口稠密地区。沙特阿拉伯是民族成分比较单一的国家,沙特阿拉伯人约有1620万(占全国人口的87.6%),为主体民族。此外,约有160万其他阿拉伯国家的移民,以及部分非洲人、印度和巴勒斯坦移民、美国人、英国人等。官方语言为阿拉伯语,属闪含语系闪语族。沙特阿拉伯是政教合一的王国。全国居民信奉伊斯兰教(绝大多数属逊尼派)。沙特阿拉伯有两个重要的伊斯兰教圣地:即穆罕默德的诞生地麦加和埋葬地麦地那,每年前来朝觐的外国穆斯林达100多万。

(三)民风民俗

1. 服饰习俗

沙特阿拉伯男子通常穿的是长袖、高领、镶里子的外套,这种服装叫"塔巴"。戴的是方形的白绸帽子。女子的传统服饰是身裹长袍、头戴面纱,头发和皮肤不能外露。

2. 婚姻习俗

沙特阿拉伯人称定亲这天为"拥有日",意为男青年这一天起就合法地拥有他的心上人了。婚礼前的一天,新娘要用指甲花染红自己的手掌和脚心。新婚之夜的活动,称为"叶尔沃"。这天入夜新娘坐在椅子上,妇女和姑娘们一边向她挥舞手帕和扇子,一边唱着祝贺婚礼的歌曲。新婚的第二天,双方家庭成员欢聚一堂,向新婚夫妇赠送礼物,举行一种被称为"萨巴赫"的盛大喜庆会,会上要展出新娘的嫁妆,供宾客观赏。

3. 特殊习俗

在沙特,男女隔离严格,有专门由女人掌管的为女人开设的银行、学校和娱乐场所。即使是公园也分男、女区。全国禁酒、禁电影、禁跳舞。现在有一条通融的规定:在家中可以饮酒;不准开设电影院,但人们可以拥有录像机、电视、小型电影放映机,可在家中观赏。沙特阿拉伯还严禁一切偶像。凡是人物塑像、商店模特、洋娃娃等,均在被禁之列。但现在也放宽了限制,只要不是以膜拜为目的的艺术雕像、玩具娃娃可上市销售。

4. 节庆

沙特阿拉伯是伊斯兰教的发源地,重大的节庆活动为开斋节和宰牲节等。

十四、土耳其

(一)简况

土耳其全称土耳其共和国,土地面积有78万平方公里,位于亚洲西部和欧洲东南部。土耳其地跨亚、欧两洲,是古代中国丝绸之路通往欧洲的必经之地,也是世界上同时拥有东方和西方土地、文化、种族、历史的一个神秘国家。气候属地中海型气候。首都安卡拉。国花为郁金香。

(二)人口与民族

土耳其有人口7256万(2012年)。人口最稠密的地区为伊斯坦布尔地区、马尔马拉海和爱琴海、黑海沿岸地区。土耳其是多民族国家(官方公布人口材料时、从不划分民族),主体民族是土耳其人(自称突厥人,占全国居民的近90%)。此外,还有库尔德人、阿拉伯人、希腊人、亚美尼亚人以及保加利亚人、吉卜赛人、犹太人等。土耳其语为官方语,属阿尔泰语系突厥语族。土耳其居民有98%信仰伊斯兰教,绝大多数属逊尼派,仅有10%的人属什叶派。有部分居民信奉东正教、天主教、犹太教等。

(三)民风民俗

1. 服饰习俗

土耳其人在服装穿戴上,既注重着装、追逐潮流,同时又对传统服饰始终爱不能舍,东方游牧族的传统服饰——宽裆收脚灯笼裤,仍然有人穿用。

2. 饮食习俗

土耳其的菜肴种类繁多,做法以烤、炸、煎、煮为主,以肉食品见长。它既不像西餐过分追求营养和热量,又不像中餐那样讲究色、香、味俱全,它集中、西大菜的优点于一身,既实惠又美味。吃饭时人们使用西式刀叉。

3. 婚姻家庭

土耳其共和国建立后,实行一夫一妻制,禁止多妻,妇女地位大大提高。束缚妇女的面罩和黑袍被废止。妇女可以参加多项生产劳动和政治活动。传统的婚礼仍然举行宗教仪式,并由宗教人士主持。

4. 节庆

土耳其也像其他伊斯兰教国家一样,主要节日有开斋节和宰牲节。

第二节　非洲民族的民俗

非洲的地理气候十分复杂,是世界上民族最多样化的大陆,各族居民在体质特征、语言文化、宗教信仰、经济生活和相互关系等方面呈现出十分复杂的景象。

地形复杂、历史悠久的非洲,为人类提供了众多的自然和人文景观,在旅游资源挖掘上有着很大的潜力。非洲现有53个独立国家,按地理位置分为北非、东非、西非、中非和南非。本章选取了几个有代表性的国家进行介绍,北非:埃及、摩洛哥;东非:坦桑尼亚;西非:塞内加尔;中非:刚果民主共和国;南非:南非共和国。

一、埃及

(一)简况

埃及地处非洲东北部,是地跨亚、非两洲的世界文明古国,拥有亚洲西南角的西奈半岛。埃及全称阿拉伯埃及共和国,土地面积100.2万平方公里。北濒地中海,西与利比亚交界,南与苏丹相邻。尼罗河纵贯南北,其三角洲为经济发达、人口密集的地区。金字塔是埃及古代文明的象征。苏伊士运河是世界著名的运河航道。阿斯旺水坝是世界七大水坝之一。首都开罗。国徽为一金色雄鹰,雄鹰胸前有一盾形图案,由国旗的红白黑三色构成。基座书以阿拉伯文"阿拉伯埃及共和国"。国花为莲花。

(二)人口与民族

埃及有人口8139万(2012年)。是非洲国家中民族相对单一的国家,主体民族为埃及阿拉伯人(亦称埃及人),占埃及总人口的90%,为非洲第一大民族。此外,还有科普特人、贝都因人和努比亚人、犹太人等一些少数民族,约占全国人口的10%。官方语言为阿拉伯语,在上层社会中通用英语和法语。全国居民89%的人属伊斯兰教逊尼派,7%的居民信奉基督教(绝大多数为科普特派教徒),少数人信仰犹太教。埃及城市人口较多,居民成分比较复杂。

埃及金字塔

(三)民风民俗

1. 饮食习俗

埃及人喜欢吃甜食,宴会或家庭正餐的最后一道菜都是甜食,最具代表性的甜食是"巴斯布萨",是由面粉经油炒加调料淋糖水而制成。大饼是埃及人日常生活的主食,通常是用面粉发酵后烘烤而成。

2. 服饰习俗

妇女禁穿短、薄、透、露的服装。哪怕是婴儿的身体也不应无掩无盖。在埃及,看不见袒胸露背或穿短裙的妇女,也遇不到穿背心和短裤的男人。穿背心、短裤和超短裙是严禁到清真寺去的。

3. 社交礼仪

埃及人忌用肮脏的左手,因为埃及人(穆斯林皆如此)认为"右比左好",右是吉祥的,做事要从右手和右脚开始。用左手与他人握手或递东西是极不礼貌的,甚至被视为污辱性的。在埃及人面前尽量不要打哈欠。如果实在控制不住,应转脸捂嘴,并说声"对不起"。埃及人讨厌打哈欠,认为哈欠是魔鬼在作祟。

4. 禁忌

一般来说,埃及人喜欢绿色和白色,讨厌黑色和蓝色。他们在表示美好的一天时,称"白色的一天";而不幸的一天,则称作"黑色的一天或蓝色的一天"。

针是缝衣的工具,几乎是家家必备的日常用品,但在埃及人的心目中却有几分神秘的色彩。每天下午 3~5 点,埃及人绝不卖针,这已成为他们生活中的一条不成文的戒律。农村里有些妇女把借针也看做忌讳之事,在非借不可时,出借人要把针插在面包里递给借针人,借针人也不敢当面用手把针取出来。针有时也成为一些妇女相互对骂的口头语,如果一个妇女被人骂作针,那她便如同受了奇耻大辱。如今,针在埃及人的心目中仍有其独特的、传奇般的地位,对针的忌讳也沿袭下来,成为埃及民间的一个习俗。

二、摩洛哥

(一)简况

摩洛哥全称摩洛哥王国,位于非洲西北部。面积 45.9 万平方公里,东面、南面与阿尔及利亚相邻,南部为西撒哈拉,西濒大西洋,北隔直布罗陀海峡与西班牙相望。国内多山地和高原。气候属地中海型和热带沙漠气候。经济以农业为主。磷酸盐矿丰富,占世界储量的 70% 以上,出口近千万吨,为世界之首。渔业和旅游业发达,是非洲第一大产鱼国,旅游业收入亦列非洲之首。首都拉巴特。国旗为红色长方形,正中是绿色五角星。红色是该国早期国色的传统色;五角星是穆斯林国家的标志。

(二)人口与民族

摩洛哥有人口 3280 万(2011 年),城市人口占 54%。全国人口的 80% 主要集中在西北部和沿海一带。主体民族为摩洛哥阿拉伯人(亦称摩洛哥人),占国内总人口的 80%。其余为柏柏尔人,约占 20%。柏柏尔人又可分为施卢赫人、塔马齐格特人、里夫人和绿洲柏柏尔人等。此外,境内还有少数犹太人、法兰西人和西班牙人。官方语言为阿拉伯语。通用语言为法语。多数人使用柏柏尔语。摩洛哥国内绝大多数居民信奉伊斯兰教。

(三)民风民俗

1. 服饰习俗

摩洛哥青年人穿着时髦,无拘无束。山区的柏柏尔人服饰很有特色,未婚男子一般头缠白毛巾,脑后飘着白方巾。未婚女子的头饰呈圆形,已婚女子的头巾呈尖形。摩洛哥人通常用着装颜色的差异来表示自己身份和职业上的不同,如国家首脑穿橄榄色,高级官员穿蓝色,一般职员穿紫蓝色,男艺人穿燕尾服,女艺人穿彩色裙。

2. 饮食习俗

摩洛哥人一日三餐离不开茶。清早起床后第一件事就是喝一杯绿茶,然后才进早餐。中餐和晚餐也要喝煮好的清茶,饭后有时还要喝三道茶。在招待客人、宴请宾客时要献上一杯甜茶。这是一种薄荷茶,是很高的礼节,客人不喝被视为无礼。在节日、宴会和社交活动中可以以茶代酒。

3. 婚姻习俗

柏柏尔人的新娘庙会上,姑娘们精心打扮,脸蒙面纱,仅露双眼,只待小伙子前来挑选。庙会上,青年男女一见钟情订终身,只是男方父亲必须向女方父亲提亲,方可成婚。

4. 特殊习俗

文身的习惯在摩洛哥妇女中比较普遍,大多数人在前额和下颏刺有对称的蓝黑色花纹,也有将花纹刺在胸部、肚脐和腿等隐蔽部位的。

5. 节庆

摩洛哥的节假日主要有:独立日(3月2日)、国庆节(3月3日,1961年哈桑二世登基日)、青年节(7月9日)、献羊节(1月23日)、赛马节(5月份)、新娘集市(每年9月)、庆生会和割礼等。

三、坦桑尼亚

(一) 简况

坦桑尼亚全称坦桑尼亚联合共和国,因国土主要由坦噶尼喀和桑给巴尔两部分组成而得名。坦桑尼亚土地面积94.5万平方公里,位于非洲东部,南与赞比亚、马拉维、莫桑比克接壤,北与肯尼亚、乌干达为邻,西连卢旺达、布隆迪和刚果(金),东濒印度洋。境内的乞力马扎罗山为非洲最高峰。东非大裂谷的东支纵贯南北,西支在西部边境。多河流、湖泊。属热带草原气候。首都达累斯萨拉姆。国花为丁香。国内经济作物资源丰富,剑麻、腰果和丁香出口皆居世界前列。

(二) 人口与民族

坦桑尼亚为人类最早的发源地之一,有人口4600万(2010年),其中桑给巴尔120万。分属126个民族,人口超过100万的有苏库马、尼亚姆维奇、查加、赫赫、马康迪和哈亚族。另有些阿拉伯人、印巴人和欧洲人后裔。斯瓦希里语为国语,英语和法语为官方语言。坦噶尼喀(大陆)居民中35%信奉天主教和基督教,45%信奉伊斯兰教,其余信奉原始拜物教。桑给巴尔99%的居民信奉伊斯兰教。

(三) 民风民俗

坦桑尼亚人衣着打扮很随意,青年男子喜穿花格衬衣或紧身上衣,下身穿牛仔裤;妇女则喜穿图案大、花色艳丽的衣服,通常是布料做的连衣裙,脚穿布鞋。

坦桑尼亚人与人见面时,习惯行握手礼,而且喜欢在客人离开时送给客人礼物;喜欢与客人谈论自己国家的公园以及非洲的文化和国际政治。

坦桑尼亚的父母给孩子取名字时,选词随便,信手拈来。

坦桑尼亚的马赛人喜欢吃牛羊肉,一般只进行简单烧烤后就开始食用。马赛人杀牛时先在牛头上钻个小洞,痛饮牛血后再宰杀牛。

坦桑尼亚人用牛角或动物的长牙作为乐器,这些乐器大部分是侧吹的。如一种侧吹喇叭是用非洲大羚羊的角制成。

坦桑尼亚的主要节日有:复活节(3月24～27日)、圣诞节(12月25日)、农民节(7月7日)、国际劳动节(5月1日)、坦桑尼亚联合日(4月26日)、开斋节(5月7日)、穆罕默德诞生日(10月13日)等。

四、喀麦隆

(一)简况

喀麦隆全称喀麦隆共和国,位于非洲中西部。面积约47.5万平方公里。喀麦隆西南濒几内亚湾,陆地与尼日利亚、乍得、中非共和国、刚果(布)、加蓬、赤道几内亚相邻。境内大部分地区为高原,沿海和北部为平原。属热带气候。首都雅温得。国徽中间为盾形,中间的红色象征喀麦隆火山,蓝色为喀麦隆地图。喀麦隆是非洲大陆经济发展最快的国家之一,有"中部非洲粮仓"之称。森林覆盖了国土的54%。经济作物发展较快,可可、咖啡、油棕出口居非洲前列。

(二)人口与民族

喀麦隆有人口2040万(2011年),城市人口占44%。全国约有216个民族和部族。从人种、语言和文化等方面来看,可分为三部分:南部主要分布着占全国人口70%的操尼日尔—科尔多凡语系尼日尔—刚果语族贝努埃—刚果语支的民族;北部居住着操闪含语系乍得语族的民族;中部分布着富尔贝人等。主要民族有芳人、巴米累克人、杜阿拉人、富尔贝人、蒂卡尔人等。官方语言为法语和英语。各民族居民多用本民族语言。国内居民多信仰民间传统宗教、天主教、基督教和伊斯兰教。

(三)民风民俗

喀麦隆的主要民族巴米累克族人以死亡为喜事,尤其是酋长、铁匠和医生去世更要隆重庆祝。他们认为,人的死亡并不意味着生命的结束,死者通过其继承人而继续生活。因此死亡并不是悲伤的事,而是应该欢庆的喜事。酋长去世要组织全村人参加盛大的晚会和宴会,以资庆祝。酋长的坟墓要安放在一个大圆坑里,坑内放一木制宝座,将其尸体端坐在宝座上,将土埋至头顶。一两年后再取出酋长的头骨,安放在豪华的大厅做祭器。相传酋长的头骨能观察、通晓、判断一切,是酋长继续活着的象征。

在喀麦隆,铁匠被人们看成能控制风、火、水等自然因素的伟人,铁匠死后,全村要停止劳动一天。

捕鱼比赛是一项颇受人们喜爱的娱乐活动,民间捕鱼比赛经常举行,每年2～3月,还要举行全国性的比赛。

五、刚果民主共和国

(一)简况

刚果民主共和国因境内有刚果河而得名,它位于非洲中西部,土地面积234.48万平方公里。该国地形似巨盆,周围是山地、高原,中部为盆地。东与乌干达、卢旺达、布隆迪、坦桑尼亚相邻;南接赞比亚、安哥拉;北与苏丹、中非共和国接壤;西隔刚果河与刚果共和国相望。境内多湖泊、瀑布。属热带气候。首都金沙萨。刚果民主共和国采矿业发达。铜储量居世界第四位。钴、金刚石近几十年来属世界前列。森林面积占全国总面积的53%。水利资源占全非洲水利资源蕴藏量的50%。

(二)人口与民族

刚果民主共和国有人口约6776万(2012年),城市人口占29%。国内民族众多,人口结构十分复杂,共有大小民族254个,绝大多数属班图尼格罗人种(84%),北部居民多属苏丹人种,热带雨林中分布着人数不多的俾格米人。该国主要民族有卢巴人、巴刚果人、蒙戈人、尼亚卢旺达人、阿赞德人等。官方语言为法语,主要民族语言有林加拉语、基刚果语、奇鲁巴语和斯瓦希里语四大语言。国内居民45%的人信奉天主教,38%的人信奉基督新教,其余的人信仰原始宗教、伊斯兰教等。

(三)民风民俗

刚果妇女身着的衣服是两块2米多长的花布,用一块紧束腰间,另一块围系臀部,其上端掖于紧束腰间的布里面,上衣是一件月牙背心,给人一种大方、明快的感觉。

妇女们很重视发式,有辫发、卷发、大头额、发棍发、打妻棒发、打结发、波纹发等,而每一种发式都有特定的含义,如,打结发是已婚妇女的发式。

人们喜欢在衣服上印有国家首领的头像、国旗、党旗的图案,以表示他们热爱领袖、热爱祖国。

在刚果的热带雨林中分布的俾格米人平均身高1.5米,耐力好,具有勇敢、仁厚的品质。他们住着树枝搭成的棚子,穿着树叶和兽皮做的衣服,使用木器和石器。

刚果人的葬礼非常隆重。一般由"驱魔仪式"、"接尸仪式"、"守灵仪式"和"安葬仪式"组成,一年后才对坟墓进行整修,表示正式安葬了死者。另外,刚果的吐买丁奈人盛行树葬,在大树干中掘洞,将尸体放进后,用树皮覆盖洞口,并将死者名字刻在上面。数年之后,树皮与树干长合,成为生长着的树棺材。

主要的节日有独立日(6月30日)。

六、南非

(一)简况

南非全称南非共和国,因地处非洲大陆南而得名。南非位于非洲大陆最南端,左临大西洋,右临印度洋。居大西洋到印度洋、欧洲到亚洲的海上交通要道,战略位置十分重要。面积 122.1037 万平方公里。行政首都为位于东北部的比勒陀利亚,立法首都为位于西南沿海的开普敦。南非矿产资源十分丰富,黄金、铂、锰、钡、铬、硅铝酸盐储量均为世界第一。南非是经济发达国家,国内生产总值占非洲的 1/5 以上,电力工业的发电量占非洲总发电量的 60%。

(二)人口与民族

南非有人口 5177 万(2012 年),城市人口比例达 45%。国内民族按种族可分为四部分:黑人、白人、有色人和亚洲人。黑人占全国总人口的 79.5%,白人占 9%;有色人占 9%,亚洲人占 2.5%。黑人主要有祖鲁人、科萨人、茨瓦纳人、北索托人等;白人主要有英裔非洲人、阿非利坎人(旧称布尔人,荷兰移民后裔)、犹太人;有色人,主要指黑人和白人的混血人种;亚洲人指印巴人、华人等。官方语言为英语和南非荷兰语。民族语言较多,有祖鲁语、科萨语、索托语等,大多是采用拉丁字母的文字。南非黑人部分信奉原始宗教,部分信奉基督教新教;白人、有色人种信奉基督新教和天主教;亚洲人信奉印度教、伊斯兰教及佛教等。

(三)民风民俗

南非的科萨人小时就将左手的小指尖切掉,男孩进入成年的头三个月,脸上必须涂满白泥,穿棕树叶做的衣服,并且不得让女人看见。而此时的芳龄少女则要禁闭在幽暗的茅屋里,亲朋好友绕屋而行,且边走边唱,少女则要赠以礼物。南非的文达人仍保持母系社会的传统,他们不吃猪肉和没有放过血的动物。

南非民族成分复杂,主要包括祖鲁人、科萨人。祖鲁女子若是双乳袒露,表示尚未婚嫁;若是头戴斗状饰物,则表示已订婚。已婚妇女常穿麻质连衣裙,并将头发竖立固定,再饰以彩色链珠串。

南非黑色人种主要以大米和玉米为食。白人的饮食习惯与英国人相似,爱吃大块牛排、炸土豆丝和煮得很透的青菜。意大利式烤馅饼在当地亦很流行。

南非主要的节日有:喧闹艺术节(每年 9~10 月,在约翰内斯堡举行的南非最大的民间节日。节日期间各部落的艺术家云集此地,展示具有丰富非洲文化内涵的文艺节目)、卡瓦地节(南非德班市是印度人和穆斯林的主要聚居地,此地的印度教徒每年 1~2 月和 4~5 月都过此节,以求神灵消灾免祸)、粥节(7~8 月间,为期 10 天)、光节(11 月)、战车节(12 月)等。

第三节　欧洲民族的民俗

欧洲各民族是由许多族源不同的古代民族在漫长的历史过程中,互相分化或聚合的结果。欧洲民族在社会经济发展上,相互之间差距较小,比较平衡。无论在社会经济或是文化教育方面,欧洲民族均居世界领先地位。欧洲民族的民俗千姿百态,各有特点,是其民族文化的重要组成部分。

欧洲地区古迹众多,风景秀丽,气候宜人,交通运输发达,服务水平较高,是旅游、度假和生活的好地方。其旅游业也十分发达。

按地理位置,欧洲可划分为西欧、南欧、中欧、北欧和东欧五大区域。本章仅以各区域几个有代表性的国家简略介绍。法国、英国、荷兰、意大利、希腊、德国、瑞士、丹麦、俄罗斯。

一、法国

(一)简况

法国全称法兰西共和国,位于欧洲西部,面积55万余平方公里。法国三面临海,东南濒地中海,西濒大西洋,西北临英吉利海峡,东邻德国、瑞士和意大利,东南与摩纳哥接壤,南与西班牙、安道尔相连,西北隔英吉利海峡与英国相望,北与比利时和卢森堡毗邻。法国为欧洲第二大国,仅次于俄罗斯。首都巴黎。国内森林密布,平原为主,河流众多。气候冬暖夏凉,终年湿润多雨。法国属经济发达国家,工农业等许多领域均处世界前列。1964年1月同中国建立外交关系。法国风景名胜众多,旅游业十分发达。

(二)人口与民族

法国有人口6535万(2012年),城市人口占74%。法国是多民族国家,主体民族为法兰西人(占全国总人口的90%),少数民族有阿尔萨斯人、布列塔尼人、科西嘉人、佛拉芒人、加泰隆人和巴斯克人。法国居民中多数信奉天主教,其余信奉伊斯兰教、基督教新教、东正教、犹太教等。

(三)民风民俗

1. 饮食习俗

法国美食有着悠久的历史和传统,其祖先高卢人擅长制作猪肉、鹅肉。法国人甚至说,在食色不可兼顾时,我们会舍色取食。因此,"吃"在法国人心目中重要而神圣。厨师对自己的手艺要求精益求精,就餐的人也将吃看成一种文化、一种艺术和一种科学。据说,多数法国人只要喝一口酒,就能辨别出酒的品号以及是多少年的陈酿;吃上一片牛肉,就能辨别牛的年龄等。说法有些夸张,但却反映了法国人对吃的讲究和挑剔。法国烹饪用料讲究,花色品种繁多,其特点是香浓味厚、鲜嫩味美,讲究色、香、味,但更注重营养的搭配。

法国人宴请宾客时程式复杂,讲究礼仪。用餐程序是:入席前喝开胃酒,上菜顺序为浓汤、沙拉、正菜、甜食和冷饮、水果、咖啡,退席后喝饭后酒,喝酒讲究与食物相配合。

法国人的日常饮食比较简单。早餐一杯牛奶咖啡或红茶,少许果酱黄油面包片和鸡蛋;午餐在下午1至2时,有沙拉、猪、牛排加土豆泥及水果和面包;下午3至6时,很多人去咖啡馆喝咖啡,用小食品;晚餐是主餐,在晚上8至10时,晚餐有浓汤、沙拉、主菜(猪、牛排)、奶酪、面包、水果等,桌上一般有葡萄酒等饮料。

法国的干鲜奶酪世界闻名,有"奶酪王国"之称,品种繁多,各具特色。葡萄酒产量高,质量上乘,香槟酒享誉世界。咖啡馆星罗棋布,几乎家家都有露天座。

2. 服饰

法国人爱美,时装领导世界潮流。仅巴黎全市就有2300家时装店,每年推出3500种新款式时装。法国年轻人的日常穿着比较随便,流行的是牛仔裤和T恤衫等轻便服装。法国的化妆品制造业雄冠全球,法国香水风靡世界。法国时装加上高级的法国香水是世界上流人士和明星们的追求。

3. 社交礼仪

许多西方礼仪源于法国,因而欧美诸国礼仪禁忌类似。法国人尊重妇女,故以"殷勤的法国人"著称。社交场合,处处体现着"女士优先"原则。法国人讲文明、重礼貌,"请"、"对不起"、"谢谢"等随时挂在嘴上。尊重个人隐私权。不预约贸然闯入别人家中是不礼貌的行为。到法国人家中做客,千万不要用餐巾擦拭餐具,这样做是对主妇的侮辱;不要送法国人红玫瑰(情人的礼物)、黄色的花(不忠诚的表示)和菊花(葬礼上使用的花)。

法国人的姓很多,据统计约25万个姓,但名却有限,故重名现象严重。称呼法国人时,一般称姓不称名;但朋友间叫名不叫姓。女子未婚时一般用父姓,出嫁后用夫姓,改嫁后要易姓。

4. 文艺节庆

法国的文学艺术在世界上享有极高声誉,是世界文学宝库中最重要的组成部分。有马奈、莫纳、雷阿诺、高更、塞尚等世界级绘画大师;乌东、罗丹等享誉世界的雕塑艺术家以及法国现代画派主要代表、抽象派的鼻祖毕加索。法国的歌剧、芭蕾舞和音乐在世界上也享有盛誉,德彪西、柏辽兹是闻名世界的音乐大师。

法国节日以宗教节日为主,其中,圣诞节是一年中最重要的节日。另外还有一些世俗节日:元旦节(1月1日,亲友聚会,向一年中为你服务的守门人、女佣人、邮递员等赠钱,除夕夜习惯将家中存酒喝完)、国庆节(7月14日为国庆节,以纪念巴黎人民攻占巴士底狱的光辉日子)、停战节(11月11日,是纪念第一次世界大战停战的日子)。

二、荷兰

(一)简况

荷兰全称荷兰王国,位于欧洲西部莱茵河下游,面积4.1548万平方公里。"荷兰"意为"低地",境内绝大部分为低洼平原(全国24%的土地低于海平面),部分国土系围海造田而成。属海洋性温带阔叶气候。首都阿姆斯特丹,政府所在地为海牙。荷兰经济发达,工业主要有造船、钢铁、炼油、电机、纺织和食品等;农业中畜牧业产值很高。荷兰是世界上最大的花卉出口国,花卉交易占世界的60%以上,尤以郁金香最为著名。

(二)人口与民族

荷兰有人口1675.1万(2012年),近81%为荷兰族,印尼、土耳其、苏里南为较大的少数族裔,华人已成为第4大少数族裔。官方语言为荷兰语,属印欧语系日耳曼语族西日耳曼语支。居民中29%信奉天主教,19%信奉基督教。

(三)民风民俗

荷兰是世界上比较开放的国家之一。荷兰人性格开朗、热情,对新事物接受较快。喜欢鲜花、风车和木鞋。

身穿多层裙或宽腿裤,脚踏木鞋是荷兰人的典型装束。荷兰人穿木鞋是为了适应冬天寒冷潮湿、地上结冰的环境。木鞋在荷兰已有几百年的历史,至今许多荷兰人仍有穿木鞋的习惯,木鞋还是定情信物。

荷兰风车

荷兰民族的象征是风车。在鹿特丹以东近8公里的肯德代克村,仍有19个建于18世纪三四十年代的风车,这是当今世界上最大的风车群。

荷兰人的早中午餐多为冷餐,晚餐是他们的正餐。他们不喜喝茶,常喝牛奶解渴。荷兰人把由胡萝卜、土豆和洋葱混合烹调而成的菜,作为他们的"国菜"。

荷兰人性格开朗、热情,有很强的自信心。爱清洁、遵守纪律、时间观念很强;在荷兰会客时,鲜花和巧克力是最好的礼物。

荷兰的婚恋习俗各具特色。马根岛上每户居民都有一张嵌在墙壁上的小床。小床四周雕有精美花纹,上面挂着蚊帐,犹如一道幕布。这张小床就是婚床,只限新婚之夜新郎和新娘使用。

荷兰是一个文化与艺术气息都很浓厚的国家,国内有大量音乐厅、博物馆、美术馆等。先后造就了许多声名鹊起的作家和画家,如凡·高等。

荷兰把每年最接近5月15日的星期三定为全国一年一度的郁金香节,5月的第二个星期六为风车节。

三、英国

(一) 简况

英国全称大不列颠及北爱尔兰联合王国,位于欧洲西部,东、南隔北海、多佛尔海峡、英吉利海峡同欧洲大陆相望,西临北大西洋与冰岛和北美洲相望。全国面积24.4万平方公里,包括英格兰、苏格兰、威尔士及北爱尔兰等。首都伦敦。属海洋性气候,湿润而温和,季节间温度变化不大。英国属经济发达国家,国民生产总值居世界前列。

(二) 人口与民族

英国有人口6235万(2012年),其中89%为城市人口。英国是多民族国家,主要民族有英格兰人(占全国人口的83.9%)、苏格兰人(占全国人口的8.4%)、威尔士人(4.8%)、北爱尔兰人(2.9%)。英语为国语,属印欧语系日耳曼语族西日耳曼语支。英国居民的主要宗教为基督教。英格兰人、威尔士人大多信奉基督教新教(圣公会),苏格兰人大多信奉基督教新教(长老会),爱尔兰人则信奉天主教。

(三) 民风民俗

1. 居住习俗

英国人喜欢住在单门独户的小房子里,这是英国很少有高楼大厦的一个原因。大多数住房是两层楼,前后都有花园。第一层是前厅、起居室、厨房和客厅;第二层包括两到三个卧室、一间浴室和一个卫生间。整个住宅有自己的院子、花园和汽车房,环境幽静、舒适、方便,但价格昂贵。乡间的住宅比城市的住宅环境幽静,条件舒适,大都有开阔的院子和花园,房间宽敞,活动余地很大。

2. 饮食习俗

一般是一日三餐加茶点。早餐在7~9点,主要食品包括麦片粥、火腿蛋、涂黄油和果酱面包等;上午茶点在11点,主要食品包括咖啡或茶加饼干或点心;午餐在下午1~2点,一般食用冷肉、凉菜炸鱼等;下午茶点在4~5点,以茶为主,同时吃些糕点;晚餐在7点左右,为一天之正餐,食物丰盛,一般有炸鱼加土豆片、烤炙肉食等。喜饮酒,爱喝啤酒,尤其是苦啤酒或淡啤酒。英国人擅长做糕点和甜品,最著名的还当推有"圣诞餐桌上王冠之光"之称的李子布丁。

3.服饰习俗

英国对世界服装业的最大贡献是发明了西装和领带,至今英国出品的西服仍然是西服中的极品。英国男士喜爱歪戴黑色礼帽,贴身穿衬裤背心,衬衫通常是长袖的,一般都打领带。冬天大部分男人都喜欢穿羊毛套衫或开襟毛衣,然后再穿一套西装。妇女的衣服讲求轻便漂亮,一般都穿有背带的衬裙,外套一件连衣裙。

4.社交礼仪

英国人有排队的习惯,加塞儿是一种令人不齿的行为;英国人不喜欢谈论男人的工资和女人的年龄;不喜欢讨价还价,认为这是很丢面子的事情;忌讳3、5、13等数字。与英国人约会时,不应选择13日或星期五。烟友聚在一起,切忌一火点三支烟。在动植物方面,英国人不喜欢孔雀,忌用大象作图案,忌送百合花。在形体方面,坐着说话时忌把两腿张得过宽或跷二郎腿。站着说话时不能手插口袋。

5.主要节庆

英国的节日很多,主要有:

(1)新年:1月1日。在新年元旦的早晨,第一个进屋的来访者通常被叫做"第一脚"。按照传统,不管这人是谁,人们都认为他带来的礼物以及他的性格和外貌,会在今后的12个月中影响自己一家大小的运气。在英格兰和苏格兰北部,1月1日凌晨仍然保留着迎接"第一脚"的习俗。

(2)圣瓦伦丁节:又称"情人节"。这个节日来历颇多,一说是瓦伦丁为3世纪的一位主教的名字,他为基督教而殉道,于2月14日被罗马人处死。后来,这个节日就演变为"情人节";一说是据英国古代传说,2月14日是鸟儿选择配偶的日子,因此,英国人在这一天互赠礼物表示爱情。

(3)母亲节:3月17日。300年来,这一节日一直是英国人家庭团圆的日子。届时,出门在外的儿女回家,无论年龄大小,都要给母亲备份礼物。

(4)愚人节:4月1日。又称为众愚节或跑腿傻瓜节,它是以"戏弄别人取乐"的节日。愚人节有个规矩,即"骗人"只限上午,时钟一过12点就不允许戏弄人了。

(5)复活节:4月6日。是英国仅次于圣诞节的第二大节日,这是基督教为纪念耶稣被钉在十字架上死后第三日"复活"而设的节日。节日夜晚,教徒全家聚餐,向上帝祷告。根据传统,人们在复活节要吃彩蛋,这象征着春天的来临和新生命的诞生。

(6)五朔节:5月1日。是英国传统的民间节日,5月1日是英国人的先民凯尔特人历法中夏季的第一天,因此该节是人们庆祝阳光普照大地的日子。按照传统风俗,这一天人们要抬着花环游行,从少女中选出"五月皇后",作为春天的象征。小伙子们则跳莫里斯舞。

(7) 圣诞节:每年公历 12 月 25 日至来年 1 月 6 日之间,基督教徒都要给耶稣基督过生日,是为圣诞节。圣诞晚餐是圣诞节的重要组成部分。它类似于中国人过春节时的除夕晚宴。时间在 12 月 24 日晚上。传统的圣诞节食品有:烤火鸡或火腿、甘薯、蔬菜、蜜饯果脯、水果饼、葡萄干布丁等。

英国人热爱音乐,每年举办全国皇家诗歌音乐比赛;在一年一度的国际音乐比赛会上,英国人与来自世界各地的艺术家竞赛,此外还有各种艺术节,比如爱丁堡国际艺术节,已成为全世界的重大文化盛事之一。另外还有狄更斯节、拜伦生卒纪念日、莎士比亚纪念节、巴斯音乐节和威尔士赛会节等。

四、希腊

(一) 简况

希腊全称希腊共和国,位于巴尔干半岛南部,面积约 13.2 万平方公里。希腊三面临海,陆地与阿尔巴尼亚、马其顿、保加利亚和土耳其接壤。境内多山,海岸线曲折,多半岛和岛屿。全境属亚热带地中海式气候。首都雅典。希腊是世界文明古国之一,对欧洲文化的发展有着重大影响。今工农业均发达。近年来,旅游业发展很快。

(二) 人口与民族

希腊有人口 1131 万(2011 年),其中城市人口占 59%。主体民族为希腊人,占全国总人口的 98% 以上,多数属欧罗巴人种地中海类型,部分属阿尔卑斯类型。少数民族有马其顿人、土耳其人等。现代希腊语为国语。希腊居民大多信奉东正教,少数信奉天主教和伊斯兰教等。

(三) 民风民俗

希腊人热情好客,有强烈的民族自尊心,珍爱民族传统,珍视血缘和亲族关系。那些因谋生而漂泊海外的希腊人,多组织一定规模的社团,保持着希腊民族的宗教信仰、文化传统和语言习惯,成为海外的"国中之邦"。

1. 饮食习俗

希腊的饭菜主要是牛肉、猪肉、羊肉、面粉、玉蜀黍,通常只用简单的方法烹煮。希腊人一天中的主餐通常是在下午 2 点到 3 点半,其后是午休,持续到 5 点半至 6 点;晚餐可以是正餐,也可只吃一些小吃,时间在晚上 9 点至 11 点;希腊的早餐通常很简单,只有一些面包、奶油、火腿和咖啡。喝咖啡是希腊人每天起床后的第一件事。另外,吸烟是希腊人普遍的爱好,男女老少都可吸烟。希腊人的零食与中国类似,如炒栗子、南瓜子、向日葵、冬瓜糖、盐水花生、核桃等。

2. 文艺节庆

希腊是世界文明古国之一、欧洲文化的发源地,有 5000 多年的文明史。人们普遍认为,欧洲文化热的第一个高峰是始于公元前6世纪的希腊。在这片土地上,曾经孕育了不朽的神话和史诗,诞生了著名的哲学家和艺术家。

希腊的主要节庆有:圣瓦希罗斯节(1月1日,相当于新年)、洗礼节(1月6日)、狂欢节(2~3月,持续三个星期,一直到大斋戒,有些村庄有特别的庆祝活动)、劳动节(5月1日,主要活动是野餐)、圣诞节(12月25日,小孩依次敲门唱圣歌,可得到礼物)、雅典节(每年6月持续到9月,包括各种各样的文化活动,来自世界各地的艺术家为人们表演芭蕾以及当代和经典剧目,或是举办各种音乐会)。

五、意大利

(一)简况

意大利全称意大利共和国,总面积30.1276万平方公里,地处南欧,大部分在亚平宁半岛上,包括西西里、撒丁等岛屿。意大利东、南、西三面环海,北以阿尔卑斯山为界与法国、瑞士、奥地利、斯洛文尼亚相邻。境内还有两个袖珍国家:一是位于东北部的圣马力诺共和国;另一是位于首都罗马的梵蒂冈。首都罗马。属地中海型气候。意大利为发达的工业国家,经济规模位居世界前列。今意大利是古代罗马帝国的核心部分,名胜古迹众多,旅游资源丰富。

(二)人口与民族

意大利有人口6074万(2011年),城市人口占90%,人口稠密地区集中在大城市、平原和沿海地区。近百年来向国外移民达2000多万。意大利的主体民族是意大利人,占全国总人口的97.7%。少数民族有弗留利人、拉丁人、奥地利人、西西里人、撒丁人、加泰隆人、法兰西人、阿尔巴尼亚人、斯洛文尼亚人、克罗地亚人等。意大利语为国语,属印欧语系罗曼语族东罗曼语支。个别山区居民用法语和德语。加泰隆人和弗留利人有自己的语言。意大利居民95%的居民信奉天主教。首都罗马的西北角为罗马教廷梵蒂冈的所在地,教会对意大利人的影响较大。此外,有少数民族信奉伊斯兰教、东正教和佛教等。

(三)民风民俗

1. 饮食习俗

意大利人喜爱美食。意大利菜的特点是味醇、香浓,以原汁原味闻名,烹调上以炒、炸、烩、焖等方法著称。米饭、面条作菜用,馅饼"比萨"世界闻名。意大利的葡萄酒产量高,市民饮酒量惊人。意大利人不喜欢蒜味。

意大利人在进餐时,先吃什么后吃什么都有一定顺序。较为简单的意大利西餐,第一道常常是面条等面食,第二道是肉或鱼,然后是水果、咖啡或一小杯烈酒。意大利人把吃饭当成一种交际和联络感情的方式,用餐时间一般都很长。

2. 服饰习俗

意大利是服装之乡。意大利人讲究穿着打扮,不同的场合人们的穿着是不一样的。上班或出席重要活动,如谈工作、参加宴会等,都要穿西服、系领带,女士则穿西服套裙。欣赏歌剧,若是开幕或开演,通常穿礼服;一般性的演出穿着可以相对随便一些。去教堂做礼拜都要穿上整齐漂亮的衣服。

3. 社交禁忌

给意大利人赠送鲜花时,忌讳送菊花,也不能送带有菊花图案的物品;忌用"13"这个数;星期五也被视为不吉利;忌讳把盐撒落在地上,因为在很早以前的意大利,盐被当做珍贵和稀罕的商品;忌讳以手帕送人,认为手帕是惜别时擦泪水用的,令人伤感;忌讳别人用目光盯视他们,认为这是对人的不尊敬,还可能有不良企图;给意大利人倒酒时,切忌反手倒,这意味着"势不两立"。

4. 文艺节庆

意大利的文学艺术在人类艺术宝库中有相当重要的地位。自1896年设立诺贝尔文学奖以来,意大利先后有五位作家获奖。

意大利的雕塑和绘画在世界上享有极高声誉。这里还是歌剧的故乡,拥有许多闻名世界的歌剧院,例如米兰的斯卡拉大歌剧院、那不勒斯的圣卡尔洛歌剧院等。

意大利的节日很多,可以分为三类,宗教性节日、非宗教性节日和地方传统节日。比较重要的宗教性节日,如圣诞节、主显节(儿童节)、复活节、狂欢节、万圣节;非宗教性的节日主要有,新年、纪念胜利的解放节、国庆节、八月节等;地方传统节日有赛船节、赛马节、护城神节。

意大利古罗马斗兽场遗址

六、德国

(一) 简况

德国全称德意志联邦共和国,位于欧洲中部,面积为35.7万余平方公里。东与波兰、捷克和斯洛伐克接壤;南邻瑞士、奥地利;西界荷兰、比利时、卢森堡和法国;北连丹麦。地处欧洲交通的十字路口,地理位置十分重要。首都柏林。德国是经济发达国家,其经济规模仅次于美国、中国、日本,居世界第四位。1990年德国统一后,其领土面积和人口均居欧洲经济共同体第一位。旅游业发达,人均出游率居世界首位,是全球最大的旅游客源市场。

(二) 人口与民族

德国有人口8184.37万(2012年),城市人口占86%以上,其特点是经济发达和人口自然增长率低。主体民族为德意志人,占全国总人口的95%以上。少数民族有丹麦人、吉卜赛人和索布人等。此外,德国还有近500万外籍人,有土耳其人(185.5万)、南斯拉夫人(91.5万)、意大利人(55.8万)、希腊人(34.6万)、阿拉伯人(21万)、波兰人(18.6万)及犹太人、西班牙人、奥地利人、罗马尼亚人、葡萄牙人等。国语为德语,属印欧语系日耳曼语族西日耳曼语支,各地方保留着原先的方言。在德国,多数居民信奉基督教。其中,在西部,55%的信奉基督教新教,大多为路德教派;45%的信奉天主教。在东部地区,多数德意志人信奉基督教新教路德教派;无神论者也不少。此外,还有部分人信奉伊斯兰教(主要是土耳其人)和犹太教。

(三) 民风民俗

1. 饮食习俗

德国人的饮食讲究含热量和维生素,喜食猪肉、牛肉、鸡、水果和青菜等,不喜羊肉,主食以土豆为主,爱吃蛋糕和灌肠。口味清淡,喜简单的菜,比较讲究餐具和喝饮料的规矩。住房方面讲究规矩、清静的居室。交通方面,追求效率,讲求方便。

2. 服饰习俗

德国人注重衣着,特别注意衣着的整洁,外出必须穿戴得整整齐齐。工作时穿工作服。去看戏,尤其是去看歌剧,女士要穿长裙,男士要穿礼服。德国民族服饰的特点并不明显,只有少数地方的服饰风格比较独特。

3. 社交礼仪

德国人纪律严明,比较刻板,约会须先定时间并要准时赴约,若因故推迟或取消,必须通知对方。尊重传统和权威,打招呼时须加上头衔,一般情况下称呼姓,不要随意称呼名。在公共场合不得大声喧哗,否则会遭到他人蔑视。吃饭也不得弄出声响,很讲究刀、叉、匙及餐中的用法。交谈时,绝不询问他人隐私。

4. 主要节庆

德国的节日主要有圣诞节、狂欢节(包括3个大的庆祝活动,分别为科隆的卡尔纳瓦尔狂欢、美因茨的法斯特拉赫特狂欢、慕尼黑的法兴狂欢。在为期3天的庆祝活动中,人们乔装打扮,戴上假面具,穿上怪异的服装,载歌载舞,并举行化装舞会和传统的鱼宴)、啤酒节(也称十月节,节日期间,来自德国国内和世界各地的游客会聚慕尼黑,在各大啤酒厂的节日帐篷里痛饮啤酒,吃烤小鸡,逛年市)、复活节、耶稣圣体节等。

七、瑞士

(一)简况

瑞士全称瑞士联邦,位于欧洲中部,面积有4.1284.万平方公里。境内多山,东部和南部为阿尔卑斯山区。瑞士东邻奥地利和列支敦士登,西接法国,南与意大利接壤,北与德国为邻。首都伯尔尼。瑞士为经济发达国家,工业、金融和旅游为国内经济的三大支柱。瑞士风景秀美,旅游业十分发达,其名城日内瓦位于日内瓦湖畔,景色宜人,是国际会议和活动中心之一。

(二)人口与民族

瑞士有人口795.5万(2011年),城市人口占68%。瑞士是多民族国家,民族关系十分和谐。主要民族有德语瑞士人(占全国人口的74%)、法语瑞士人(20%)、意大利语瑞士人(4%)和雷托罗曼人(占全国人口的1%,又分罗曼什人和拉定人)。瑞士没有统一的语言,德语、法语、意大利语和雷托罗曼语均为通用语言。在宗教方面,瑞士居民中48%的信奉天主教,44%的为基督教新教徒。此外,还有一些犹太教徒、穆斯林和无神论者。

(三)民风民俗

1. 饮食习俗

瑞士人以喜爱牛肉、奶酪、巧克力、速溶咖啡而闻名于世。传统菜肴有"热斯蒂"(一种土豆饼)、起士粥。瑞士的奶酪驰名世界,是西方赫赫有名的特产之一。

2. 社交禁忌

瑞士是一个干净、整洁的国家。去瑞士,要是随手丢纸屑,常会有路人走过来要你捡起来。

瑞士人比较注重实际,没有太多的繁文缛节。礼貌待人、约会遵时守约、不议论是非、不轻易赞扬人、遵纪守法。

瑞士人比较忌讳的事是:不分场合随意吸烟,公共场合大声喧哗,未经邀请便登门拜访,公共场合不排队,工作时间闲谈聊天,酒会宴会只顾吃喝不与宾主交谈,不遵守承诺,吃饭时口中发出声音。

3. 主要节庆

国庆节(8月1日国庆这一天,联邦当局并不大事庆祝,只通过电台或电视台发表一篇纪念演说,庆祝活动由各地区自行安排)、登城节(12月12日,是日内瓦传统的节日)、伯尔尼葱头节(11月第四周的星期一,届时农民把编好的葱头、葱头项链、葱头花运到市场销售)、葡萄丰收节(时间不定,在葡萄丰收的季节,瑞士的许多葡萄产地,在9月的最后一周或10月初都要举行盛大的葡萄收获节)、圣尼古拉节(12月6日,这个节日类似于圣诞节前夜,圣诞老人给孩子送礼物,只不过尼古拉是一位被神化的主教)、圣西尔维斯节(12月31日,一年当中最后一天晚上,人们敲响教堂的钟,祝福新的一年里万事如意)。

八、丹麦

(一)简况

丹麦全称丹麦王国,位于波罗的海和北海之间,面积4.3万平方公里。丹麦本土由日德兰半岛的大部分及附近400多个岛屿组成,南与德国相邻。首都哥本哈根。丹麦是经济发达国家,工业在造船、机械、电子、仪表、化工、食品加工诸方面著名,农牧业机械化程度很高,渔业和航运业居欧洲各国前列。

(二)人口与民族

丹麦有人口521万(2011年),城市人口占85%以上。丹麦主体民族为丹麦人,占全国总人口的90%以上。少数民族有德意志人、波兰人、瑞典人、挪威人、犹太人等。丹麦语为国语,属印欧语系日耳曼语族北日耳曼语支。绝大多数丹麦居民信奉基督教新教中的路德教派,少数信奉天主教、犹太教等。

(三)民风民俗

丹麦人口有2/3的姓氏是以"森"结尾,尤以延森、尼尔森和汉森结尾的最多。

丹麦人的服饰极有特色。御寒衣是传统服装之一,它是以兽皮和羊毛制成的,把人裹得严严实实,只露出一双眼睛。现代人多穿西服。

丹麦人很喜欢以花作为礼物,特别是3~4朵康乃馨表示感谢的意思。举行葬礼、赠送新娘和接受洗礼时,使用白花,其他场合白花被视为禁忌。赠送客人的是黄花,送给起程去旅行的人是红花。在列车和轮船里,可以看到有人将一朵红色的康乃馨插在纽扣中,就是代表吉祥顺利的意思。

丹麦人讲究烹饪,喜饮啤酒,且量大。爱吃各种夹肉面包、海鲜、酪、冻肉、咸肉。丹麦人早餐要求量多,午饭吃三明治、烤肉、烤鱼和沙拉,晚饭是一天中的主餐,要求量多、质高。

喂鸟在丹麦是一种时尚。

自行车与汽车是丹麦人同等重要的交通工具,这是丹麦有别于其他西方国家的特色之一。丹麦全国有300多万辆自行车。在2008年北京奥运会上,丹麦人一共获得2枚金牌,其中一枚就是自行车金牌。

丹麦男女交往非常自由,较少受干扰。每年大约有5万人喜结良缘。他们通常先在一起生活一段时间,以保证婚姻稳定,然后再举行婚礼。据说,有10万多对夫妇以这种方式生活在一起,并生儿育女。

节庆方面,丹麦有许多节日,主要包括圣诞节(圣诞大餐是丹麦人一年中吃得最丰富、最快乐的一餐)、纪念某些圣徒的节日和航海捕鱼有关的传统节日及国庆日(4月16日,1940年4月16日是女王玛格丽特二世诞辰日)和解放日(1945年5月5日庆祝结束纳粹德国占领)。

九、俄罗斯

(一)简况

俄罗斯全称俄罗斯联邦,位于欧亚大陆北部,面积1707.54万平方公里。北临北冰洋,西临大西洋,东濒太平洋,与挪威、芬兰、爱沙尼亚、拉脱维亚、立陶宛、波兰、白俄罗斯、乌克兰、格鲁吉亚、阿塞拜疆、哈萨克斯坦、蒙古、中国、朝鲜等14个国家接壤。地域辽阔,森林覆盖面积大,各地气候差异大。首都莫斯科。俄罗斯国民经济基础雄厚,工农业和交通运输业等都已达到相当水

莫斯科红场

平,教育事业发达,拥有丰富的矿藏和能源及旅游资源。

(二)人口与民族

俄罗斯有人口约1.431亿(2012年),其中73%为城市人口。俄罗斯是一个多民族国家,共有120多个民族。主体民族为俄罗斯人,其他主要民族有鞑靼人、乌克兰人、楚瓦什人、巴什基尔人、白俄罗斯人、摩尔多瓦人等。主要语言为俄语,属印欧语系斯拉夫语族东斯拉夫语支。各少数民族大多有本民族语言。俄罗斯人、乌克兰人、楚瓦什人、白俄罗斯人等多信奉东正教,鞑靼人、巴什基尔人和车臣人大多信奉伊斯兰教,亚美尼亚人信奉基督教,犹太人信奉犹太教,布里亚特人和卡尔梅克人信奉喇嘛教。还有相当多的人为无神论者。

（三）民风民俗

1. 饮食习俗

俄罗斯人口味偏重咸、甜、酸、辣、油大。讲究烹调,菜肴丰富多彩。俄罗斯人以面包、牛奶、土豆、牛肉、猪肉、鱼和蔬菜为主要食物,爱吃黑麦面包、黄油、酸牛奶、西红柿、酸黄瓜、鱼子酱、咸鱼等。喜好喝伏特加和啤酒,蜜糖饼干是传统的节日美食。俄罗斯人用餐时,第一道菜通常是汤,其中罗宋汤十分著名。此外,煎鱼、土豆烧牛肉、鱼子酱、卷心菜等也是俄罗斯人喜食的菜肴。俄罗斯人款待客人时,主人为向客人表示最高的敬意和最热烈的欢迎,会捧出"面包和盐"来,即在铺着绣花的白色面巾的托盘上放上大圆面包,面包上面放一小纸包盐。

2. 姓氏

俄罗斯人的姓名包括三部分,依次为本名、父名、姓。女子结婚后一般随夫姓,有的保留原姓。在俄罗斯人中,不同的场合不同对象有不同的称呼。在正式公文中要写全称,非正式文件中名字和父名一般写缩写。表示有礼貌和亲近关系时,用名和父名。平时长辈对晚辈或同辈朋友之间只称名字。在隆重的场合或进行严肃谈话时,用大名。平时一般用小名。表示亲近时用爱称。对已婚妇女必须用大名和父名,以示尊重。

3. 社交礼仪

俄罗斯人的见面礼是拥抱、亲吻或握手。在比较隆重的场合,男人弯腰吻妇女的左手背,以表示尊重。长辈吻晚辈的面颊3次,通常从左到右,再到左,以表示疼爱。晚辈对长辈表示尊重时,一般吻两次。妇女之间友好相遇时拥抱亲吻,而男人间只相互拥抱,亲兄弟姐妹久别重逢或分别时,拥抱亲吻。

俄罗斯人十分尊重妇女,在各方面体现了女士优先原则。人们十分注重仪表,天热也不轻易脱下外衣。习惯守时,约会切忌迟到。与俄罗斯人交谈,不宜打听个人私事,应回避俄国内政治、经济、民族、宗教、独联体国家关系等话题。

4. 禁忌

俄罗斯人忌讳数字"13",认为它是凶险和死亡的象征,不喜欢星期五,尤其把"13日星期五"视为不祥的日子。视"7"为吉祥数字,意味着幸福和成功。忌讳黑色(象征死亡),喜爱红色。讨厌兔子、黑猫玩具或图案(视为不祥),喜欢马的图案,认为马能驱邪,会给人带来好运气,尤其相信马掌是祥瑞的物体,认为能代表威力,具有降妖的魔力。认为镜子是神圣的物品,打碎镜子意味着灵魂的毁灭,预兆疾病或灾难降临。打翻盐瓶预兆家庭不和,但打碎盘碟却视为幸福、富贵,因此在一些喜筵、寿筵和其他隆重的场合,他们还特意打碎一些碟盘表示庆贺。送花忌送菊花、杜鹃花、石竹花和黄色的花,枝数和花朵数不能是"13"或双数。切忌用左手递物、进食、握手,学生在考场不要用左手抽考签(有"左主凶、右主吉"的传统观念)。

5.节庆

节庆主要有:圣诞节、谢肉节、复活节、洗礼节等。

(1)圣诞节。俄罗斯东正教的圣诞节,于公历1月7日举行。

(2)谢肉节。又叫送冬节、狂欢节,此节的日期随复活节的日期而变,通常在每年2月末3月初,是俄罗斯民间节日中最古老、最盛大的传统节日。届时,人们先尽情狂欢一周,举行各种欢宴娱乐活动,跳假面舞和做游戏等。这七天每天都有不同的名称,第一天为迎节日,第二天为始欢日,第三天为大宴狂欢日,第四天为拳赛日,第五天为岳母晚会日,第六天为小姑子聚会日,第七天为送别日。而在此后持续七周的斋节期间不杀生、不吃荤,停止娱乐活动,严格禁欲。

(3)复活节。纪念耶稣"复活"的不定期的节日。

(4)洗礼节。俄罗斯东正教的节日,在公历1月19日。这一天往往是基督教的入教仪式,新生儿在命名日受洗。在洗礼节那天人们除去教堂祈祷外,还要到河里破冰取"圣水"。1月18日晚是占卜日,特别是女孩在这一天晚上要占卜自己的终身大事。

第四节 美洲民族的民俗

美洲民族多数为新兴民族(在19世纪不同时期所形成的民族),民族和种族十分复杂,绝大多数国家都是多民族国家。

美洲特别是北美洲,经济比较发达,气候多种多样,风物变幻,古老文化与现代文化相辉互映,旅游资源十分丰富。

本章选取几个有代表性的国家进行介绍。北美洲:加拿大和美国;拉丁美洲:阿根廷、巴西、智利、古巴、牙买加、墨西哥和秘鲁。

一、加拿大

(一)简况

加拿大位于北美洲北部,东临大西洋,西濒太平洋,北接北冰洋,南界美国。面积997.6万平方公里。加拿大境内多波状起伏的低高原和平原低地,湖泊众多,是世界上湖泊最多的国家。气候属温带大陆性气候。首都渥太华。国花为枫叶,又称"枫叶之国"。加拿大属经济发达国家,矿藏资源丰富,森林覆盖面积占全国面积的44%。是世界上林业、粮食、渔业产品主要生产国(粮食产量仅次于美国和中国)。

(二)人口与民族

加拿大有人口3467万(2011年),加拿大有50多个民族成分,大体可分为四部分:一是英裔加拿大人,为国内第一大民族,以英国移民为核心,并不断吸收其他国家移民逐渐混合而成；二是法裔加拿大人，几乎全是早期法国移民的后裔；三是未被主体民族同化的外来移民集团；四是土著居民，包括印第安人和因纽特人。官方语言为英语和法语。居民中，47%的信奉天主教，41.2%的信奉基督教新教，1.3%的信奉犹太教。

(三)民风民俗

加拿大人多数为欧洲移民的后裔，故其生活习俗多与欧洲及美国人大致相同。

1. 家庭

加拿大人的家庭以3~4人为多(夫妇俩和1~2个子女)，独居者或多子女的家庭很少。父母非常注意培养孩子能吃苦、勤奋和自立的习惯，一般不娇惯孩子。子女从读高中起便开始在学习期间找工作挣钱，高中毕业后就独立工作，边学习边工作，在学校放假期间他们便出去打工，挣钱交学费。子女婚后就要离开父母，自寻住处。有了孩子则由自己抚养，不靠父母帮助。每年感恩节或圣诞节，离开家的子女一般要回父母家看望，并带有礼品。

2. 饮食习俗

加拿大人热情好客，饮食习惯近似美国人。偏爱吃牛肉、猪肉、鸡蛋和水果。口味清淡，喜欢烤、煎、炸、酥脆的食品，一般不用蒜味、酸辣味调味品，对沙丁鱼和野味有特殊的爱好。加拿大人的早餐吃面包、黄油、牛奶、麦片和蛋类，量较大；午餐多用三明治、牛奶和罐头食品；晚餐一般吃肉类和蔬菜。他们很重视食品和营养卫生，讲究食品质量。加拿大人的饮料主要是白兰地、香槟酒、啤酒和冰水，饭后喝牛奶、咖啡，吃水果。加拿大人比较喜欢中国菜，喜欢中国红茶。探亲访友时，需要带一点礼物，如一瓶酒或一盒糖。

3. 社交礼仪

在人际交往上，加拿大人比较随和友善，很多习惯与美国近似，但不像美国人那么随便，衣着、待人接物都比较正统。人们相遇时或分别时通常是握手，朋友间也拥抱和亲吻面额。男女见面时，一般由女士先伸出手来。女子如不愿握手，也可以只是微微欠身鞠一个躬。如果男士戴着手套，应先脱下右手手套再握手，女子间握手时则不必脱手套。许多加拿大人喜欢直呼其名，以此表示友善和亲近。他们比较守时，大多数人准时赴约。加拿大人热情好客。亲朋好友之间请吃饭，一般在家里而不去餐馆，认为这样更友好。客人来到主人家，进餐时由女主人安排座位，或事先在每个座位前放好写有客人姓名的卡片。在加拿大，还有一种请吃饭的方式更随便，即"自助餐"或"冷餐会"形式。由主人把饭菜全部放在桌上后，客人可各自拿一只大盘子自己动手盛取自己喜欢吃的食品，可以离开餐桌到另一房间随便就座进餐，这样主人和客人、客人和客人之间便可以有很多时间交谈。在加拿大，一般应邀去友人家吃饭不需要带礼物，但如果去亲朋好友家度周末或住几天，则应给女主人带点礼品，如一瓶酒或一盒糖等。离开主人家后，回到家中应立即给女主人写封信,告诉已平安到家,并对受到的款待表示感谢。节假日访问亲友,通常也需要带一点礼物。

4. 禁忌

加拿大人忌讳数字"13"、黑色及百合花(葬礼上的花),偏爱白色及枫叶图案。加拿大人喜欢外国人谈论有关他们的国家和人民好的地方。在与加拿大人谈话时不要就魁北克的独立问题表态,不要对加拿大英语区和法语区的问题发表意见,也不要过多地把加拿大与美国进行比较。诺尔曼·白求恩是中加两国人民的共同话题。

5. 特殊习俗

加拿大是多种文化交融的国家,因纽特人还保留着传统的生活习俗,至今仍以捕猎驯鹿、海豹为主要经济生活。不少印第安人还保留着先前部落的生活习俗。

6. 节庆

加拿大的主要节日有魁北克省居民的冬季狂欢节,首都渥太华的郁金香花节,还有阿尔伯达省人纪念祖先的奋斗精神的淘金节等。

二、美国

(一)简况

美国全名美利坚合众国,位于北美洲南部,领土包括北美洲西北部的阿拉斯加和太平洋中部的夏威夷群岛。面积937.2614万平方公里。美国东临大西洋,西临太平洋,东与加拿大接壤,西隔白令海峡与俄罗斯相望。大部分地区气候属大陆性气候,首都华盛顿。国旗为星条旗。国花为玫瑰。美国属经济发达国家,钢铁、汽车和建筑业是工业经济的三大支柱。农业也高度发达,粮食、棉花、肉类等产量均居世界首位。美国还是世界上最大的旅游客源国。

(二)人口与民族

美国有人口3.087亿(2010年)。美国是一个多种族、多民族的国家。白人占64%,拉美裔占16.3%,黑人占12.6%,亚裔占4.7%。美国是一个移民国家,现代居民包括100多个民族成分。大体可分为三部分:一是美利坚人,占全国人口的绝大多数;二是未被同化的各国移民集团;三是土著居民,包括印第安人、因纽特人、阿留申人和夏威夷人。居民通用英语。在宗教信仰方面,51.3%的居民信奉基督教新教,23.9%的居民信奉天主教,1.7%的居民信奉犹太教,1.7%信奉摩门教,1.6%信奉其他基督教,不属于任何教派的占4%。美国民族庞杂,然而,在美国无论是哪一民族的人都无一例外地宣称自己是美国人。在他们身上,既流淌着从祖辈那里承袭下来的血液,保留着故土的某些文化,同时又完全按典型的美国方式生活。

(三)民风民俗

1. 社交禁忌

美国人性格浪漫,为人诚挚、坦率,不喜客套。自信、进取心强,喜欢猎奇。人们见面一般行握手礼,握手时眼睛正视对方,否则会被认为失礼。熟人之间可行亲吻礼。称呼别人,常直呼其名,交谈时,喜欢保持一定距离。一般喜欢在家里宴请客人,客人一般不提前到达。如果想和朋友见面,要先打个电话,或者在告知自己的愿望后,等待对方邀请。在美国,人们一般不谈论别人的隐私。社交场合忌问女士的年龄,不打听男士收入等。

不要每次见面都握手。在餐桌旁不要把碟子里的东西都吃完,每个菜都留一点,永远不要给剧院售票员小费。如果应邀参加宗教结婚仪式,必须在邀请的时间内到达,迟到是不礼貌的行为。

美国人忌讳"13"和"星期五"。忌讳询问买东西的价钱、薪水、年龄。忌讳同性跳舞,因为有同性恋之嫌。忌讳蹲着或敞开腿。特别在机场等公共场所,蹲着或敞开腿是极不礼貌的行为。忌讳在别人面前吐舌头。喜欢象征纯洁的白色,白猫,白色秃鹰(国鸟),还喜欢蓝色和红色,是吉祥的象征。

2. 服饰习俗

美国人喜欢新鲜事物,一生中搬家四五次是常事。穿着较随意,甚至有人故意标新立异,竞尚新奇,许多老人穿得比年轻人更艳丽。但也讲究礼仪,不同场合的着装有规范和要求。一般来说,不能穿背心出入公共场合,更不能穿睡衣出门。晚上有客来,也必须在睡衣外穿上外衣才能开门见客。宴会或舞会要穿着正式礼服。常见的美国服饰有:牛仔服(最有特色的是牛仔裤)、礼服(笔挺的西服)、三件一套的官服、夏威夷衬衫、穆穆装(形似旗袍的连衣裙),以及不拘一格的帽子和领带。

3. 饮食习俗

美国人饮食比较随便,但注重营养。喜欢"生"、"冷"、"淡","生"是爱吃生菜;"冷"是喜欢吃凉菜,不喜欢太热太烫的菜;"淡"是喜少盐,口味偏甜,不习惯多用调料,习惯餐桌上备用调料自行调味。美国人喜清淡、咸中微带甜的食物。忌食动物的趾和内脏,不吃蒜,不吃太辣的食品,不吃肥肉,不喜欢清蒸和红烧的菜肴。美国人喜欢喝果汁类饮料,就餐时喝牛奶、汽水、啤酒、葡萄酒,一般不喝烈性酒,饭后喝咖啡或茶。美国人使用刀叉不同于欧洲人,右手用刀切割食品后,将刀放下,把叉换到右手,再食用。

除典型的一日三餐外,美国拥有各具特色的民族风味菜肴,如东北部的蛤肉杂烩,宾夕法尼亚的飞禽肉馅饼,西南部的烤肉排骨,南部的烤玉米粒等。在夏威夷,"波伊"是最著名的食物之一。这是一种将塔罗树根煮熟捣碎后制成的浆状食品,外表不佳,但吃起来却美味可口。还有一种"鸟肉卢奥"也别有风味。这是一种将鸟肉、可可、牛奶和塔罗树叶放在一起煮成的食物。在印第安人居住区,各色的玉米食品也相当著名。此外,遍布美国城乡的大小餐馆,有法国风味、意大利风味、希腊和瑞士风味,各式食品如意大利通心粉和馅饼、德国的羊肉片、中国的炒面、印度的咖喱饭菜、墨西哥的豆肉、匈牙利的蒸肉等美味佳肴,都已成为美国人喜爱的食品。

4. 文艺节庆

美国艺术流派众多,色彩斑斓,几乎每一城市都设有美术馆,其中最著名的是华盛顿国立美术馆。

音乐上,美国爵士乐风靡全球。美国人除花费大量的时间和金钱在音乐会、歌剧和流行歌会上,还更多地投入自身的演奏和演唱。美国会演奏各类乐器的人占人口总数的30%以上,30岁以下的青年人几乎都可以自我演奏某一种乐器或演唱流行歌曲,钢琴在美国家庭的普及率已达30%。

美国是世界著名的电影王国,好莱坞是其电影业的中心。美国的电影无论从数量、质量还是票房价值上来讲,都居世界前列。

美国的主要节日有感恩节(11月的最后一个星期四)、独立日(7月4日)、圣诞节、万圣节(10月31日晚)等。此外还有除旧布新的新年、花前月下的情人节、彩蛋装饰的复活节、石竹花前的母亲节、丁香绿叶的父亲节、夏威夷水仙花节(1月7日,华人文化节)、愚人节(4月1日)等。

三、阿根廷

(一)简况

阿根廷全称阿根廷共和国,位于南美洲南部,土地面积277.6889万平方公里。阿根廷东与巴西、乌拉圭接壤,北与玻利维亚和巴拉圭为邻,西与智利相连,南部靠近南极圈。首都布宜诺斯艾利斯。矿产、渔业资源十分丰富。森林覆盖率占全国面积的三分之一。农牧业发达,是世界七大小麦生产国和十大玉米生产国之一,牛肉、葡萄产量亦居世界前列。有"世界粮仓"和"肉库"之称。阿根廷在南美洲属经济较发达国家,旅游资源十分丰富,也是南美最大的旅游国。

(二)人口与民族

阿根廷有人口4011万(2010年),95%为白人和印欧混血种人,多属意大利和西班牙后裔。印第安人口60.03万,其中人口最多的少数民族为马普切人(2005年印第安人口普查)。官方语言为西班牙语。居民中76.5%的居民信奉天主教,9%的居民信奉新教(2008年宗教普查)。

(三)民风民俗

阿根廷绝大多数为欧洲移民的后裔,欧洲人的习俗在阿根廷留有很深的痕迹。阿根廷人在姓氏、语言、容貌、建筑风格等方面具有西班牙和意大利的风格,特别是在首都布宜诺斯艾利斯则更有典型的欧洲风格。人们操西班牙语,身穿欧洲服饰,居住在欧式建筑群中,喜欢去欧洲旅行。

在阿根廷各民族中,高乔人是西班牙人和印第安人混血的后裔,其服装最为华丽,具有民族特色。高乔人喜欢穿方格细布短上衣,肥大的灯笼裤,系围巾、宽皮带,脚穿草鞋。

阿根廷最隆重的传统节日是每年2月22日~3月9日的葡萄节。节日期间,人们身着节日服装,载歌载舞,随着彩车游行。节日的高潮是全国的选美比赛,最后选出葡萄女王,选美结束后,还有西班牙绘画、雕塑等艺术展览和探戈舞表演。

阿根廷人对牛、羊等牲畜有特殊的感情,特别在一些牧区,如阿亚库乔地区,自1970年首创杜犊节后到现在,一直为全国杜犊节的中心。节日期间,要举行传统的赛马和骑术表演。晚上在为杜犊节专门兴建的两座大型娱乐厅中,由全国最优秀的艺术团体表演民间传统戏剧和歌舞,节日期间还要召开全国农牧业发展形势圆桌会议。

阿根廷图库曼省山区的土著人克丘亚人在每年的9月28日举行庆祝活动,庆祝他们心中的万能上帝——土地妈妈。届时,当地居民身着盛装,妇女们还用各种鲜艳的花纸贴在脸上、身上。男人们把面粉调成糊状涂在脸上,一边唱歌,一边击鼓,在被装扮成土地妈妈模样的一位老妇人周围,齐声高唱"土地妈妈帮助我,给我幸福,给我快乐"。土地妈妈节有浓厚的宗教色彩,傍晚,人们聚集在教士身旁,听其说教,并举行宗教游行,之后是长时间的祈祷。此时,幽静的山谷里只能听到虔诚的祈祷和教士的赞美诗声。

四、巴西

(一)简况

巴西全称巴西联邦共和国,位于南美洲东部,面积854.7403万平方公里。全境分为亚马孙平原、巴拉圭下游平原、巴西高原和圭亚那高原。其中,亚马孙平原占全国面积的三分之一。境内大部分地区属热带气候。首都巴西利亚。国花为毛蟹爪兰。巴西经济规模居拉美之首,资源雄厚,物产丰富。森林覆盖面积居世界第二。工农业均很发达,咖啡、香蕉、木薯、橘汁产量位居世界第一。旅游资源十分丰富。

(二)人口与民族

巴西有人口1.91亿人(2010年),白种人占53.74%,黑白混血种人占38.45%,黑种人占6.21%,黄种人和印第安等占1.6%。巴西是一个不断有外来移民迁入的国家,居民主要由主体民族巴西人、印第安人和外来移民组成。巴西人占全国人口的近90%,主要由欧洲移民、非洲黑人和土著印第安人长期混合而成。外来移民主要有德意志人、意大利人、葡萄牙人、西班牙人、加利西亚人、波兰人等。官方语言为葡萄牙语。国内绝大多数居民(73.6%)信奉天主教,部分居民信奉神道教、犹太教及佛教等。

(三)民风民俗

1.服饰习俗

巴西男人平时喜欢穿短裤和衬衫,但在社交场合则穿西服,女人喜欢穿色彩艳丽的裙装。

巴西印第安人部落里,妇女的发型是宝塔式,一层代表十岁,年龄越大,层数越高。但博罗罗族印第安人却是另一种梳理方式,家中有丧事时,要把前额的短发剪去。博托卡印第安人的审美观很特别,人们从幼年时就刺穿耳垂和下唇,插入小木塞,扩大穿孔,然后把一种叫做"博托卡"的圆形木片嵌入耳垂。这个部落因此得名。

2.居住习俗

巴西人的住房也多种多样。在大城市,既有高楼大厦,又有大庄园式的传统庭院;在农村,人们住的是用支架支撑起来离地面很高的圆筒形草房。在东北部地区大多数是木制房屋;在东南部地区人们居住的是石屋、木屋和土屋。而巴西的米纳斯吉拉斯州人,喜欢几代同堂住在一起,和睦相处。即使是住高楼大厦,他们也尽量住在同一栋楼或同一层楼。

巴西利亚市首都大教堂内景

3.饮食习俗

巴西人的饮食习俗随民族的习惯和居住地的不同而各异,如在圣保罗州,居民的饮食以意大利风味居多,在南部的圣塔卡林纳州则以德国风味为主。巴西盛产咖啡,咖啡是巴西人日常生活中必不可少的饮料,每天要喝六七次,平均每人每年要消费6千克。巴西人喝咖啡用一种精致小巧的杯子,叫"咖啡基奥"意思是"小咖啡"。客人来访时,主人会奉上一杯香浓的咖啡,表示对客人的尊敬。

黑豆是巴西的主食。大多数巴西家庭每天会做一顿黑豆饭。巴西的国菜"脍豆",是用猪蹄、杂碎、黑豆放在沙锅里炖制而成,味道十分鲜美。

4.社交礼仪

巴西印第安人流行一种奇特的礼节——沐浴礼。他们认为对客人表示敬意,就是请客人一次次洗澡,洗的次数越多,就表示对客人越客气。有婚丧大事时,主人首先要搭建临时浴室。

5. 文艺节庆

巴西有许多葡萄牙的风俗习惯。巴西狂欢节原是北半球和天主教的节日，是由葡萄牙人传入巴西的，它吸收了黑人的音乐和舞蹈而变成闻名遐迩的巴西特有的传统节日。每年2~3月举行。节日期间举行三天盛大的群众性活动，人们狂热地跳桑巴舞，并举行化装游行比赛。巴西是世界上公认的狂欢节之乡，各大城市尤为热闹。最著名的是里约热内卢的狂欢节。节日期间，街上人流如织，有大型彩车，人们盛装出游，跳着欢快的桑巴舞，尽情欢乐。

巴西人具有尊敬老人的民族美德，每年8月的第二个星期日为父亲节。这一天举国同庆。庆祝的形式各异。有的是青年聚会，邀请老人参加。他们每人手捧鲜花或礼品送给在座的父亲或长辈，然后共进丰盛的午餐。在这一天里，各种宣传机构、报纸、杂志都刊登尊敬老人的事迹，充分体现出巴西人尊重老人的社会风尚。

马贡巴祭典是巴西黑人的宗教节日。由于它和当地的风俗结合，便逐步发展成巴西沿海一带居民共同的重要节日。参加的人有知识分子、艺术家等高层次的人。每年在海滩上举行一次宗教祭奠仪式。由大神父主持，杀公鸡、鸭和鸟等动物祭奠大海女神伊埃曼哈。在祭奠中，人们点燃蜡烛，奏起乐曲，随着"朋戈"的节拍翩翩起舞。

巴西的音乐和舞蹈深受非洲文化的影响，其著名的桑巴舞就带有浓郁的非洲风情。巴西体育具有世界水平，特别是足球运动风行全球，使它享有"足球王国"的声誉。

五、智利

(一) 简况

智利全称智利共和国，位于南美洲南部，面积75万余平方公里。智利国土南北狭长，西濒太平洋，境内多火山，地震频繁。北部为沙漠气候，中部为地中海式气候，南部为温带海洋性气候。首都圣地亚哥。国花为一种叫做"戈比爱"的野百合花。智利矿藏资源丰富，有"铜的王国"(铜矿储量占世界总储量的34%)和"硝石王国"(世界上唯一有天然硝石的国家)的声誉。林业和渔业发达，为拉美第一大林产品出口国和世界第五大产鱼国。智利属中等发展国家。

(二) 人口与民族

智利有人口1709万(2010年)，城市人口占86.9%。智利属多民族国家，国内居民以印(印第安人)欧(欧洲白人)混血人种为主。主要民族有智利人、印第安人(包括阿劳干人、克丘亚人、艾马拉人及阿诺卡姆诺人等)以及移民集团中的德意志人、意大利人、西班牙人、加利西亚人、阿根廷人、犹太人等。通用语言为西班牙语。居民中绝大多数信奉天主教,部分人信奉基督教新教、犹太教及地方传统宗教等。

(三)民风民俗

智利是由西班牙和欧洲的移民所建成的新兴国家,虽然随着历史的发展,在血缘上印欧混血种占多数,土著印第安人占极少数,但在文化习俗上仍保留了各自的特色。智利人喜爱一种红色的"戈比爱"花。智利的国树为鸡冠刺桐。智利流行一种民间舞蹈,叫"奎格"舞,一男一女都穿着色彩鲜艳的民族服装,男士手拿白手绢,弯曲着腿跳舞。这种"戈比爱"国花和"奎格"民间舞的形象,在智利各地的浮雕和铜制工艺品中常可见到。

智利人勇敢热情,不喜拘束,好饮酒,国内酒吧成千上万。

智利印第安人把安第斯山奉为山神,定期举行各种祭奠仪式。考古工作者曾在科皮亚波山6000米高的山峰上,发掘出一个1.8米深、长约8米、宽约4米的祭台。时至今日,许多印第安人仍然把安第斯山的山峰称作"父亲",认为大山是有生命的,山神同基督教共存。这种对山的崇拜形成了神秘的安第斯文化。印第安人仍把咒术施于仪式、病痛的治疗及圣灵交感等时候。巫师在身上洒上神酒,祈祷,吸烟,在祭台上扭动身子,进入一种忘我的境界中。有的印第安部落仍然过着原始的不定居生活,他们或从事狩猎、采集浆果,或捕鱼捉虾、采集贝壳类动物,身穿兽皮斗篷,及以两端尖翘的独木舟为家,不断变换住处。而在智利北部保留地内过着定居生活的印第安人则耕种梯田,驯养美洲驼,织染驼毛用以编织,他们还善于制造精致的陶器。

智利北部印第安人流行一种有趣的婚俗:在秋后的庆祝会上,未婚青年男女在父母带领下尽情歌舞,到明月当空时,人们围成一个大圈子,未婚青年男女走进场地,姑娘被布蒙上眼睛,在歌舞中开始捉迷藏游戏,小伙子被姑娘捉住,即可结为百年之好。这种择偶方式虽有盲目性,却很少发生离婚现象。

六、古巴

(一)简况

古巴全称古巴共和国,位于加勒比海西北部,由古巴岛和青年岛等1600多个岛屿组成。面积11.086万平方公里,是西印度群岛中最大的岛国。古巴东与海地相望,南邻牙买加,岛内多平原。属热带草原气候。首都哈瓦那。国内矿产资源丰富,森林覆盖率为国土面积的1/5。工业在国民经济中占重要地位,制糖业和雪茄制造业世界闻名。旅游业是古巴的支柱产业,2000年旅游收入达20亿美元。

(二)人口与民族

古巴有人口1110万(2000年),城市人口占总人口的75%。居民中白人占

66%，黑人占 12%，混血人种占 21.4%。古巴的主要民族有古巴人（大多为欧洲白人和印第安人混血后裔）、西班牙人、加泰隆人、加利西亚人、巴斯克人、海地人、犹太人和华人等。官方语言为西班牙语。在古巴，多数居民为无神论者，部分居民信奉天主教，有些人属基督教中的卫理公会、长老会等各种教派。黑人民间还保留着非洲宗教的一些残余。

古巴哈瓦那的烟草工厂

（三）民风民俗

古巴人嗜好饮酒，尤喜欢上等的朗姆酒。比较喜欢的饮料是台克利酒（由朗姆酒和莱姆果汁调制而成）。

古巴是恰恰、伦巴、曼波等拉丁舞的发祥地，又以高水平的现代舞闻名于世。"古巴的热带舞"令人赏心悦目。男演员表演粗犷雄健，女演员表演既有柔绵细腻的一面，又有强烈奔放的一面。

古巴人喜好足球、网球、排球等体育活动。民间盛行斗鸡。

古巴的节日主要有一年一度的狂欢节。届时，男女老少身着盛装，拥上街头，载歌载舞。此外，古巴还有三大民间节日：一是 12 月 24 日的"良夜"，是全家团聚的节日；一是 12 月 31 日，为送旧迎新的日子；一是 1 月 6 日的"诸王日"。民间认为诸王与圣诞老人相似，凡参加这一活动者都能从诸王手中得到珍贵的节日礼物。

七、牙买加

（一）简况

牙买加位于加勒比海西北部，是加勒比海仅次于古巴和海地的第三大岛屿。面积 1.0991 万平方公里。境内以高原山地为主，沿海有狭窄平原。岛内多泉水、溪流、瀑布，有"泉水之国"之称。属热带雨林气候。首都金斯敦。农业、旅游业和铝土开采为牙买加经济的三大支柱，是世界上主要产铝土的国家之一。牙买加岛内热带森林面积占国土总面积的 1/4，树木终年郁郁葱葱，有众多的河流、岩洞和浓郁的热带风光，旅游资源十分丰富。

（二）人口与民族

牙买加有人口 270.93 万（2011 年），城市人口占 50%。居民中 90% 为黑人和混血人种，其余为白人、印度人和华人。牙买加主要民族有牙买加人（大多为黑奴的后裔）、印度人、华人、英国人及古巴人、美国人等。官方语言为英语。大多数居民信奉基督教,部分人信仰印度教和犹太教等。

(三)民风民俗

牙买加人多数信仰基督教新教,少数信仰天主教、犹太教,部分居民中残存着非洲的一些宗教信仰。

山药、甘薯、香蕉、大米等是牙买加人的大众食物。

牙买加人的服饰多为普通欧式服装,男女服装色彩鲜明,尤其盛行白色。

牙买加人的住宅各阶层不同。富裕者的房子分为现代式和美国古老式两种类型;农村房屋多是用木板作墙、铁板盖顶的平房。

八、墨西哥

(一)简况

墨西哥全称墨西哥合众国,位于北美洲南部,面积197.2546万平方公里。全境以高原和山地为主,三面环山,内部为墨西哥高原。北部为亚热带气候,南部为热带气候。首都墨西哥城。国花为仙人掌和大丽菊。墨西哥是拉美经济较发达的国家之一,以丰富的矿产资源为基础,发展了门类齐全的工矿业。其中,白银、硫酸钠和天青石产量居世界首位,铋、汞产量居世界第二位。农业和交通运输业比较发达。墨西哥是美洲印第安文化中心之一,举世闻名的玛雅文化和阿兹特克文化就产生在这里,有不少风景如画的海滨,旅游资源十分丰富。

(二)人口与民族

墨西哥有人口1.12亿万(2010年)。从人种上看,墨西哥的居民90%以上的为印(印第安人)欧(欧洲白人)混血人种。主要民族有墨西哥人,占全国人口的绝大多数,绝大多数是印第安人和西班牙人的混血后裔;印第安人,包括玛雅人、阿兹特克人等;移民集团,包括西班牙人、加泰隆人、加利西亚人、巴斯克人以及德意志人、法兰西人、美国人等。官方语言为西班牙语。居民中多数信奉天主教,次为基督教新教。

(三)民风民俗

1. 服饰习俗

墨西哥城市居民的衣着已基本欧化,但仍可看出传统文化的痕迹,如男子的白衬衫衣襟上仍绣有花纹图案。农村男子平时上着白衬衣,下穿白色或米色长裤,头戴草帽,脖系红绸印花领巾(有时系于腰间),脚穿牛皮凉鞋。妇女则穿色调鲜艳的绣花长裙和衬衣,图案和款式变化多样。

2. 饮食习俗

玉米是墨西哥人每餐必备的食品,玉米食品种类多,味道美。墨西哥人吃的玉米饼,味道香甜,略有石灰味,绿色的最香。还有肉炸玉米卷,卷饼中包鸡丝、沙拉、洋葱、辣椒做的馅,鲜脆可口,叫做"达科"。最有名的"达科"是以蝗虫做馅。一种叫"达马雷斯"的玉米食品是用玉米叶或香蕉叶包裹,咸馅拌有猪肉、鸡肉、羊火腿肉、青菜,蒸熟后,叶香和肉香让人垂涎欲滴。此外,还有甜、咸的玉米粥,甜粥是用玉米、可可粉、牛奶、桂皮粉熬成,营养丰富,色香味俱全。"蓬所菜汤",是先用猪蹄、猪肉、鸡肉、鸡杂炖汤,再加玉米粒、洋葱、生菜、萝卜丝煮熟,味道清淡鲜美。另外还有玉米面包、饼干、小吃,还有嫩玉米冰激凌。墨西哥的印第安人很早就有吃昆虫的习俗,如吃龙舌兰红虫、黄蜂卵巢、蝗虫等。经墨西哥的昆虫学家和营养学家研究后,筛选了几十种食用昆虫在全国推广。现在,墨西哥人食用昆虫很普遍,有的还销往欧美的许多国家。

3. 文艺节庆

墨西哥人能歌善舞,喜欢斗牛,斗牛士受到国人的尊重。

墨西哥是印第安文化中心之一,以玛雅文化、托尔特克文化、阿兹特克文化著称于世。1487年建成的太阳金字塔雄伟壮观。墨西哥城的"三种文化广场"是印第安、欧洲和墨西哥文化共处的缩影。

玛利雅奇音乐和萨巴特奥舞蹈融合了西班牙和印第安音乐舞蹈的特色。墨西哥壁画享有世界声誉。骷髅艺术是墨西哥传统文化别具特色的一部分,从亡灵节的骷髅艺术制品到各式各样骷髅形状的糖果随处可见。

墨西哥的主要节日有:三王节、圣船节、瓜达卢佩圣母节、客店节和圣诞节等。

三王节。在每年的1月6日。传说是东方三圣向圣婴耶稣献礼的日子。届时,父母要向未成年的子女赠送礼物。晚上亲友团聚,分食"三王面包圈"。大的面包圈内藏几个象征圣婴的塑料或瓷制的小人,最先吃到小人者,须于"圣烛节"(2月2日)请客。

圣船节。是地区民间宗教节日,主要流行于纳亚里特州的斯卡尔蒂坦岛。每年6月29日这一天,当地渔民举行象征性的"圣徒"划船比赛。晚上人们纷纷举行聚会,庆祝载有圣彼得和圣保罗像的"圣船"比赛胜利。

瓜达卢佩圣母节。是墨西哥最重要的宗教节日。每年12月12日这一天,天主教会在特佩亚克山下的瓜达卢佩大教堂举行盛大的宗教仪式,数百万信徒扶老携幼、长途跋涉,赶来参拜瓜达卢佩圣母原像。境内各地教堂也举行宗教仪式。节日前后,印第安人教徒还要表演传统的民族舞蹈,按照自己的方式祭祀圣母。庆祝活动要持续一个月左右。

客店节和圣诞节。为每年的12月16～25日,传说"圣灵怀胎"的贞女玛利亚随父到祖籍登记户口,因城中客店客满,结果在客店的马棚中生下了耶稣。客店节是圣诞节的一部分。圣诞节前夜,各家都摆设经装饰的圣诞树和模拟耶稣降生场面的"圣诞马槽"。在这一夜,合家欢聚,共进晚宴。

九、秘鲁

(一)简况

秘鲁全称秘鲁共和国,位于南美洲西部,面积128.5216万平方公里。秘鲁西濒太平洋,安第斯山山脉纵贯全境,东部为亚马孙低地,西部为海滨沙漠。与玻利维亚交界处的的的喀喀湖海拔3812米,是世界上海拔最高的大淡水湖。首都利马。秘鲁在拉美属中等发展水平国家,森林覆盖率达58%,仅次于巴西,位居拉美第二位。该国矿产资源丰富,是世界12大矿产国之一。铋、钒储量居世界第一。渔业资源丰富,是世界鱼粉、鱼油的主要生产国。秘鲁是拉美古代印第安人三大文明中心之一,悠久灿烂的印加文化就产生在这里。

(二)人口与民族

秘鲁有人口2946万(2012年)。秘鲁也是拉美印第安人最多的国家之一,印第安人占国内总人口的45%,印欧混血人种占37%,白人占15%,其他人种占3%。秘鲁的主要民族有克丘亚人(美洲印第安人人数最多的民族)、艾马拉人(印第安人民族之一)、森林印第安人、秘鲁人(占全国人口的49.9%)以及外来移民(包括日本人、华人、美国人、西班牙人等)。秘鲁是拉美华人、华侨最多的国家,约4万多。官方语言为西班牙语和克丘亚语。

(三)民风民俗

1. 宗教信仰

秘鲁人绝大多数信奉天主教,部分信奉基督教新教。印第安人中间还保留着部落传统信仰。

2. 特色民俗

秘鲁是美洲印第安人较多的国家,印第安人民俗在民间很有特色。印第安人终年披披肩。山区印第安人敬畏山坡上的苔藓,不敢坐在山坡上。经过湖边时,他们总是发出喊叫声,因为他们深信有受到巫术催眠的龙在湖底,发出声音就可破解巫术。他们常把头盖骨放在墙上示警,相信红线可避免妖魔缠身,大蒜可防邪恶。

在库斯科以东约80公里的冰山上(海拔4800米),相传耶稣曾于1780年在这里的一块岩石上显过圣。于是印第安人就把它奉为"圣石",并在这里设祭坛,建圣祠和圣陵,岁岁朝拜。朝拜活动在复活节后约9个星期的基督圣体节举行,历时数日。

印第安人中的乌罗人是世界上原始的民族之一,生活在的的喀喀湖畔的香蒲中,他们居住在用香蒲堆成的数十个"漂浮岛"上,每个"岛"上住有4~5户人家。他们用香蒲草盖起圆锥形的茅屋,远远望去,酷似蘑菇一般。除此之外,香蒲还是他们的主要食品之一,乌罗妇女也用香蒲编制成各种手工艺品和日用品,有人称作

"香蒲文明"。

3.文艺节庆

秘鲁有灿烂的印加文化,古印加文化就是于公元6世纪开始在秘鲁的库斯科谷地发展起来的,它的发展对世界文化做出了重要贡献。库斯科谷地是举世闻名的印加帝国所在地。库斯科城和马楚皮克楚是著名的印加文化旅游地。

古代秘鲁的木雕和石雕,雕工精细,形象逼真,极具艺术特色。

秘鲁民间传统活动有牧马和套牛比赛。当地人还喜好一种渊源于印第安人的类似曲棍球的运动。

秘鲁的沿海城市特鲁希略城每年9月最后一周要庆祝特鲁希略春节;普诺人每年的11月4～11日为民俗节,是为纪念印加古国创始人曼克·卡帕克兴建了普诺城;每年6月24日(南半球冬至日)印第安人庆祝太阳节;每年的10月,以印第安人聚居的山区城镇为中心,举行纪念库斯科爱国青年印加里爱国活动的印加里节。

第五节 大洋洲主要民族的民俗

大洋洲地处赤道南北,岛屿众多,富有热带海岛风光,是旅游、度假的胜地。又由于其地广人稀,孤悬于太平洋,地理上与其他各洲比较隔绝,因此较多地保持了比较原始的自然风貌,形成了独具特色的民族文化。

本章选取了大洋洲比较有代表性的3个国家进行介绍,即澳大利亚、新西兰和斐济。

一、澳大利亚

(一)简况

澳大利亚全称澳大利亚联邦,位于太平洋南部和印度洋之间,面积768.23万平方公里。其领土由澳大利亚大陆和塔斯马尼亚岛以及太平洋上的一些小岛组成。境内东部为山脉、台地和谷地相接的狭长地带,中部为平原,西部为高原。首都堪培拉。国花为金合欢。气候北为热带,南部属温带和亚热带气候。澳大利亚是后起的工业发达国家,经济以农牧业、采矿业和制造业为主,盛产羊、牛、小麦和蔗糖。澳大利亚是世界上最大的羊毛和牛肉输出国,有"骑在羊背上的国家"之称。

(二)人口与民族

澳大利亚有人口2284万(2012年)。居民大多为英国爱尔兰后裔(占总人口的74%)。5%为亚裔,华裔约占4%,土著居民约占2.7%,18.8%为其他民族。澳大利亚是一个多民族国家。主要民族有英裔澳大利亚人,土著居民,属尼格罗－

澳大利亚人种,内部又分许多部落;其他移民集团,主要包括未被同化的英格兰人、苏格兰人、爱尔兰人、威尔士人以及来自欧、非、美洲和新西兰的移民。通用语言为英语。居民中63.9%的人信奉基督教,5.9%信奉佛教、伊斯兰教、印度教和犹太教等。无宗教信仰或宗教信仰不明人口占30.2%。

(三)民风民俗

1. 饮食习俗

澳大利亚人不爱吃辣椒,不吃海参;喜欢酸甜味。喜爱中国的淮扬菜、浙菜、沪菜、京菜。

2. 社交礼仪

澳大利亚人讲文明礼貌,在公共场所不大声喧哗,乘坐公共汽车从不争抢,总是井然有序。即使是互不相识的人对面走来,也要点头打招呼。澳大利亚人见面习惯握手,女子之间则点头致意。到澳大利亚人家中做客一般要带些小礼物,如自种的花卉和自制的果酱等。客人走后,一般要打电话或写信感谢主人的款待。

澳大利亚人平等意识浓厚,交往时应注意一视同仁,不要厚此薄彼。乘出租车必须有一人与司机并排坐,以示尊重。讲究约会守时。崇尚自信、自强,交谈时不宜对其国内事务发表议论,也不要说自谦的客套话。不可竖大拇指表示赞扬(在当地视为下流动作)。切忌对人眨眼睛。

3. 禁忌

忌讳数字"13",视"13日"和"星期五"为不祥的日子。忌讳兔子及兔子图案(视为不吉利动物)。喜爱袋鼠、琴鸟和金合欢花图案。忌送菊花、杜鹃花、石竹花和黄颜色的花。

4. 土著居民的特有风俗

澳大利亚的土著居民仍然保持自己的风俗习惯。如文身,平时仅在颊、肩和胸部涂几点白黄色,部落打仗时在身上涂红色,死后涂白色,节庆仪式歌舞时彩绘全身。文身多为粗线条,有的像雨点,有的似波纹,对经过成年仪式的土著人来说文身不仅是装饰,而且还是吸引异性注意的重要组成部分。

澳大利亚的土著妇女一般都不装饰、梳理头发,而男子对自己的头发特别注意,节日期间更要精心梳理头发。他们用红色的泥土涂抹在头发上,有时还要和上脂肪,或将头发弄成硬块,或将头发分成小指粗的条束,有的还要在头发上点缀鼠牙、狗尾、羽毛和贝壳等饰物。

土著居民多以狩猎为生。独特的狩猎武器是一种称作"飞来器"的物件。"飞来器"系用新月形坚硬曲木制成,熟练猎手可准确击中飞禽或小兽;如击不中,"飞来器"仍可返回原处。

土著人有的衣着简单,披袋鼠皮,有的仅在身上涂上各种颜色。其住所通常用树枝搭成窝棚,上面覆盖树枝或涂泥。其水上交通工具为木筏、独木舟等。

土著人盛行图腾崇拜,每个氏族都以某一动物或植物为图腾,相信自己同它具有某种特殊的关系,并将其作为本氏族的标志。作为图腾的动物不能食用。

土著人一般被划分为许多部落,部落多分为两个氏族,同一氏族内禁止婚配。

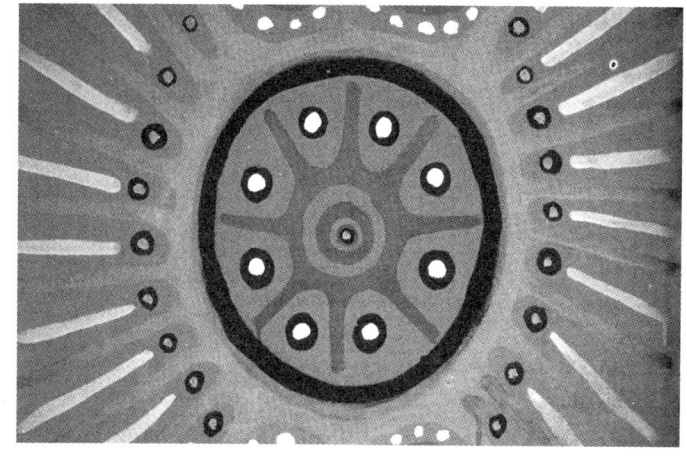

澳大利亚北部地区提维岛上的土著人彩绘

二、新西兰

(一)简况

新西兰位于太平洋西南部,介于赤道和南极之间,由南岛、北岛及一些小岛组成。面积27.0534万平方公里。境内多山地、丘陵,占全国面积的3/4。平原狭小,多火山和地震,温泉、地热资源丰富。气候温和,属温带海洋性气候。首都惠灵顿。国花为银蕨。新西兰为经济发达国家,以农牧业为主。农牧业产品出口收入占出口总收入的60%以上。绵羊存栏量、羊肉和奶制品出口量居世界第一位。粗羊毛产量居世界第一。新西兰风景优美,气候宜人,旅游胜地多,旅游业非常发达。

(二)人口与民族

新西兰有人口445万(2012年),城市人口占85%,是世界上人口都市化较高的国家之一。居民中欧洲移民后裔占67.6%,毛利人占14.6%,亚裔占9.2%(华人约20万),太平洋岛国裔占6.9%。主要民族有英裔新西兰人,为主体民族,主要由英格兰、苏格兰和爱尔兰的移民后裔逐渐融合而成。其次为毛利人,是新西兰的土著居民,种族上属南方蒙古人种和波西利尼亚人种的混合类型。三是未被主体民族同化的移民集团,约占全国人口的11.6%,包括英格兰人、苏格兰人、澳大利亚人、荷兰人和爱尔兰人,以及美国人、英裔加拿大人和来自亚洲的移民。官方语言为英语。居民中绝大多数信奉基督教。

(三)民风民俗

1. 社交礼仪

新西兰的土著居民是毛利人。毛利人非常尊敬长者,能歌善舞,擅长雕刻,接待客人的最高礼仪是碰鼻礼。每当有客人到来,他们之中跑得最快的一个人,来到客人面前挥舞手中的剑和长矛,做出各种鬼脸。妇女们还边高喊边跳"哈卡舞"表示欢迎。最后,部落中的德高望重者向客人行碰鼻礼。碰的时间越长说明宾客受到的礼遇越高。有的母亲为了使孩子的鼻子长高一些,就用双膝夹住孩子的鼻子,让它长高。

毛利人欢迎客人常用歌舞表示,这种迎宾舞原始、热烈、刚劲。男的赤裸上身,下身穿由亚麻和芦苇织成的草裙;女的穿绣花背心和裙子。表演的内容是描写毛利人祖先远航异乡,开天辟地的故事。女的还跳一种绣球舞,妩媚多姿。男人跳舞时经常瞪目吐舌,这在远古时代是用来吓唬野兽和敌人的,现在对客人则是一种友善的表示。

2. 服饰习俗

新西兰人多数与西欧人一样西装革履。毛利人的服装有披肩、围胸、围腰和短裙,多用野生亚麻制成。

3. 饮食习俗

新西兰人的饮食讲究色、香、味,菜肴油少而清淡。喜欢吃牛、羊及蛋类。进餐时,一般先饮酒。毛利人平时以甘薯为主,其次有蕨根和芋类等。

4. 婚姻丧葬

毛利人的婚姻很有特点。普通男子向女子求婚,若女方同意即可成为夫妇,无需征得他人同意。如上层人士对此表示不满,则有权终止这种婚姻。中层人士的婚姻多与家族地位、财产及土地占有有关。联姻者家庭多为世交。上层贵族的婚姻要经过部落首长的讨论,结婚时要举行本族宗教仪式。上层人士一般都在部落内部找对象。一般而言,部落内部同意了,男女双方即可结婚。届时将举行传统的毛利仪式。

毛利人死者的遗产先是由其兄弟继承,在没有兄弟继承的时候才由儿子继承。

5. 文艺节庆

新西兰受英国传统文化影响较深,在艺术上最突出的是土著毛利人的木刻艺术和舞蹈,如哈卡舞、波依舞等。

主要节庆有新年(1月1日~2日)、威坦哲日(国庆,2月6日)、复活节(3~4月,连续4天)、澳新军团日(4月25日)、女王生日(6月第一个星期一)、劳动节(10月最后一个星期一)、圣诞节(12月25日)、节礼日(12月26日)等。

三、斐济

(一)简况

斐济全称斐济群岛共和国,位于太平洋西南部的斐济岛上,面积1.8333万平方公里。斐济由330多个大小岛屿组成,各岛多为珊瑚岛和火山岛。属热带雨林气候,四季如夏。全国有1/2的土地被热带雨林所覆盖。首都苏瓦。斐济为南太平洋岛国中经济发展程度较高的国家,主要产业有服务业、农业、林业、渔业、加工业等。工业以榨糖为主,林业和渔业资源丰富,盛产金枪鱼。旅游业较发达。

（二）人口与民族

斐济有人口83.7万(2007年),城市人口占46%,72%的人口集中在维提岛及附近小岛上。斐济是一个多民族国家。主要民族有斐济人,占全国人口的56.8%,总体上属澳大利亚人种美拉尼西亚类型,语言属南岛语系美拉尼西亚语族,他们是岛上的土著居民;其次为斐济印度人,占全国人口的37.5%,主要是印度移民的后裔(包括印度斯坦人、泰米尔人、泰卢固人等);三是附近岛上迁来的罗图马人、美拉尼西亚人、汤加人以及欧洲人和华人等。官方语言为英语、斐济语和印地语,通用英语。居民中多数信奉基督教和印度教,少数人信奉伊斯兰教。

（三）民风民俗

斐济的土著居民留长头发,有时长到1.5米,这是一种风俗。女子年轻时留长发,婚后则剪短。土著居民酋长长头发上常戴一饰物,即一块头巾。这是权力的象征。只有酋长才能戴它。人们称它为"萨拉"。

斐济人文身也是和权利联系在一起的,它是某种权利的标志。例如,全文身者可下河摸珍珠,半文身者只能站在河边看,而没有文身的人连站在河边看的权利都没有。

斐济有一种被誉为"国饮"的酒,叫"卡瓦酒"。外来客人被邀饮用卡瓦酒时,要举行隆重的仪式。这种仪式先是由主人亲自调制卡瓦酒,随后致欢迎词,最后根据宾客等级,依次献饮。这种酒不含酒精,是用一种叫做"卡瓦"的胡椒树的根制成的。斐济人除用它款待宾客外,平时普遍饮用,已成为一种不可缺少的饮料。

每年8月份,在首都举行为期7天的"红花节"庆祝活动。红花学名朱槿,是斐济的国花。节日期间要举行化装游行,选举"红花皇后"。在阿尔伯特广场上成千上万的观众翩翩起舞,以狂欢庆祝这一活动。

本章小结

民俗作为民族文化的重要组成部分,既有它的稳定性,又有它的变异性。一个民族的社会经济向前发展,其民俗文化也在吐故纳新。作为一个国家的主体民族,则代表了这个国家的主体文化。尊重旅游客源国的民俗,学习汲取其文化的精华,是我们学习的目的所在。

思考与练习

1. 什么叫和服? 和服有哪些特点?
2. 简述韩国的人际交往习俗特点。
3. 泰国的饮食民俗有何特点?
4. 南非民族的种族特点是什么?

5. 法国人的交际礼仪有何特点?
6. 美国人的性格有哪些特点?与美国人交往应注意什么?
7. 简述墨西哥人的服饰民俗和饮食民俗。
8. 试述新西兰毛利人的民俗文化。

附　录

附录一　中国少数民族情况简表

民族(人口)	分布地区	语言文字	宗教信仰
蒙古族 5981840	主要聚居在内蒙古自治区,还分布在辽宁、吉林、黑龙江、新疆、青海、甘肃、河北、河南、宁夏、云南等省、区。	通用蒙古语文	主要信仰喇嘛教,少数信佛教和伊斯兰教
回族 10586087	主要分布在宁夏回族自治区、甘肃、青海、新疆等西北地区,还分散在北京、河北、河南、山东、云南、安徽、辽宁等省、市,遍布一千多个县市。	通用汉语文	信仰伊斯兰教
藏族 6282187	主要聚居在西藏自治区,还分布在青海、甘肃、四川、云南等省。	通用藏语文	信仰喇嘛教
维吾尔族 10069346	主要聚居在新疆维吾尔自治区,还分布在湖南、甘肃等省。	通用维吾尔语文	信仰伊斯兰教
苗族 9426007	主要聚居在黔南、黔东南、黔西南和湘西地区,在云南、广西、四川、海南、湖北等省、区也有分布。	通用苗语,新创制了苗文	部分人信仰基督教、天主教
彝族 8714393	主要分布在四川、云南、贵州、广西等省、区,聚居于四川省的凉山彝族自治州。	通用彝语,有彝文	部分人信仰道教和基督教、天主教
壮族 16926381	主要聚居于广西壮族自治区,云南、广东、贵州、湖南也有分布。	通用壮语,兼通汉语文,新创制了壮文。	部分人信仰佛教、道教和基督教
布依族 2870034	主要分布在贵州省的黔南布依族苗族自治州、黔西南布依族苗族自治州,黔东南和贵阳郊区也有分布。	通用布依语,使用了汉文,新制了布依文。	部分人信仰道教、天主教、基督教
朝鲜族 1830929	分布在吉林、辽宁、黑龙江、内蒙古等省、区,吉林省延边朝鲜族自治州最为集中。	通用朝鲜语文	部分人信仰佛教,也有人信仰基督教
满族 10387958	主要分布在辽宁、吉林、黑龙江、河北、北京等省、市。	通用汉语文,有满文不通用	部分人信仰萨满教、佛教

续表

民族(人口)	分布地区	语言文字	宗教信仰
侗族 2879974	主要分布在湖南、广西、贵州三省、区的交界地区。	通用侗语,新创制了侗文。	信仰多神和自然崇拜
瑶族 2796003	主要分布于广西、广东、湖南、贵州、云南等省区的山岳地带,以广西的大瑶山、十万大山等地为最多。	通用瑶语,使用汉文	部分人信仰道教和原始宗教
白族 1933510	主要聚居于云南省大理白族自治州,在云南省的丽江、怒江和贵州省的毕节等地也有少数白族居住。	通用白语,使用汉文,新创制了白文	部分人信仰道教、佛教、基督教、天主教
土家族 8353912	聚居于湖南、湖北西部,四川、贵州等省也有分布。	通用土家语,多数人通用汉语文	部分人信仰道教、天主教
哈尼族 1660932	分布在云南省红河、墨江、元江、江城、普洱等地区。	通用哈尼语,新创制了哈尼文	信仰原始宗教和基督教
哈萨克族 1462588	主要分布在新疆的北部,其余散居于甘肃、青海等省。	通用哈萨克语文	信仰伊斯兰教
傣族 1261311	主要聚居于云南省的西部和南部,以西双版纳和德宏地区为最多。	通用傣语文	信仰小乘佛教,也有人信仰基督教
黎族 1463064	主要聚居于海南省西南部的白沙、乐东、东方、昌江、陵水、保亭、琼中等自治县。	通用黎语,新创制了黎文	信仰原始宗教
傈僳族 702839	主要聚居于云南省西北部的怒江、丽江、迪庆、大理和四川省的西昌地区。	通用傈僳语,新创制了傈僳文	部分人信仰基督教、天主教
佤族 429709	主要分布在云南省的西南部:沧源、澜沧、耿马、孟连、双江、镇康、凤庆、西盟、思茅等地。	通用佤语,新创制了佤文	有人信小乘佛教和万物有灵的自然宗教
畲族 708651	主要分布在福建省东北部和浙江省南部,江西、广东、安徽等省也有分布。	通用畲语,使用汉文	盛行祖先崇拜,有人信仰道教
高山族 4009	主要分布在台湾、福建两省,北京等地也有少数居住。	通用高山语	保留有原始宗教的信仰和仪式
拉祜族 485966	聚居于云南省西南部的思茅、澜沧、孟连等地。	通用拉祜语	部分人信仰基督教和原始宗教
水族 411847	分布在贵州东南部和广西西北部地区。	通用水语	信奉多神的原始宗教

续表

民族（人口）	分布地区	语言文字	宗教信仰
东乡族 621500	聚居于甘肃省东乡族自治县等地。	通用东乡语，使用汉文	信仰伊斯兰教
纳西族 326295	聚居于云南省西北部的丽江纳西族自治县，四川省的盐边、盐源、木里等地也有分布。	通用纳西语，新创制了纳西文	部分人信仰东巴教、喇嘛教、基督教
景颇族 147828	聚居于云南省德宏傣族景颇族自治州，在怒江、临沧、思茅地区也有分布。	通用景颇语，新创制了载瓦文（景颇族的一个方言）	信奉多神，部分人信佛教、基督教
柯尔克孜族 186708	聚居于新疆克孜勒苏柯尔克孜自治州，乌什、阿克苏、莎车、特克斯、昭苏等地，黑龙江省的富裕县也有少数分布。	通用柯尔克孜语文	信仰伊斯兰教，少数人信喇嘛教
土族 289565	主要聚居于青海省互助土族自治县、民和、大通等地，青海南部和甘肃省的天祝等地也有少数散居。	通用土族语，使用汉文	信仰喇嘛教，少数信道教
达斡尔族 131992	主要分布在黑龙江、内蒙古等省、区，新疆塔城也有。	通用达斡尔语，使用蒙文、汉文	信仰萨满教、喇嘛教
仫佬族 216257	主要分布在广西的罗城、宜山、柳城、都安、忻城等地，河池、环江、东兰等地也有分布。	通用仫佬语，使用汉文	以信道教为主，也有人信佛教、原始宗教
羌族 309576	聚居于四川省阿坝藏族羌族自治州的茂县，汶川、理县、黑水、松潘等县也有分布。	通用羌语，使用汉语文	多信原始宗教，有人信喇嘛教
布朗族 119639	主要分布在云南省西双版纳傣族自治州境内的山区和澜沧、双江等县。	通用布朗语，居住西双版纳地区的通用傣语文	信仰小乘佛教、基督教
撒拉族 130607	主要分布在青海省循化撒拉族自治县、化隆县，甘肃省的临夏地区也有分布。	通用撒拉语，使用汉文	信仰伊斯兰教
毛南族 101192	聚居于广西的环江、南丹、河池、都安等县，宜山市。	通用毛南语，使用汉文	信仰道教，崇拜多神
仡佬族 550746	主要分布于贵州省西部和广西隆林各族自治县等地区	通用仡佬语，使用汉文	信奉多神，崇拜祖先

续表

民族(人口)	分布地区	语言文字	宗教信仰
锡伯族 190481	分布于新疆察布查尔锡伯自治县,吉林省扶余县和前郭尔罗斯蒙古族自治县。	居住新疆的用锡伯语文,其余的用汉语文	信仰萨满教、喇嘛教
阿昌族 39555	主要分布于云南省德宏地区,保山地区也有少数分布。	通用阿昌语,使用汉文	信奉多神和小乘佛教
普米族 42861	主要分布在云南丽江、兰坪、永胜、宁蒗等地,在四川省木里、盐源也有分布。	通用普米语,使用汉文	部分人信仰喇嘛教
塔吉克族 51069	聚居在新疆塔什库尔干塔吉克自治县,在莎车、泽普、叶城等地也有分布。	通用塔吉克语,使用维吾尔文	信仰伊斯兰教
怒族 37523	主要分布在云南省西北部的怒江地区,维西县内也有少数分布。	通用怒语,使用汉文	部分人信仰基督教、天主教、喇嘛教
乌孜别克族 10569	聚居在新疆的伊宁、喀什、乌鲁木齐等城市,塔城、莎车也有散居。	通用乌孜别克语,兼用维语和哈萨克语,有乌孜别克文	信仰伊斯兰教
俄罗斯族 15393	分布于新疆的伊犁、塔城、阿尔泰、乌鲁木齐市以及内蒙古额尔古纳市等地区。	通用俄罗斯语文	信仰东正教
鄂温克族 30875	主要分布在内蒙古自治区呼伦贝尔盟和黑龙江省的讷河市。	通用鄂温克语,牧区通用蒙古语文,农区通用汉语文	多数人信仰萨满教,也有人信仰喇嘛教、东正教
德昂族 20556	聚居在云南省德宏傣族景颇族自治州和临沧地区,在盈江、瑞丽、陇川、保山、梁河、耿马等地区也有分布。	通用德昂语,有人兼通傣语、汉语和景颇语	信仰小乘佛教
保安族 20074	聚居在甘肃省和石山保安族东乡族撒拉族自治县境内。	通用保安语,使用汉文	信仰伊斯兰教
裕固族 14378	聚居在甘肃省肃南裕固族自治县,酒泉市一带也有少量分布。	分别使用尧乎尔语、恩格尔语、汉语	信仰萨满教、喇嘛教
京族 28199	主要聚居于广西防城各族自治县,钦州市等地也有分布。	通用京语,使用汉文	信仰道教、天主教
塔塔尔族 3556	分布在新疆的伊宁、塔城和乌鲁木齐等地区。	通用塔塔尔语,通维、哈文	信仰伊斯兰教

续表

民族(人口)	分布地区	语言文字	宗教信仰
独龙族 6930	聚居在云南省西北部的贡山独龙族怒族自治县。	通用独龙语	信仰基督教、天主教
鄂伦春族 8659	分布在内蒙古自治区呼伦贝尔盟和黑龙江省西北部的呼玛、逊克等县。	通用鄂伦春语，使用汉文	信仰萨满教
赫哲族 5354	主要分布在黑龙江省同江、饶河、抚远等县的沿江地区，在富锦、集贤、依兰等地也有少数居住。	通用赫哲语，使用汉文	部分人信仰萨满教
门巴族 10561	分布在西藏自治区南部，其中5600多人居住在墨脱、林芝、错那等县，其余居住在错那县以南的门隅地区。	通用门巴语和藏语文	信仰喇嘛教
珞巴族 3682	主要分布在西藏自治区东起察隅、西至门隅之间的广大洛渝地区，居住在米林、墨脱、察隅、隆子、朗县等地。	通用珞巴语	信仰喇嘛教和万物有灵的原始宗教
基诺族 23143	聚居于云南省西双版纳景洪市的基诺山地区。	通用基诺语	信仰万物有灵的原始宗教

附录二　中国民族自治地方简表

一、自治区

名称	成立时间	首府驻地	主要少数民族
内蒙古自治区	1947.5.1	呼和浩特市	蒙古、回、朝鲜、满、达斡尔、鄂伦春、鄂温克
新疆维吾尔自治区	1955.10.1	乌鲁木齐	维吾尔、哈萨克、回、柯尔克孜、乌孜别克、蒙古、达斡尔、锡伯、塔吉克、塔塔尔、俄罗斯、满
广西壮族自治区	1958.3.15	南宁市	壮、瑶、苗、侗、仫佬、毛南、回、彝、水、京、仡佬
宁夏回族自治区	1958.10.25	银川市	回、满、蒙古
西藏自治区	1965.9.1	拉萨市	藏、蒙古、回、门巴、珞巴

二、自治州

所在省、区	自治州名称	成立时间	首府驻地	主要少数民族
吉林省	延边朝鲜族自治州	1952.9.3	延吉市	朝鲜、满
湖北省	恩施土家族苗族自治州	1983.12.1	恩施市	土家、苗

续表

所在省、区	自治州名称	成立时间	首府驻地	主要少数民族
湖南省	湘西土家族苗族自治州	1957.9.20	吉首市	土家、苗、回、白
四川省	甘孜藏族自治州	1950.11.24	康定县	藏、彝
	凉山彝族自治州	1952.10.1	西昌市	彝、苗、回、藏、傈僳、纳西、布依
	阿坝藏族羌族自治州	1987.7.24	马尔康县	藏、回、羌
贵州省	黔东南苗族侗族自治州	1956.7.23	凯里市	苗、侗、水、壮、布依、瑶、彝
	黔南布依族苗族自治州	1956.8.8	都匀市	布依、苗、水、侗、瑶、彝、壮
	黔西南布依族苗族自治州	1982.5.1	兴义市	布依、苗、彝、回
云南省	西双版纳傣族自治州	1953.1.24	景洪市	傣、哈尼、布朗、彝、瑶、佤、拉祜、基诺
	德宏傣族景颇族自治州	1953.7.24	潞西市	傣、景颇、阿昌、傈僳、德昂、白
	怒江傈僳族自治州	1954.8.23	泸水县	傈僳、怒、白、独龙、彝、藏、普米、纳西
	大理白族自治州	1956.11.22	大理市	白、彝、回、傈僳、苗、纳西
	迪庆藏族自治州	1957.9.13	中甸县	藏、傈僳、纳西、彝、白、怒、普米
	红河哈尼族彝族自治州	1957.11.18	个旧市	哈尼、彝、苗、壮、傣、回、瑶、白
	文山壮族苗族自治州	1958.4.1	文山县	壮、苗、瑶、回、彝
	楚雄彝族自治州	1958.4.15	楚雄市	彝、苗、傣、回、傈僳、白、哈尼
甘肃省	甘南藏族自治州	1953.10.1	合作市	藏、回
	临夏回族自治州	1956.11.19	临夏市	回、东乡、保安、撒拉
青海省	玉树藏族自治州	1951.12.25	玉树县	藏
	海南藏族自治州	1953.12.6	共和县	藏、回、土、蒙古、撒拉
	黄南藏族自治州	1953.12.22	同仁县	藏、蒙古、回、土、撒拉、保安
	海北藏族自治州	1953.12.31	海晏县	藏、回、蒙古、土、撒拉
	果洛藏族自治州	1954.1.1	玛沁县	藏、蒙古、回
	海西蒙古族藏族自治州	1954.1.25	德令哈市	蒙古、藏、哈萨克、撒拉、回、土
新疆维吾尔自治区	巴音郭楞蒙古自治州	1954.6.23	库尔勒市	蒙古、维吾尔、哈萨克、回、藏
	博尔塔拉蒙古自治州	1954.7.13	博乐市	蒙古、哈萨克、维吾尔、回
	克孜勒苏柯尔克孜自治州	1954.7.11	阿图什市	柯尔克孜、维吾尔
	昌吉回族自治州	1954.7.15	昌吉市	回、哈萨克、维吾尔、蒙古、乌孜别克
	伊犁哈萨克自治州	1954.11.27	伊宁市	哈萨克、维吾尔、蒙古、回、俄罗斯、锡伯、柯尔克孜、塔塔尔、满、达斡尔

三、自治县

所在省、区	自治县名称	成立时间	首府驻地	主要少数民族
河北省	孟村回族自治县	1955.11.30	孟村镇	回
	大厂回族自治县	1955.12.7	大厂镇	回
	青龙满族自治县	1987.5.10	青龙镇	满
	丰宁满族自治县	1987.5.15	大阁镇	满
	围场满族蒙古族自治县	1990.6.12	围场镇	满、蒙古、回
	宽城满族自治县	1990.6.16	宽城镇	满
内蒙古自治区	鄂伦春自治旗	1951.10.1	阿里河镇	鄂伦春、达斡尔、鄂温克、朝鲜、蒙古
	鄂温克族自治旗	1958.8.1	巴彦托海镇	鄂温克、蒙古、达斡尔
	莫力达瓦达斡尔族自治旗	1958.8.15	尼尔基镇	达斡尔、鄂温克、鄂伦春
辽宁省	喀喇沁左翼蒙古族自治县	1958.4.1	大城子镇	蒙古
	阜新蒙古族自治县	1958.4.7	阜新镇	蒙古
	新宾满族自治县	1985.6.7	新宾镇	满、朝鲜
	岫岩满族自治县	1985.6.11	岫岩镇	满
	凤城满族自治县	1985.6.13	凤城镇	满
	清原满族自治县	1990.6.6	清原镇	满
	本溪满族自治县	1990.6.8	小市镇	满
	桓仁满族自治县	1990.6.10	桓仁镇	满
	宽甸满族自治县	1990.6.12	宽甸镇	满
	北镇满族自治县	1990.6.15	广宁镇	满
吉林省	前郭尔罗斯蒙古族自治县	1956.9.1	前郭镇	蒙古、满
	长白朝鲜族自治县	1958.9.15	长白镇	朝鲜
	伊通满族自治县	1989.8.30	伊通镇	满族
黑龙江省	杜尔伯特蒙古族自治县	1956.12.5	泰康镇	蒙古
浙江省	景宁畲族自治县	1984.12.24	鹤溪镇	畲
湖北省	长阳土家族自治县	1984.12.8	龙舟坪镇	土家
	五峰土家族自治县	1984.12.12	五峰镇	土家
湖南省	通道侗族自治县	1954.5.7	双江镇	侗、苗、瑶
	江华瑶族自治县	1955.11.25	沱江镇	瑶、壮
	城步苗族自治县	1956.11.30	儒林镇	苗、瑶、侗、回
	新晃侗族自治县	1956.12.5	新晃镇	侗、苗
	芷江侗族自治县	1987.9.24	芷江镇	侗、苗、土家、回
	靖州苗族侗族自治县	1987.9.27	渠阳镇	苗、侗、瑶、土家
	麻阳苗族自治县	1990.4.1	高村镇	苗、侗、瑶、土家

续表

所在省、区	自治县名称	成立时间	首府驻地	主要少数民族
广东省	连南瑶族自治县	1953.1.25	三江镇	瑶
	连山壮族瑶族自治县	1962.9.26	吉田镇	壮、瑶
	乳源瑶族自治县	1963.10.1	乳城镇	瑶
广西壮族自治区	龙胜各族自治县	1951.8.19	龙胜镇	侗、壮、苗、瑶
	金秀瑶族自治县	1952.5.28	金秀镇	瑶、壮
	融水苗族自治县	1952.11.26	融水镇	苗、壮、侗、瑶
	三江侗族自治县	1952.12.3	古宜镇	侗、苗、瑶、壮
	隆林各族自治县	1953.1.1	新州镇	壮、苗、彝、仡佬
	都安瑶族自治县	1955.12.15	安阳镇	瑶、壮、苗、仡佬、毛南
	巴马瑶族自治县	1956.2.6	巴马镇	瑶、壮
	防城各族自治县	1958.5.1	防城镇	京、壮、瑶
	富川瑶族自治县	1984.1.1	富阳镇	瑶、壮
	罗城仫佬族自治县	1984.1.10	东门镇	仫佬、壮
	环江毛南族自治县	1987.11.24	思恩镇	毛南、壮、苗、瑶、仫佬
	大化瑶族自治县	1987.12.23	大化镇	瑶
	恭城瑶族自治县	1990.10.15	恭城县	瑶
海南省	乐东黎族自治县	1987.12.28	抱由镇	黎
	东方黎族自治县	1987.12.28	八所镇	黎
	琼中黎族苗族自治县	1987.12.28	营根镇	黎、苗
	保亭黎族苗族自治县	1987.12.30	保城镇	黎、苗
	昌江黎族自治县	1987.12.30	石碌镇	黎
	白沙黎族自治县	1987.12.30	牙叉镇	黎
	陵水黎族自治县	1987.12.30	陵城镇	黎
四川省	木里藏族自治县	1953.2.19	乔瓦镇	藏、彝、苗
	秀山土家族苗族自治县	1983.11.7	中和镇	土家、苗
	酉阳土家族苗族自治县	1983.11.11	钟多镇	土家、苗
	峨边彝族自治县	1984.10.5	沙坪镇	彝
	马边彝族自治县	1984.10.9	民建镇	彝
	彭水苗族土家族自治县	1984.11.10	汉葭镇	苗、土家
	黔江土家族苗族自治县	1984.11.13	联合镇	土家、苗
	石柱土家族自治县	1984.11.18	南宾镇	土家

续表

所在省、区	自治县名称	成立时间	首府驻地	主要少数民族
贵州省	威宁彝族回族苗族自治县	1954.11.11	城关镇	彝、回、苗、布依
	松桃苗族自治县	1956.12.31	城关镇	苗
	三都水族自治县	1957.1.2	三合镇	水、苗、布依
	镇宁布依族苗族自治县	1963.9.11	城关镇	布依、苗
	紫云苗族布依族自治县	1966.2.11	松山镇	苗、布依
	关岭布依族苗族自治县	1981.12.31	关索镇	布依、苗
	玉屏侗族自治县	1984.11.7	平溪镇	侗
	印江土家族苗族自治县	1987.11.20	印江镇	土家、苗、仡佬、回
	沿河土家族自治县	1987.11.23	和平镇	土家、苗、仡佬、回
	务川仡佬族苗族自治县	1987.11.26	都濡镇	仡佬、苗、土家、侗
	道真仡佬族苗族自治县	1987.11.29	玉溪镇	仡佬、苗、土家、侗
云南省	峨山彝族自治县	1951.5.12	双江镇	彝、哈尼、回
	澜沧拉祜族自治县	1953.4.7	勐朗镇	拉祜、瓦、哈尼、彝、傣、布朗
	江城哈尼族彝族自治县	1954.5.18	勐烈镇	哈尼、彝、傣
	孟连傣族拉祜族佤族自治县	1954.6.16	孟连镇	傣、拉祜、佤、哈尼
	耿马傣族佤族自治县	1955.10.16	耿马镇	傣、佤、拉祜、布朗
	宁蒗彝族自治县	1956.9.20	大兴镇	彝、纳西、普米、傈僳
	贡山独龙怒族自治县	1956.10.1	茨开镇	独龙、怒、傈僳
	巍山彝族回族自治县	1956.11.9	文华镇	彝、回、白
	石林彝族自治县	1956.12.31	鹿阜镇	彝
	丽江纳西族自治县	1961.4.10	大研镇	纳西、傈僳、彝、白、藏、普米
	屏边苗族自治县	1963.7.1	玉屏镇	苗、彝
	河口瑶族自治县	1963.7.11	河口镇	瑶、苗、壮
	沧源佤族自治县	1964.2.28	勐董镇	佤、拉祜、傣
	西盟佤族自治县	1965.3.5	西盟镇	佤、拉祜、傣
	南涧彝族自治县	1965.11.27	南涧镇	彝、回
	墨江哈尼族自治县	1979.11.28	玖联镇	哈尼、傣、彝、布朗
	寻甸回族彝族自治县	1979.12.20	仁德镇	回、彝、苗
	元江哈尼族彝族傣族自治县	1980.11.22	澧江镇	哈尼、彝、傣、白
	新平彝族傣族自治县	1980.11.25	桂山镇	彝、傣、哈尼
	维西傈僳族自治县	1985.10.13	保和镇	傈僳
	漾濞彝族自治县	1985.11.1	上街镇	彝
	禄劝彝族苗族自治县	1985.11.25	屏山镇	彝、苗
	金平苗族瑶族傣族自治县	1985.12.7	金河镇	苗、瑶、傣

续表

所在省、区	自治县名称	成立时间	首府驻地	主要少数民族
云南省	普洱哈尼族彝族自治县	1985.12.15	宁洱镇	哈尼、彝
	景东彝族自治县	1985.12.20	锦屏镇	彝
	景谷傣族彝族自治县	1985.12.25	威远镇	傣、彝
	双江拉祜族佤族布朗族傣族自治县	1985.12.30	勐勐镇	拉祜、佤、布朗、傣
	兰坪白族普米族自治县	1988.5.25	金顶镇	白、普米
	镇沅彝族哈尼族拉祜族自治县	1990.5.15	恩乐镇	彝、哈尼、拉祜
甘肃省	天祝藏族自治县	1950.5.6	华藏镇	藏、土
	肃北蒙古族自治县	1950.7.29	党城湾镇	蒙古
	东乡族自治县	1950.9.25	锁南镇	东乡、回
	张家川回族自治县	1953.7.6	张家川镇	回
	肃南裕固族自治县	1954.2.20	红湾寺镇	裕固、藏
	阿克塞哈萨克族自治县	1954.4.27	红柳湾镇	哈萨克
	积石山保安族东乡族撒拉族自治县	1981.9.30	吹麻滩镇	保安、东乡、撒拉、回
青海省	门源回族自治县	1953.12.19	浩门镇	回、藏、土、蒙古
	互助土族自治县	1954.2.17	威远镇	土、藏、回
	化隆回族自治县	1954.3.1	巴燕镇	回、藏、撒拉
	循化撒拉族自治县	1954.3.1	积石镇	撒拉、藏、回
	河南蒙古族自治县	1954.10.16	优干宁	蒙古
	民和回族土族自治县	1986.6.27	上川口镇	回、土
	大通回族土族自治县	1986.7.10	桥头镇	回、土、藏
新疆维吾尔自治区	焉耆回族自治县	1954.3.15	焉耆镇	回、维吾尔
	察布查尔锡伯自治县	1954.3.25	察布查尔镇	锡伯、哈萨克、维吾尔
	木垒哈萨克自治县	1954.7.17	木垒镇	哈萨克、维吾尔
	和布克赛尔蒙古自治县	1954.9.10	和布克赛尔镇	蒙古、哈萨克、维吾尔
	塔什库尔干塔吉克自治县	1954.9.17	塔什库尔干镇	塔吉克、柯尔克孜、维吾尔
	巴里坤哈萨克自治县	1954.9.30	巴里坤镇	哈萨克、维吾尔

注：1. 截至1995年底，在全国已建立各种类型的民族自治地方156个，其中自治区5个，自治州30个，自治县（旗）121个。

2. 辽宁省凤城满族自治县、北镇满族自治县，广西防城各族自治县，海南省东方黎族自治县（1997年）已改为市，但表中仍然列出，以求资料的完整性。

附录三 中国各民族语言系属简表

汉藏语系	(一)汉语——汉族共同语。回族、大部分满族和畲族通用汉语 (二)藏缅语族： 　　1. 藏语支—藏语、嘉戎语、门巴语 　　2. 景颇语支—景颇语 　　3. 彝语支—彝语、哈尼语、纳西语、傈僳语、拉祜语、基诺语 　　4. 缅语支—载瓦语、阿昌语 　　语支未定—白语、羌语、普米语、珞巴语、独龙语、土家语、怒语 (三)苗瑶语族 　　1. 苗语支—苗语、布努语 　　2. 瑶语支—瑶语、勉语 　　语支未定—畲语 (四)壮侗语族： 　　1. 壮傣语支—壮语、布依语、傣语 　　2. 侗水语支—侗语、水语、毛南语、仫佬语、拉珈语 　　3. 黎语支—黎语 　　语支未定—仡佬语
阿尔泰语系	(一)蒙古语族：蒙古语、达斡尔语、东部裕固语、土族语、东乡语、保安语 (二)突厥语族： 　　1. 西匈语支—维吾尔语、哈萨克语、撒拉语、乌孜别克语、塔塔尔语 　　2. 东匈语支—柯尔克孜语、西部裕固语、图佤语 (三)满－通古斯语族： 　　1. 满语支—满语、锡伯语、赫哲语 　　2. 通古斯语支—鄂伦春语、鄂温克语
南岛语系	印度尼西亚语族：高山族语言、阿美斯语、排湾语、布嫩语
南亚语系	孟高棉语族： 佤德昂语支—佤语、布朗语、德昂语
印欧语系	(一)斯拉夫语族： 　　东斯拉夫语支—俄罗斯语 (二)伊朗语族： 　　东伊朗语支—塔吉克语
语系未定	京语、朝鲜语

主要参考文献

[1] 国家民委. 中国少数民族. 北京:人民出版社,1981.
[2] 林耀华. 民族学通论. 北京:中央民族学院出版社,1985.
[3] 杨 堃. 民族学概论. 北京:中国社会科学出版社,1984.
[4] 严汝娴. 中国少数民族婚姻家庭. 北京:中国妇女出版社,1986.
[5] 李德洙. 中国少数民族文化史. 沈阳:辽宁人民出版社,1994.
[6] 陶立璠. 民俗学概论. 北京:中央民族学院出版社,1987.
[7] 巴兆祥. 中国民俗旅游. 福州:福建人民出版社,1999.
[8] 王明煊,胡定鹏. 中国旅游文化. 杭州:浙江大学出版社,1998.
[9] 中国大百科全书(民族卷). 北京:中国大百科全书出版社,1986.
[10] 中国大百科全书(宗教卷). 北京:中国大百科全书出版社,1988.
[11] 顾章义. 世界民族风俗与传统文化. 北京:民族出版社,1989.
[12] 孙淑华,张瑜. 中国周边国风情录. 北京:气象出版社,2003.
[13] 赵锦元. 世界风俗大观. 上海:上海文艺出版社,1989.
[14] 邓永进,薛群慧等. 民俗风情旅游. 昆明:云南大学出版社,1997.
[15] 徐万邦,祁庆富等. 中国少数民族文化通论. 北京:中央民族大学出版社,1996.
[16] 叶大兵,乌丙安. 中国风俗词典. 上海:上海辞书出版社,1990.
[17] 李毅夫,赵锦元. 世界民族常识. 北京:中国青年出版社,1988.
[18] 赵锦元,戴佩丽. 世界民族通览. 北京:中央民族大学出版社,2000.
[19] 李毅夫,赵锦元. 世界民族概论. 北京:中央民族学院出版社,1993.
[20] 游明谦,中外民俗. 郑州:郑州大学出版社,2002.
[21] 吴忠军,中外民俗. 大连:东北财经大学出版社,2001.

第4版后记

民族民俗是重要的旅游资源。本书以旅游专业教育和民族民俗文化普及为出发点，在参考国内外最新研究成果的基础上，充分发挥了民族学专家的严谨性和旅游教学一线工作者的实操性，针对旅游人才的培养单位和用人单位的实际需要，编写出版了这本《中外民族民俗》。

本书作为旅游专业的主干课，不仅可以作为旅游专业的专业教材，对于广大旅游者、导游工作者、民族民俗研究者来说，也是有参考价值的读物。

本书是集体创作的结果。第1版和第2版全书由云南省旅游学校原校长姜若愚、中央民族大学民族学与社会学学院民族学系教授张国杰担任主编，由张国杰统稿。具体分工为：绪论、第一章、第三章及第四章的概况部分、附表由张国杰执笔；第二章由姜若愚执笔；第四章外国民俗的部分内容由云南省旅游学校赵红梅老师执笔。第3版在原书作者授权下由武汉信息传播职业技术学院旅游管理系柯亚红教师和云南旅游职业学院王霞老师负责修订。

本版由张国杰修订，主要修订工作如下：第一，根据国家统计局第六次人口普查的最新数据，对中国各民族人口信息进行了更新。第二，因历史发展，个别国家的名称或首都名称有所变化，此次也一并改之。第三，为讲求教材知识的严谨性和科学性，此次对个别知识性的错误也一并改之。第四，附录一"中国少数民族情况简表"中增加各少数民族人口数据。

本书在编写和修订过程中参考了不少有关中外民族民俗的教材，在此一并表示感谢。

编　者

责任编辑:孙延旭 何 玲

图书在版编目(CIP)数据

中外民族民俗/姜若愚,张国杰主编. —北京:旅游教育出版社,2004.8(2020.9)
(全国旅游专业规划教材)
ISBN 978-7-5637-1179-6

Ⅰ.中… Ⅱ.①姜…②张… Ⅲ.民族—风俗习惯—世界—专业学校—教材 Ⅳ.K891

中国版本图书馆CIP数据核字(2003)第115693号

普通高等教育"十一五"国家级规划教材
全国旅游专业规划教材

中外民族民俗
(第4版)

姜若愚 张国杰 主编
柯亚红 王 霞 副主编

出版单位	旅游教育出版社
地 址	北京市朝阳区定福庄南里1号
邮 编	100024
发行电话	(010)65778403 65728372 65767462(传真)
本社网址	www.tepcb.com
E-mail	tepfx@163.com
印刷单位	北京泰锐印刷有限责任公司
经销单位	新华书店
开 本	787mm×960mm 1/16
印 张	14.5
字 数	230千字
版 次	2013年4月第4版
印 次	2020年9月第8次印刷
定 价	26.00元

(图书如有装订差错请与发行部联系)